西藏基础设施投资与经济增长关系研究

Research on the Relationship between Infrastructure Investment and Economic Growth in Tibet

韩 亮 著

中国金融出版社

责任编辑：刘红卫
责任校对：张志文
责任印制：裴　刚

图书在版编目（CIP）数据

西藏基础设施投资与经济增长关系研究/韩亮著. —北京：中国金融出版
社，2018.12
ISBN 978 - 7 - 5049 - 9538 - 4

Ⅰ.①西…　Ⅱ.①韩…　Ⅲ.①基础设施—投资—关系—经济发展—研究—西藏
Ⅳ.①F229.24②F124

中国版本图书馆 CIP 数据核字（2018）第 076037 号

出版
发行　中国金融出版社

社址　北京市丰台区益泽路 2 号
市场开发部　（010）63266347，63805472，63439533（传真）
网上书店　http://www.chinafph.com
　　　　　（010）63286832，63365686（传真）
读者服务部　（010）66070833，62568380
邮编　100071
经销　新华书店
印刷　保利达印务有限公司
尺寸　185 毫米×260 毫米
印张　13
字数　215 千
版次　2018 年 12 月第 1 版
印次　2018 年 12 月第 1 次印刷
定价　40.00 元
ISBN 978 - 7 - 5049 - 9538 - 4
如出现印装错误本社负责调换　联系电话（010）63263947

目录

插图目录

表格目录

1 绪 论

1.1 研究背景

西藏地处我国青藏高原腹地，具有特殊的区情。西藏自治区，古代被称为"蕃"，现代简称为"藏"，省会为拉萨，位于我国西南部，幅员辽阔，南北最宽1000多公里，东西最长2000多公里，边境线长达4000多公里，面积120多万平方公里，约占全国总面积的1/8，在全国各省、自治区、直辖市中仅次于新疆，是我国通往南亚的重要门户。西藏具有特殊的战略地位，北靠新疆东连四川，东北靠青海，东南连云南，南接印度、尼泊尔、缅甸等国，西临克什米尔地区，是我国重要的国家安全屏障。同时，它也属于政治、军事、生态敏感区域，少数民族聚居区域。

西藏具有特殊的发展历程。旧西藏经济发展滞后，基础设施薄弱，交通闭塞，没有现代工业，只有牧业及手工业，但解放后在中央的大力扶持之下，西藏基础设施与当地经济取得较快发展。可以说，西藏的现代文明发展是自1959年西藏实行民主改革、由农奴制社会迈入社会主义社会开始的，但其快速发展阶段应是从确立全国支援西藏的重大战略开始。1994年7月，中央第三次西藏工作座谈会强调发展西藏，确立全国支援西藏的战略，其后，全国支援西藏力度加大，国家投资建设了交通、能源、通信等一批基础设施项目。2001年6月，中央第四次西藏工作座谈会确立了西藏跨越式发展战略，特别明确以推动西藏经济的跨越式发展为核心，继续加强基础设施建设，强力推进其经济增长。其后十年间，西藏经济得到了强劲增长，如2007年这一年，西藏自治区生产总值达到342.19亿元，同比增长14%，其中第二产业与第三产业飞速增长，第二产业增加值96.57亿元，同比增长15.9%；第三产业增加值190.29亿元，同比增长16.2%；人均地区生产总值已达12109元，同比增长12.6%。[①] 总体上，2001—2010年西藏经济的年增速均维持在10%以上。2010年1月，中央第五次

---

① 数据来源：《西藏社会经济统计年鉴》（2007）。

西藏工作座谈会再次对推进西藏跨越式发展工作进行了战略部署，突出强调加强基础设施投资，指出必须同时更加注重增强自我发展能力。同年 7 月，西部大开发会议召开，对新形势下深入实施西部大开发战略作出了重大部署，强调必须更加注重基础设施建设、生态环境保护和特色优势产业发展。西藏作为西部大开发中的重点省份之一，这是西藏未来基础设施投资与经济发展的重要机遇。2015 年 8 月，中央召开第六次西藏工作座谈会，会议提出治国必治边、治边先稳藏的战略思想，坚持富民兴藏、长期建藏、凝聚人心以及夯实基础的原则，更加注重改善民生，加快全面建成小康社会步伐，可以预期，西藏将再次迎来经济社会发展的良好时期。

"十二五"以来，西藏基础设施建设迅速增长，经济飞跃增长。在中央政府大力支持和对口援藏省市的支援下，以及在西部大开发战略的政策支持背景下，西藏在基础设施投资与经济增长方面成绩斐然。基础设施面目一新，已不再是改革开放前极其落后的情形。如在交通运输基础设施建设方面，西藏目前已经形成以公路网为基础、民用航线和青藏铁路为骨架的交通基础设施体系，城镇电信类基础设施发展也基本与全国同步。2014 年，西藏公路通车总里程7.55 万公里，全年客运量总计 1935 万人次、货运量总计 2398 万吨；邮路总长度 19018 公里，局用交换机容量 128.7 万门，邮电业务总量达 47.08 亿元（2000 年不变价）。同时，经济快速增长，2014 年西藏地区生产总值达到920.83 亿元，是 2010 年的 1.81 倍，年均增长 15.99%。[1] 但是，当前西藏仍然是全国唯一省级集中连片特困地区，区内现有贫困人口 77.7 万人，占总人口的23.96%。贫困程度深、人居环境差，因病、因灾、因债致贫现象较为普遍。

总的来说，经过 50 多年的发展，西藏基础设施与经济面貌发生了举世瞩目的巨大变化，这些变化在很大程度上得益于中央政府、对口援藏省市以及中央企业对西藏的政策支持。西藏作为西部欠发达省份，加强基础设施的建设一直以来都是其经济社会发展的重点。据统计，在 1952—2010 年，中央对于西藏的财政补助连年增长，财政补助年均增长率达 22.4%，此期间的财政补助总额高达 3000 亿元，其中中央对西藏的直接投资超过了 1600 多亿元，相继在不同的阶段投资建设了一大批规模巨大的工程项目，如著名的 43 项目、117 项目、188项目等，使得西藏的公路、铁路、机场、能源等重点基础设施得以建成运行。[2]

---

[1] 数据来源：《西藏社会经济统计年鉴》（2014）。
[2] 数据来源：来自西藏财政厅、西藏自治区发展和改革委员会调研数据。

同时，中央对西藏实施的对口援藏政策取得显著的成效。一方面，西藏自治区的所有市、县以及行政直属部门均在对口援藏范围内；另一方面，据统计，在1994—2010年，对口援藏的省市、中央机关与中央企业总计实施六批援藏计划，总投资额达133亿元，投资西藏基础设施项目总计4393个。可见，在中央政府等对西藏的大力扶持下，西藏的基础设施投资增长快速，投资数额持续增长，投资范围甚广，足见其与当地经济增长的密切联系。但基础设施投资与当地经济增长及产业发展的关系究竟是怎样，是个值得研究探讨的问题。

众所周知，基础设施作为人类生产、生活所必不可缺的物质载体，不仅是经济发展的基础，更是经济发展的重要组成部分，因此，良好的基础设施是加快区域产业经济发展的基本条件。事实上，不仅理论界十分注重对基础设施投资的经济效应问题的研究，实践界也对此十分关注。总之，基础设施投资是学术界和实践界的重要研究议题。从经济增长的角度看，基础设施一方面可通过网络经济和规模经济产生溢出效应，间接地提升资本和劳动的生产率，进而促进经济增长；另一方面也可以通过乘数效应拉动经济增长。对于本文研究的空间区域西藏来说，自和平解放以来，在国家长期大力扶持下，其交通、能源、通信、物流等基础设施条件得到了极大改善，然而，鉴于西藏的特殊区情，基础设施仍是制约其经济产业发展的瓶颈，因此，必须继续大力加强西藏基础设施建设。同时，2010年中央召开的西部大开发工作会议与中央第五次西藏工作座谈会以及2015年召开的第六次西藏工作座谈会也都进一步强调必须更加注重基础设施建设，可以预见，中央和地方政府将继续投入大量公共资本建设西藏基础设施，因而研究西藏基础设施投资与经济增长的相互关系，考察不同类型的基础设施投资对经济增长的影响，对于政府合理确定基础设施的投资方向和优先顺序具有重要的政策指导意义。同时，通过研究基础设施投资对于产业发展的相互影响机制，可以为政府在制定基础设施投资、促进产业发展和自我发展能力形成方面的相关政策措施方面提供前瞻性的理论指导与实证依据。

1.2 研究目的与意义

1.2.1 研究目的

近年来，在国家大力支持西藏经济发展与西部大开发的背景下，西藏的基础设施投资规模增长迅速，投资的重点基础设施项目数量空前，西藏经济取得了长足发展。2010 年 1 月，中央第五次西藏工作座谈会再次对推进西藏跨越式发展工作进行了战略部署，突出强调加强基础设施建设，必须更加注重增强自我发展能力；2010 年 7 月，中央在西部大开发会议上探讨了如何在新环境下深入开展西部大开发战略，并对西部大开发战略进行了重大部署，强调必须更加注重基础设施建设、生态环境保护和特色优势产业发展；2015 年 8 月，中央召开第六次西藏工作座谈会，会议提出治国必治边、治边先稳藏的战略思想，坚持富民兴藏、长期建藏、凝聚人心以及夯实基础的原则，更加注重改善民生，加快全面建成小康社会步伐。可以预期，中央和地方政府将继续投入大量公共资本建设西藏基础设施，本书依据西藏近年来的基础设施投资与经济发展实际，重点研究西藏基础设施投资与经济增长的相互关系，研究目的在于从经济运行的现实角度上探寻西藏基础设施投资在经济增长过程中的作用，包括硬基础设施投资与软基础设施投资在经济增长过程中的作用，以及研究两类基础设施投资对于产业发展的影响效应与内在机制，以期为西藏未来基础设施投资指明战略方向，促进西藏自我发展能力的形成以及当地特色优势产业的发展。

1.2.2 研究意义

1. 理论意义。本书研究的主题是基础设施投资与经济增长的关系，从理论上看，研究此问题可以为公共投资理论作出贡献，这是因为公共投资一直被学术界认为是促进经济增长的正向影响因素，而基础设施是公共投资的主要领域，因此可以说研究基础设施投资与经济增长的关系在一定程度是在研究公共投资与经济增长的关系，从这个角度上讲，研究基础设施投资与经济增长的关系在理论上可以丰富公共投资的相关理论。同时，从现有国内外的研究文献来看，国际学者们主要利用大样本跨国数据展开跨国实证研究，国内学者们则主要是运用全国宏观或区域数据对中国基础设施投资与经济增长的关系进行国家层面研究或相对发达地区的比较研究，目前仍鲜见针对一国内部某一地区的实证研究成果，特别是对于西藏特殊经济体的研究。因此，本书基于西藏自治区发展实际与相关统计数据，对近年来西藏基础设施投资与经济增长之间关系展开创新性实证研究，且得出了相关的研究结论，这对于在进一步深化发展中国家的公共投资理论研究以及夯实相关理论的微观理论基础方面均具有重要意义。

2. 现实意义。西藏是经济欠发达地区，经济跨越式发展面临着极其复杂、特殊的区情环境，且当前西藏仍是全国唯一省级集中连片特困地区，贫困程度深、人居环境差问题突出，扶贫任务十分艰巨。西藏在政治、经济上具有重要的战略意义，因此，有效推动西藏自治区经济跨越式发展是一个重大经济问题。近年来，西藏交通、能源、通信等基础设施建设取得巨大成就，产业经济发展迅速。当前，西藏经济正处于从加快发展向跨越式发展转变、全面建成小康社会的关键阶段，投资主要来源的财政性援藏资金还是主要用于公共产品生产和民生改善的基础设施领域，因此基础设施投资在其中的作用不言而喻。然而，基础设施投资与经济增长的关系究竟怎样，是一个亟待解决的现实问题，也是确定西藏未来基础设施投资规模与方向的依据所在。因此，本书基于西藏基础设施投资与经济增长关系的理论与实证研究，揭示基础设施投资与经济增长以及产业发展的内在机理，指出西藏基础设施投资未来的战略方向，提出促进西藏基础设施投资与经济增长良性发展的相关政策建议，这对于实现西藏经济跨越式发展，帮助其尽快脱贫，促使其自我发展能力的形成，具有十分重要的现实意义。

1.3 研究思路与研究方法

本书综合运用西方宏观经济学、制度经济学、发展经济学、计量经济学等相关前沿理论与科学方法，以西藏基础设施投资与经济增长的相互关系为依托，以促进西藏经济自生能力提高以及西藏经济跨越式发展为目标，对西藏基础设施投资与经济增长的关系问题进行了战略性和前瞻性创新研究。概括而言，本书的研究思路如下：第一，在大致描述研究背景的前提下，对研究目的与意义进行说明，提出研究的主要问题。随后对国内外相关研究进行总结分析，对基础设施投资、经济增长等相关概念进行界定，对相关研究成果予以客观归纳分析，提出本书研究方法及研究框架。第二，对于基础设施投资对经济增长的影响进行理论分析，包括基础设施投资对经济增长的直接影响及间接影响、短期影响以及长期影响，并建立基础设施投资与经济增长的理论模型。第三，对西藏基础设施投资与经济增长的特殊性进行分析。在对西藏的现实特殊性分析（包括西藏区位的特殊性、西藏基础设施供给的特殊性及西藏政策扶持的特殊性）的基础上，对西藏经济与基础设施发展的历程进行分析，而后对西藏经济发展特殊性进行分析，同时分析了西藏基础设施投资现状，然后就西藏基础设施投资对经济增长的特殊性影响进行研究分析，包括对于基础设施投资的产出贡献分析以及基于效益指标与基于贡献指标进行投资对经济增长的影响分析。第四，对西藏基础设施投资与经济增长交互的长期均衡关系进行研究。在对西藏基础设施投资与经济增长的基本分析以及时序分析的基础上，应用误差修正模型实证检验西藏基础设施投资与经济增长的长期均衡关系，同时估计了西藏基础设施投资的最优规模。第五，对西藏基础设施投资与产业发展的关系进行实证研究，应用相应产业数据（时间序列），应用计量经济学方法进行西藏基础设施投资与产业发展的分析研究，即应用VAR模型实证分析了基础设施总投资与三次产业发展之间的关系，同时实证分析了各类基础设施对三次产业发展之间关系。第六，提出促进西藏地区基础设施投资与经济良性发展的对策建议。首先，对西藏经济社会发展的战略选择进行分析，包括坚持"中国特色、西藏特点"的发展道路、充分认识西藏特点发展道路的深刻内涵以及西藏特点发展道路下的制度创新；其次，分析了西藏地区基础设施投资的战略选择，包括基础设施投资的战略方向与模式选择；最后，论述了西藏地区基础设施投资的结构优化，包括西藏基础设施投资的区位结构优化，内部结构优化以及产业结构优化。并提出相关配套措施。

本书的研究方法主要包括文献调研法、规范分析法、历史演进分析法、实证分析法等。根据研究需要，也用到数学物理等领域的工具方法。主要的工具方法包括VAR模型、格兰杰因果检验、误差修正模型等，具体用到的软件有Eviews 6.0、Matlab等，数据来源主要为西藏统计年鉴数据、相关文献数据和西藏相关部门的内部数据。

1. 文献调研法。根据本书的研究目标，笔者检索了几百篇相关研究文献资料，并对文献进行鉴别、整理，全面系统地梳理和总结了国内外关于基础设施投资与经济增长的研究成果，即分别对关于基础设施投资的政治因素、关于基础设施投资与经济增长的关联性、关于基础设施投资与经济增长的实证分析以及关于基础设施投资与产业发展等诸多方面进行了综述研究，从而消化与吸收了前人的相关成果，明确了本书的研究定位和研究方法，同时为论文后续分析与写作提供有益的借鉴和参考。

2. 规范分析法。经济学作为一门社会科学，应用相关经济理论对现实经济现象进行分析研究的规范研究方法是研究经济问题中最为普遍的研究方法。规范分析方法是一个严谨的逻辑分析框架，包括确定研究对象（概念界定）、相关假设、设定约束条件、分析影响因素以及与研究对象之间的关系、分析确定最优结果，同时作出相应的制度架构。因此，规范研究方法可以增强论文的逻辑性、规范性以及严谨性。本采用规范分析方法在综述分析基础设施与经济增长的基础上，从发展经济学与新经济增长的角度深入分析了基础设施投资与经济增长之间的逻辑关系，包括基础设施投资对经济增长的直接影响以及基础设施投资对经济增长的间接影响、短期影响以及长期影响，同时建立了理论分析模型等。

3. 历史演进分析法。历史唯物主义分析方法是马克思哲学方法论中的一个重要分析方法，它是通过分析事物发展变化历史过程而探寻事物发展规律的一种手段。在此，本书通过系统梳理二十多年来西藏自治区基础设施投资建设与经济发展的基本历程，总结了相关主要经验，同时重点分析了基础设施投资的发展路径，有利于我们认识西藏基础设施投资与经济增长的特殊性，以及认知两者之间的长期协同关系；采用定量分析方法分析西藏基础设施投资的产出贡献，找出基础设施投资对西藏经济增长的影响效应，有利于深刻认知西藏自治区基础设施投资与经济增长的内在逻辑关系。因而，采用历史演进方法对近年来西藏自治区基础设施投资与经济增长的协同发展关系展开多维度考量，有利于本书研究结论的相互印证以及增强研究结论的稳健性。

4. 实证分析法。实证研究方法与规范研究方法不同，实证研究方法是依据现实经济运行的相关数据，通过统计分析数据序列探寻相关经济数据的变化规律，而且实证分析方法一般应用比较成熟的计量模型来分析数据变化的内在规律，它的分析是严谨、科学与准确的。本书从西藏历年统计年鉴、相关部门内部等渠道收集、整理了相关基础设施投资与经济增长的多年实际运行数据，采用实证研究方法对时序数据进行深度研究，试图通过分析数据寻找基础设施投资与经济增长的变动趋势及其相互作用关系。根据所掌握的数据资料，本文应用多种计量经济学的方法实证研究了基础设施投资与经济增长之间的关系。应用误差修正模型的计量方法对基础设施投资与经济增长的关系进行实证检验，同时利用 VAR 模型对基础设施投资与产业发展的关系进行了计量分析，深入地探明了基础设施投资与产业发展的内在影响机制与逻辑关系。实证分析方法是一种非常严谨的分析方法，它在很大程度上增强了相关基础设施投资与经济增长研究结论的可靠性与准确性。

1.4 结构与主要内容

本书主要由七部分组成。第 1 章是绪论，提出本书所研究的问题、思路与方法等；第 2 章对相关理论与研究文献进行综述；第 3 章在文献综述的基础上，对本书的研究问题进行了理论分析；第 4 章论述了西藏基础设施投资与经济增长的特殊性；第 5 章分析了西藏基础设施投资与经济增长的长期均衡关系；第 6 章是西藏基础设施投资与产业发展的实证分析，主要实证研究西藏基础设施投资与产业发展的关系，为确立基础设施投资与产业良性发展的关系奠定了实证基础；第 7 章是促进西藏地区基础设施投资与经济增长良性发展的对策建议；第 8 章是结论，对全书的研究进行总结。具体来说，各章内容如下。

第 1 章绪论。首先，阐述了本书的选题背景、研究目的与研究意义；其次，阐明了本书的研究思路、研究方法、技术路线与主要内容；最后，论述了本书的主要创新之处与不足之处。

第 2 章相关理论与文献综述。首先，界定了基础设施、基础设施投资、硬基础设施投资、软基础设施投资等核心概念；其次，阐述了古典经济学理论、新古典经济学理论基础、新增长理论、发展经济学以及福利经济学理论对于基础设施投资与经济增长关系的逻辑分析；最后，梳理与评析了基础设施投资与经济增长关系的国内外文献，分别从关于基础设施投资的政治因素、关于基础设施投资与经济增长的关联性、关于基础设施投资与经济增长的实证分析以及关于基础设施投资与产业发展等诸多方面清晰地综述了基础设施投资与经济增长关系的现有研究成果，同时，明确了本书的研究对象与重点内容。

第 3 章基础设施投资对经济增长影响的理论分析。首先，分析了基础设施投资对经济增长的影响机制，包括直接影响机制与间接影响机制，其中从总需求的角度分析了基础设施投资对经济增长的直接影响机制，从投资乘数的角度分析了基础设施投资对经济增长的间接影响机制；其次，分析了基础设施投资对经济增长的影响效应，包括短期影响效应与长期影响效应，其中运用经典的 IS－LM 模型分析了基础设施投资对经济增长的短期影响效应，运用柯布—道格拉斯生产函数分析了基础设施投资对经济增长的长期影响效应；最后，建立了基础设施投资与经济增长的理论模型，并利用理论模型分析了基础设施投资与经济增长的关系，同时指出了实现基础设施投资最优规模的条件。

第 4 章西藏基础设施投资与经济增长的特殊性分析。首先，鉴于西藏当地实际，从区位、基础设施供给以及政策扶持三个方面重点分析了西藏的特殊区情，同时，回顾了西藏经济与基础设施发展的基本历程；其次，对西藏经济发展的特殊性进行分析，包括对西藏发展历程的特殊性分析、产业结构演进的特殊性分析、非典型二元经济结构的特殊性分析以及西藏经济增长驱动力的特殊性分析，其中驱动力的特殊性分析部分着重分析了资源禀赋、投资拉动和中央财政支撑三个方面，而后从存量与流量两个方面分析各类西藏基础设施投资的现状，即分析"硬基础设施"投资与"软基础设施"投资的发展情形，并在此基础上，运用柯布—道格拉斯生产函数对西藏基础设施投资的产出贡献进行分析；最后，基于效益指标与基于贡献指标分析基础设施投资对经济增长的特殊性影响。

第5章西藏基础设施投资与经济增长的长期均衡分析。首先，对西藏基础设施投资与经济增长进行基本分析以及对其时序数据进行长期趋势图分析；其次，对西藏基础设施投资与经济增长的关系进行协整检验分析，并建立误差修正模型，以准确地对西藏基础设施投资与经济增长的长期均衡关系进行分析；再次，对西藏基础设施投资与经济增长的关系进行格兰杰因果分析；最后，基于最优规模分析西藏基础设施投资与经济增长的关系，并测算西藏基础设施投资的最优规模。

第6章西藏基础设施投资与产业发展：基于VAR模型的实证分析。首先，对西藏基础设施投资与产业发展的关系进行基本分析，包括基础设施总投资与产业发展的关系分析以及各类基础设施投资与产业发展的关系分析；其次，应用VAR模型对西藏基础设施投资与产业发展的关系进行实证分析，并构建各类基础设施投资与产业发展关系的VAR模型，并进行两者之间的冲击影响分析，包括脉冲响应与方差分解的分析；最后，针对基础设施投资与产业结构变迁的关系进行实证研究，在此采用HP滤波法对基础设施投资与产业结构变迁两个指标进行预处理，以更加严谨准确地探寻两者之间的因果关系。

第7章促进西藏地区基础设施投资与经济增长良性发展的对策建议。首先，分析西藏经济社会发展的战略选择，包括坚持"中国特色、西藏特点"的发展道路、充分认识西藏特点发展道路的深刻内涵以及西藏特点发展道路下的制度创新；其次，指出西藏未来基础设施投资的战略方向，即投向与特色优势产业相关的基础设施领域；论述了西藏未来基础设施投资的模式选择，深入论述了引入政府市场合作模式的重要性与必然性；然后阐述了西藏自治区基础设施投资的结构优化问题，主要从区位结构、内部结构以及产业结构三个方面进行了论述，指出必须公平地对待西藏各个子区域的区位选择，强化硬基础设施投资、加大软基础设施投资的内部结构选择，以及匹配经济产业结构的产业结构选择；最后，提出了相关配套政策措施，包括与时俱进转变国家援藏方略、调整国家财政援藏模式、创新西藏基础设施建设投融资机制、适度超前建设硬基础设施以及大力加强软基础设施建设。

第 8 章结论。该章主要是对全文的研究结论进行概括总结，为全书研究结论的一个缩影。

本书的技术路线如图 1-1 表示。

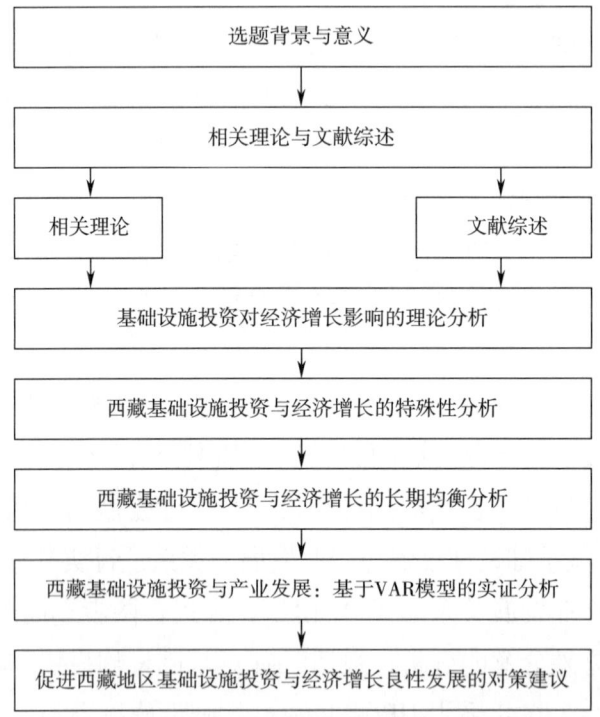

图 1-1　技术路线

1.5　主要创新点与不足之处

1.5.1　主要创新点

本书的创新点主要有如下几点：

1. 国际国内学术界通常仅对多国或一国基础设施投资与经济增长的相互作用问题进行研究。本书把基础设施投资与经济增长交互作用研究的空间范围缩小为我国境内的一个省域，是对基础设施投资与经济增长相互作用研究空间范围的一次尝试性压缩，并注重从经济规律出发研究经济问题，对基础设施投资如何影响经济增长、经济增长如何影响基础设施投资的具体逻辑过程应用格兰杰因果检验方法与 VAR 模型等计量经济学模型进行重点分析和实证研究。这将在切实加强对我国西藏这类特殊省份基础设施投资问题的研究方面具有积极的示范效应。

2. 西藏基础设施投资与经济增长的特殊性分析。西藏基础设施投资与经济增长的特殊性主要表现在西藏区位的特殊性、产业结构演进的特殊性、非典型二元经济结构的特殊性、经济增长驱动力的特殊性以及西藏经济发展外部性的特殊性五个方面，具体看来，西藏区位的特殊性表现在其位于青藏高原上的自然地理特殊性、与多个国家接壤的地缘政治复杂的特殊性以及封建宗教多样的宗教文化特殊性；产业结构演进的特殊性表现在西藏经济的产业结构由初级产业结构"一二三"直接过渡到"三二一"高级结构以及产业结构演变与相对应就业结构演变严重不匹配两方面；非典型二元经济结构的特殊性是指西藏的现代工业是在中央政府的扶持下建立发展起来的，而不像典型经济体那样，现代工业是从农业中积累资本发展起来的，从而使西藏现代工业部门与传统农牧业部门差异巨大且彼此绝缘；经济增长驱动力的特殊性主要表现在，西藏拥有丰富资源与特色优势产业的资源禀赋是其经济增长的源驱动力，以及投资拉动和中央财政支撑为西藏经济发展的主要驱动力；西藏经济发展外部性的特殊性主要是指西藏经济社会稳定发展有利于国家边疆安全、全国民族团结以及国家长治久安与可持续发展。同时，运用柯布—道格拉斯生产函数对西藏基础设施投资的产出贡献进行分析，并基于效益指标与贡献指标分析了基础设施投资对经济增长的特殊性影响。

3. 西藏基础设施投资与经济增长的长期均衡分析。第一，通过对西藏经济增长与基础设施投资的长期均衡方程分析可知，基础设施投资每增加 1 个百分点，将拉动经济总量增长 0.678 个百分点，同时，对西藏经济增长与基础设施投资建立反映长期均衡与短期波动关系的误差修正模型，研究结果表明，西藏基础设施投资效率不高，可见，今后西藏应注重加大基础设施投资特色优势产业方向的力度，优化投资结构，提高基础设施投资效率。第二，格兰杰因果分析表明西藏经济增长是硬基础设施投资与软基础设施投资增长的原因，反之则不然，与误差修正模型研究结论一致。第三，西藏基础设施投资与经济增长的最优规模估计结果，表明 1985 年以来西藏基础设施投资规模大多数年份高于最优投资规模，说明多年来西藏基础设施投资的相对规模过大，今后宜减少基础设施投资的相对规模。

4. 西藏基础设施投资与产业发展的实证分析。研究结果表明，基础设施投资可以长期持续地促进产业发展，从基础设施投资的类型看，硬基础设施投资对三大产业的影响效应具有非对称性，硬基础设施投资只能在短期内促进第一产业的发展，长期内促进作用微弱，但可以长期支持第二、第三产业发展；软基础设施投资对三大产业的影响也是不一致的，在短期内，对第一、第二产业的影响是较大的负向冲击，长期冲击比较微弱，对第三产业的影响是在短期为较大的正向冲击，而在长期内为负向冲击。同时，对基础设施投资与产业结构变迁进行格兰杰因果分析结果表明，西藏软基础设施投资促进了当地产业结构的优化，而产业结构的高级化又带动了当地基础设施投资，特别是带动了硬基础设施投资的发展。

1.5.2　不足之处

受笔者科研能力以及西藏数据资料搜集客观困难的限制性，本书仍存在着诸多不足之处，这主要表现在：

第一，由于关于西藏基础数据的统计很不完善，所以本书在数据采集方面遇到了诸多困难。在目前的西藏统计年鉴与统计公报中，我们还无法收集到有关西藏各地市微观的相关基础设施投资与经济增长的数据，因此，我们无法利用西藏7个地（市）的面板数据进行动态面板数据分析研究本书研究结论的微观适用性与稳健性。另外，在研究基础设施投资与经济增长的时序分析时，我们所采用数据的时期跨度还不足够长，这在一定程度上也会影响本书研究结论的可靠性，因此从这个角度上讲，本书的研究结论还有待西藏未来发展的检验。

第二，由于西藏基础数据的不完整性，以及诸如固定资产价格指数等数据的不可得性，为使数据满足计量分析的需要，本书对诸多数据采用GDP平减指数进行平滑处理，笔者认为是合理的，当然欢迎有志同人讨论与指正。同时，本书在基础设施投资与经济增长的长期均衡分析中，由于数据不完整性的客观制约，笔者从总需求的角度间接测算了基础设施投资的最优相对规模，笔者认为是合理的，至于采用此方法的合理性、适用性以及稳健性，也有待后来者的讨论与实践的检验。

第三，西藏自治区的区情是相当特殊与复杂的，本书仅仅对其中的基础设施投资与经济增长这一重大问题进行尝试性研究，在研究思路与研究方法方面也存在着诸多不足之处，有待与学者同人们讨论。笔者作为西藏财政系统的一名工作者，深感西藏基础设施投资与经济增长关系问题的复杂性与特殊性，因此，在以后的工作实践中，笔者将继续密切关注西藏基础设施投资与经济增长的发展变化，及时搜集相关信息，进一步探寻其中深层次的内在机理，不断深化对西藏基础设施投资与经济增长关系的认识与理解。

2 相关理论与文献综述

2.1 相关理论

2.1.1 相关概念界定

2.1.1.1 基础设施

把握基础设施的基本内涵，合理界定基础设施涵盖的范围以及了解基础设施的基本特征，是充分认识基础设施投资的前提，也是将基础设施投资进行合理分类的必然步骤。

但是经济学界目前还没有对基础设施基本内涵的统一定义。最早是重农学派代表人物弗朗斯瓦·魁奈（Francois Quesnay）提出有关基础设施的相关概念，他认为"作为一种特殊的资本，原预付是像仓库、房舍等一样，在开始时或之后几年才支付一次并且每年根据消耗程度从生产物价值中取得部分补偿"。[①] 可见，他对基础设施的理解为基础设施可以与企业仓库等固定资产画等号，显然该认识比较粗浅。继弗朗斯瓦·魁奈之后，学者们对基础设施的理解则逐步深入。亚当·斯密（Adam Smith）认为，基础设施是政府为维持某些公共事业或某些公共工程而用公共资本建设的公共设施。萨伊（Say）认为基础设施就是政府修建的桥梁、铁路和运河等建筑工程，这与马尔萨斯（Malthus）在《人口原理》中的基础设施界定一样，认为基础设施是政府修筑的道路公共工程。[②] 后来学者扩展了基础设施的内涵，认为应当把邮政、交通工具等也包括在基础设施范畴之内。但受制于社会经济发展的时代限制，学者们都提出了符合其所处时代的关于基础设施的认识，这些均属于对基础设施早期阶段的认识。

随后，发展经济学家的主要代表人物罗森斯坦·罗丹（Rosenstein Rodan，

---

① 陈岱孙. 对魁奈《经济表》中再生产规模问题之探讨 [J]. 北方论丛, 1983 (3): 3-8.
② 亚当·斯密. 国富论 [M]. 山西: 山西经济出版社, 2010; 萨伊. 政治经济学概论 [M]. 北京: 商务印书馆, 2009; 马尔萨斯. 人口原理 [M]. 北京: 商务印书馆, 1992.

1943)、纳克斯（Nurkse，1953）、艾伯特·赫尔曼（Albert Hirschman，1957）等深化了对基础设施的研究。美国发展经济学家罗森斯坦·罗丹（Rosenstein Rodan）首次将基础设施定义为社会管理资本，他认为，社会管理资本包括运输、通信、电力等在内的所有基础产业，其具有间接的生产能力，其最主要的产出是在其他产业中创造出的投资机会，这也构成了国民经济发展的先行成本，而它们构成的基础设施框架也为整个国民经济分摊了成本。他还认为，基础设施在配置上的大规模聚集性决定了其巨大的投资规模，故不具有可分性，且基础设施在建造时间上具有周期长的特点，基于基础设施的这两个特点，认为这些产业的发展必须先于那些能够快速产生收益且具有直接生产能力的产业投资。在基础设施投资发展的问题上，他认为，考虑到要全面观察和对未来发展的规划性，基础设施这个投资大周期长的领域是需要计划的，但这是市场机制所不能满足的。① 美国经济学家 Nurkse 认为，社会管理资本不应该只包括公路、供水、电力、电信系统、铁路等，由于教育和公共医疗卫生事业等行业在经济发展中具有基础性作用，因此学校和医院也应该被包括在社会管理资本的范畴内。② 而艾伯特·赫尔曼（Albert Hirschman）则将社会管理资本分为广义和狭义两种，广义来说，社会管理资本包括三大产业活动所不可缺少的基本服务，如法律、公共卫生、教育、公共秩序、供水、通信、排水系统等产业所需的公共服务总和。其实，从理论上说，基础设施界定的理论范畴应具备如下四个基本要素，第一是这种活动有利于其他经济活动的开展，或是其他经济活动展开的基础；第二是这些劳务的供应方为公共团体或官方控制的私人团体；第三是该劳务只能在本国生产不能进口；第四是这些劳务具有较高的资本—产出比，且所需的投资在技术上具有不可分割性。满足前三个基本要素的为广义社会管理资本，而满足第四个基本要素的则为狭义社会管理资本，即将法律、公共卫生、教育、秩序等排除在外。③ 美国经济学家W. W. 罗斯托认为经济发展的前提条件就是投资社会管理资本，他指出，"运输与基础设施投资必须占总投资的很大一部分，这不仅是因为他们在数量上的重要性，还因为社会基本资本支出具有建设及回报周期长、

————————

　　① Rosenstein‑Rodan P N. The Problems of Industrialization of Eastern and South‑Eastern Europe［J］. Economic Journal, 1943（53）：202‑211.

　　② Rahman H. Nurkse on Problems of Capital Formation in Under‑developed Countries—A Critique［M］. Problems of capital formation in underdeveloped countries. Basil Blackwell, 1953：413‑420.

　　③ Hirschman A. Crossing boundaries：selected writings［M］. Zone Books，Distributed by the MIT Press, 1998.

一次性投资巨大和收益的间接性等特点。"① 目前，学术界较为流行和广泛接受的关于基础设施的界定和分类是舒尔兹（Schultz，1961）和贝克尔（Becker，1964）的观点，将基础设施分为两类，即核心基础设施与人文基础设施，第一类是为提高生产要素物质资本与土地的生产力而存在着的，这类基础设施主要包括电力以及交通基础设施，而第二类基础设施则主要是为生产要素劳动力服务的，致力于提高劳动者的素质与生产效率，这类基础设施主要包括教育、保健等。这种对于基础设施的概念界定无疑是符合逻辑的，但核心基础设施仅主要指交通和电力，是把基础设施的涵盖范围缩小了，它还应包含通信、供水、公路、铁路等，人文基础设施则不仅主要包括卫生保健、教育等，还应将科学研究等加入其列。

格林沃尔德（Greenwald，1982）认为基础设施的基本要素是交通运输系统、动力生产系统、通信系统、教育系统以及银行系统，还包括井然有序的政府与政治结构，这些设施与制度都可以直接或间接地促进产出水平与生产效率的提高。② 世界银行报告（1994）按基础设施是否参与实际的生产过程将基础设施划分为经济性基础设施和社会性基础设施两类，其中，经济性基础设施可以直接参与实际经济活动，从而可以促进社会生产能力的提高，最终推动经济增长，这类基础设施包括能源动力、交通运输、通信邮电等，而社会性基础设施则不直接参与经济实际的生产活动，主要包括教育、科学研究、公共卫生等，它主要是通过促进文化资本、人力资本、社会资本等的形成与提高来调整与改善经济结构，以优化经济发展的环境，为经济发展夯实基础。

而国内学者对基础设施相关的研究起步相对较晚，开始于 20 世纪 80 年代初期，其中关于基础设施的界定也是从那时起才如雨后春笋般涌现出来。钱家骏、毛立本（1981）在《要重视国民经济基础结构的研究和改善》一文中创新性的提出"基础结构"的概念，并将其定义为"如动力、运输、供水、通信、教育、卫生、科研等部门一样为社会上从事商品生产部门提供基本服务的所有部门"。钱家骏等将基础结构分为两类，即狭义基础结构和广义基础结构，狭义基础结构主要是指有形产出的部门，包括运输、通信、供水等部门，而广义基础结构除了包括狭义基础结构的有形产出部门还包括教育、科研和卫生等具有"无形产出"的部门。③ 刘景林（1983）则将基础设施划分为生产性基础设施、

---

① 罗斯托. 经济增长的阶段 [M]. 北京：中国社会科学出版社，2001.
② 李平，王春晖，于国才. 基础设施与经济发展的文献综述 [J]. 世界经济，2011（5）：93 - 116.
③ 钱家骏，毛立本. 要重视国民经济基础结构的研究和改善 [J]. 经济管理，1981（3）：12 - 15.

生活性基础设施、社会性基础设施三大类，并研究了各类基础设施的特征，同时认为发展基础设施要考虑社会现实需要的因素。[①]

综上可知，国内外学界对于基础设施的概念界定并不统一，但总体来说，可以从两个不同的角度对基础设施进行界定，第一个角度是从行业入手，将基础设施划分为狭义基础设施与广义基础设施两类，前者包括电力、供水、通信、铁路、公路、机场等基础设施，后者除了前者所包括的基础设施外，还包括教育、法律等；第二个角度是从基础设施的职能划分，也将基础设施划分为两类，第一类是经济基础设施，第二类是社会基础设施，第一类是直接为生产经济活动或人们生活提供服务的基础设施，包括道路、水利设施、大坝等公共工程，电力、供水、通信、公共卫生等公共设施，还包括铁路、港口、航道及机场等其他交通部门，而第二类社会基础设施则是间接为生产经营活动以及居民生活提供产品或服务，如文教、科研、医疗保健等。

本书认为，基础设施（Infrastructure）是指为社会生产和居民生活提供公共服务的物质工程设施，是用于保证国家或地区社会经济活动正常进行的公共服务系统。基础设施一般包括交通、邮电、供水供电、科研与技术服务、环境保护、文化教育、卫生事业等市政公用工程设施和公共生活服务设施等，它是社会赖以生存发展的一般物质条件。从基础设施的存在用途看，有些基础设施是由实体性的投入而形成，其存在着重是为社会经济生产提供直接性的服务，在用途上类似于固定资产，如交通运输、邮电通信等；有些基础设施则是为人力资源等提供服务性与智力性支撑以间接服务于生产，增强劳动者的素质技能等，如文化教育、科学研究等。据此，本书沿用林毅夫（2012）对于基础设施的分类，将基础设施划分为"硬基础设施"和"软基础设施"两类，[②] 前者意指具有实体性质的如邮电通信、交通物流以及能源供给等"类固定资产"基础设施，长期持续地为社会生产提供服务，以主要提高生产要素资本的生产能力；后者是指服务性和智力性支撑的"人文类"基础设施，包括文化教育、科学研究、环境卫生以及社会福利等，其主要作用是提高劳动者的技能、素质等，从而间接促进社会生产。

2.1.1.2 基础设施投资

基础设施投资是指对基础设施产业所投入的资源、要素的价值总量，一般

① 刘景林. 论基础结构 [J]. 中国社会科学, 1983 (1): 73–87.
② 林毅夫. 中国基础设施投资空间巨大 [J]. 南方金融, 2012 (11): 99.

将基础设施投资区分为存量投资与增量投资两种，其中，存量投资是指当前基础设施已有的投资水平，而增量投资则是指某段时期内基础设施投资的增加量，一般是指一个年度的投资增加量。根据前文对于基础设施的划分与界定，此处相应地也将基础设施投资分为两类，一类是硬基础设施投资，顾名思义就是投资于硬基础设施的各种要素，包括但不限投资于交通运输、能源供给等产业；另一类是软基础设施投资，也即投资于软基础设施的各种要素，如文化教育、社会福利以及科研活动等产业。同样，两种基础设施投资也各有存量投资和增量投资之别，即"硬基础设施"存量投资、"硬基础设施"增量投资和"软基础设施"存量投资、"软基础设施"增量投资。

2.1.2　相关理论回顾

2.1.2.1　早期的经济增长理论

在早期经济增长理论著作中，比较有代表性的人物有亚当·斯密与李嘉图。应该说亚当·斯密的著作《国民财富的性质和原因的研究》是经济增长理论的源头，亚当·斯密认为：宏观上讲，任何经济体的经济增长无非有两个路径实现，其一是增加经济系统中的劳动者数量，其二是提高劳动者技术或熟练程度，其实只有一个途径，即通过改进生产工具或提高劳动者熟练度来提高全社会劳动生产率，并且亚当·斯密强调了劳动分工对于提高劳动率的重要作用。同时，他还探讨了社会经济因素对提高生产效率的影响，他认为自由竞争是影响生产效率的最为重要的因素，在经济运行过程中，只有对微观经济个体有利的生产才能得以实现，不符合经济个体理性决策的生产不可能出现。由上述可知，亚当·斯密的经济增长理论简单地认为劳动力是影响经济增长的主要因素，认为提高整个社会的劳动生产率是经济增长的唯一源泉，应该说在当时经济发展水平低下的年代，该理论对当时的经济增长现象具有一定的解释力。[①]

李嘉图与亚当·斯密一脉相承，他在亚当·斯密经济思想基础上更进一步，把经济增长理论的分析重点由国民经济生产转移到了国民经济分配上，他首次提出国民生产的基本要素有土地、劳动以及资本，而国民收入正是由土地对应的地租、劳动对应的工资以及资本对应的利润构成，他进一步详细论述了地租、利润和工资对生产效率的影响。首先，他认为土地是一种稀缺资源，由于存在着"收益递减规律",因此随着劳动与资本的增加,劳动生产率必然跟随下降,地租成本增加,则农产品价格便会上涨。利润是投资资本的所得,也可以通过国民收入减支地租与工资倒挤而得,因此,利润与工资之间存在着此消彼长的关系,为激励工人而增加工人劳动所得的工资必然会降低利润。李嘉图同时认为资本是经济增长的动力,它的不断积累可以促进技术的进步,从而可以提高整个社会的生产效率。另外,李嘉图还提出了有名的比较成本优势学说,认为国际劳动的分工可以提高劳动生产率,促进全世界经济的增长。[①]

2.1.2.2 凯恩斯学派的经济增长理论

这一学派的学者认为现实经济的有效需求不足是导致经济衰退的主要原因,而有效需求不足主要是由三种心理现象的存在导致的,即边际消费倾向递减现象、资产未来收益预期的不确定性现象以及货币的流动性偏好现象。其中,边际消费倾向递减现象可以描述为随着人们收入水平的提高,人们的消费是逐渐增加,但其边际增加量是逐渐减少的,正是这种边际消费递减现象的存在决定了总需求的一部分消费需求不足;对于资产的未来收益预期的不确定性现象则是指由于未来风险的客观存在,人们对于资本未来收益不确定,从而导致投资需求客观的不确定性;货币的流动性偏好现象是指相对于其他财富形式人们更倾向于采用货币的形式,这种现象的存在是因为持有货币可以满足人们对于财富的心理需求。货币的流动性偏好是影响利息率的重要因素之一,而利息率则是影响投资需求的重要因素之一;资本的边际效率是一种利息率,或者叫作贴现率,这个贴现率正好使得其未来所有收益的现值等于当前它的自身价格,投资需求的多少取决于两个因素,即资本的边际效率和利息率,投资必须满足资本的边际效率大于利息率。

而资本的边际效率存在着资本边际效率递减规律,也就是说随着投资的不断增加,资本边际效率是逐渐减小的,而利息率存在着边际递增规律,这就客观决定了投资需求本身的不足,再加上前述的消费需求不足就决定了总需求不足,导致现实的总需求水平小于有效需求水平。从凯恩斯的整个理论体系来看,边际消费倾向递减决定了消费需求的不足,资本边际效率递减与利息率边际递增决定了投资需求的不足,加之资产未来收益预期的不确定性也导致了投资需求的不确定性,从而造就了整体经济体系的总需求不足。凯恩斯同时提出解决

[①] (英)李嘉图. 政治经济学及赋税原理 [M]. 北京: 华夏出版社, 2005.

有效需求不足的方法，即政府应充分发挥政策干预调控的作用，对投资进行调节，要组合运用降低利息率与增大消费倾向的政策手段进行干预调控，具体提出的策略有：政府应重新分配收入以刺激边际消费倾向，增加政府投资，特别是公共基础设施的投资，弥补经济危机中私人投资的不足，力争发挥乘数的作用，使经济重新复苏和繁荣。[①]

20 世纪 30 年代至 50 年代中期，凯恩斯学派的典型理论为哈罗德—多马模型，哈罗德—多马模型可以被视作当代经济增长理论的开端，该理论的主要内容主要依托于英国经济学家哈罗德的论文《论动态理论》与著作《动态经济学导论》一书，还有美国学者多马 1946 年发表的《资本扩张、增长率和就业》一文以及第二年发表的《扩张和就业》一文。之所以说哈罗德—多马模型是凯恩斯学派的代表理论是因为此理论逻辑的出发点是凯恩斯的有效需求原理，不过此模型对凯恩斯理论进行了修正与改进。哈罗德与多马认为投资具有两重性，即可从供给和需求两个方面促进经济增长，在需求方面能够创造收入，在供给方面能够增加资本存量，提高生产能力。因此，认为凯恩斯所谓的短期均衡其实是不存在的，这是由于投资作用于经济增长不只是作用于有效需求这一单一路径，而且可以通过影响供给作用于经济增长，即投资增加了资本存量，可以长期地促进经济增长，进而使得"短期均衡"不存在。同时多马指出有效需求决定经济的实际产出，资本存量则决定经济的长期潜在产出；哈罗德从加速数原理出发，进一步探究了资本与经济增长的关系，他认为资本的增加和产出呈正比关系。哈罗德—多马经济增长理论其实是假定资本与劳动固定比例不变，采用控制劳动这一变量来考察唯一变量资本存量方法，从而研究资本与经济增长之间的关系，他们最终的结论认为一个经济体只要有净投资，那么产出必然会增加，经济均衡与保持稳定的条件比较苛刻，即产出的增长速度与资本存量增长速度必须相同，否则经济无法保证稳定，这就进入一种循环逻辑之中：资本的增加导致产出的增加，产出的增加导致收入的增加，而收入的增加反过来必须保证资本的初始增加，因此，哈罗德提出"有保证的增长率"的概念，即足以保证不断增加的资本存量所需要的收入增长率，多马称之为"充分能力增长率"。在此基础上，哈罗德提出了著名的"不稳定原理"：若收入的实际增长率与有保证的增长率不相等，出现偏差，那么经济自身不能自我修正，反而会

[①] （英）凯恩斯（Keynes, J. M.）. 就业、利息和货币通论 [M]. 陕西：陕西人民出版社，2010.

使偏差不断增大。可见，哈罗德—多马模型是发展了凯恩斯的有效需求理论，使其短期静态理论长期化，下面介绍哈罗德—多马模型的主要内容：

模型假设资本与产出比固定不变，假设国民收入是投资（增量）的函数，生产能力是资本存量的函数，模型的基本公式如下

$$\gamma = \frac{s}{\theta}$$

其中，γ 为经济增长率，s 为储蓄率（储蓄与国民收入的比，即 $\frac{s}{Y}$），θ 为资本产出比（$\frac{K}{Y}$）。

如前所述，若一国或地区的投资增加，那么资本存量就会增加，从而国民收入增加，由于模型假设资本与产出比不变，因此可知边际资本—产出比与资本—产出比相等，即 $\theta = \frac{K}{Y} = \frac{\Delta K}{\Delta Y}$。

从而可知，若基础设施投资的增加速度快于国民收入的增长速度，那么资本—产出比会提高，那么由模型的基本公式可知，经济的增长率会下降；若基础设施投资的增加速度慢于国民收入的增长速度，那么资本—产出比会降低，那么由模型的基本公式可知，经济的增长率会上升。

2.1.2.3 新古典经济增长理论

20 世纪 50 年代中后期，哈罗德—多马模型遭到了诸多经济学家的质疑，特别是美国经济学家索洛与英国经济学家斯旺等建立了新古典经济增长模型，是对哈罗德—多马模型的批判与发展。该理论的主要发展是将外生的技术进步看作经济增长的源泉。索洛等人对于哈罗德—多马模型的发展在于，他们更加强调技术对经济增长的重要作用，他们认为经济增长有两个源泉，一是劳动、资本等要素数量的增加所带来的经济增长，二是因劳动、资本要素的技术水平提高所导致的经济增长，索洛用水平效应来命名由此引起的经济增长，即一国或地区的技术进步可以在不改变要素数量的情形下，改变生产函数的位置（使其上移），从而达到经济增长的目标。索洛模型的核心思想是：经济增长率为劳动增长率与资本增长率两者的加权平均之和，其中权重是生产要素资本和劳动的产出弹性。索洛（1957）运用柯布—道格拉斯生产函数，在规模报酬不变的假定下，成功对美国希克斯中性技术进步进行了计量测算。

假设企业的生产函数为柯布—道格拉斯函数形式：A 表示技术系数，Q，L，

K 分别为产出、劳动和资本。假设规模报酬不变，则希克斯中性技术进步率为

$$\frac{\Delta A}{A} = \frac{\Delta Q}{Q} - (1 - \alpha)\frac{\Delta L}{L} - \alpha\frac{\Delta K}{K}, (1 - \alpha)，\alpha 分别表示产出的劳动偏弹性和产出$$

的资本偏弹性。若不考虑技术进步的影响，则 $\frac{\Delta Q}{Q} = \alpha\frac{\Delta K}{K} + (1 - \alpha)\frac{\Delta L}{L}$，即经

济增长率为劳动增长率与资本增长率两者的加权平均之和。

索洛模型确立了当代研究经济增长理论的范式，下面着重介绍索洛模型的基本内容，以便于分析基础设施投资与经济增长关系。索洛模型的核心公式如下

$$\Delta K = sy - (n + \sigma)k$$

其中，ΔK 为人均资本增加量，s 为储蓄率，y 为人均产出，n 为劳动力增长率，σ 为固定资产的折旧率，k 为人均资本。公式的含义为人均资本的增加等于人均储蓄减去 $(n + \sigma)k$，经济意义为人均储蓄一是要满足劳动力增加对资本的需求，二是要更新换代旧的固定资产，索洛称人均储蓄用于 $(n + \sigma)k$ 项的部分为资本的广化，若 $\Delta K > 0$，则超过 $(n + \sigma)k$ 项的部分称为资本的深化。一般来说，若一经济体处于平衡增长路径上，那么 $\Delta K = 0$，也即：$sy = (n + \sigma)k$，这就是索洛模型的稳态条件。[①]

可见，新古典经济增长理论的学者认为假定不存在技术进步，在平衡增长路径上，人均资本的增加只能引起资本的广化，而不会引起资本的深化，而由资本的广化所导致的人均产出的增加称之为水平效应。因此，可以说，假定在平衡增长路径上，基础设施投资的增加可以使人均资本增加，从而引起资本的广化，进而使得人均产出增加，也仅表现为经济增长的水平效应。

2.1.2.4 新增长理论

新增长理论是对新古典经济增长理论的发展，新增长理论认为经济的长期增长率是由内生因素决定的，而不是像新古典经济增长理论所说的由外生技术进步决定的。新增长理论认为劳动力在投入使用过程中会逐渐形成人力资本，因为其受了正规的教育，也会在工作中受到培训与在职学习等，同样物质资本也会在不断积累的过程中形成技术进步，因为它包含研究开发投入、科技发明以及科技创新等活动。可见，新增长理论把人力资本内生于生产要素劳动力中，而技术进步等内生于物质资本之中。与新古典经济增长理论把技术进步作为外

---

① 罗默. 高级宏观经济学 [M]. 上海：上海财经大学出版社，2009.

生变量（索洛余值）纳入生产函数得出要素收益会出现递减而长期经济增长会停滞的结论相反，新增长理论把人力资本、技术进步等内生化，把它们作为内生因素纳入生产函数得出了要素收益递增与长期经济增长率为正的结论。其实，新增长理论的学者们均是在新古典经济增长理论的基础上，从不同视角将不同的因素从所谓的"索洛余值"中分离开来，并将其内生化，建立增长模型，从而解释分离出的不同因素对于经济增长的影响情形。

新增长理论对于以索洛模型为代表的新古典经济增长理论的发展有许多不同的路径，其中一个比较有代表的分支以巴罗等一批西方国家学者为主。他们均认为除人力资本、技术进步等因素外，政府的公共投资也是影响经济增长的重要因素，并对政府的公共投资与经济增长的关系进行了研究。其中巴罗于1990年最早提出政府支出增长模型，在单一总付税务的假设情形下，最终得出的结论是：生产性政府支出和经济增长之间存在着一种倒 U 形的关系，且当且仅当生产性政府支出占总产出的比重等于产出对于政府支出的弹性时，长期的经济增长率达到最大。[①] 二神、森田和芝田于1993年建立 FMS 模型，也得出了生产性政府支出与经济增长之间存在着长期稳定的关系，两者存在着一种倒 U 形的关系，经济增长率达到最高的条件也是生产性政府支出占比等于政府支出弹性。[②]

新增长理论的兴起使学者开始意识到关注经济增长的决定性因素是最为重要的，他们对长期影响经济增长因素的研究突破了新古典经济增长理论的框架，将研究重心由外生转变为内生，突出表现在新增长理论中，将人力资本、科技发展等要素进行了内生化，提高了对知识、技术在经济增长中的重视程度，应该说也形成了科学合理的逻辑分析框架，同时，新增长理论也给我们研究公共基础设施投资与经济增长关系问题以启示，可将此因素从"索洛余值"中分离出来，并将其内生化于经济增长模型之中，以便于考察它对经济增长的影响情形。

2.1.2.5 发展经济学的理论

关于基础设施投资与经济增长之间关系的研究是发展经济学家自20世纪50年代初开始进行的，他们的主要观点为：基础设施是促进经济增长的有机组成部分，是组成经济增长的构件，并由此提出结构理论，该理论认为基础设施为

---

① 巴罗. 经济增长的决定因素 [M]. 北京：中国人民大学出版社，2004.
② 左大培. 经济增长理论模型的内生化历程 [M]. 北京：中国经济出版社，2007.

经济增长的有机组成部分。

结构理论的代表人物有 **W. W.** 罗斯托、艾伯特·赫希曼、罗森斯坦·罗丹以及罗根纳·纳克斯等。**W. W.** 罗斯托对结构理论主要贡献在于：论述了基础设施是经济增长的前提条件，并且强调基础设施对于经济增长的重要意义。**W. W.** 罗斯托著有《经济成长阶段》，在这本书中他认为基础设施是社会生产力提高与经济增长的重要前提条件，随着经济的增长，投资率的增大，基础设施投资规模也应不断上升，但由于基础设施投资具有一些特有特征，如投资初期投资总额大及投资周期长、回报慢且具有较强的外部性及非排他性、一旦建成初始投资者未必能获得可观的利润，因此，在投资初期私人资本较少涉入，政府必须参与投资，否则较难建成。他同时认为基础设施相关部门是其他社会生产部门的基础，他将全社会经济部门分为成长性部门、补充成长性部门、派生成长性部门三大部门，这里成长性部门包括重工业系统的铁路、军用品、棉纺工业等，补充成长性部门主要包括交通运输业、煤炭业、钢铁工业等，他指出钢铁工业的兴起就是由于铁路运输业的出现而发展壮大的，铁路业是由棉纺工业的发展而出现与发展的，[1] 可见，基础设施是其他经济部门出现与发展的基础前提。美国经济学家艾伯特·赫希曼曾提出"不平衡增长理论"，用以论述基础设施对经济增长的促进作用，他的核心观点为：应优先发展经济，当经济增长过程中需要基础设施时再进行投资；完整表达为在基础设施供给能够满足经济增长需要的前提下，应不断扩大再生产，待基础设施供给服务能力不匹配其他社会生产部门的产出增长时再对其进行投资，以使二者相匹配为止。他同时认为基础设施资本与国民经济总产出之间存在一个最优的比例，只有在这个最优规模点上，对于基础设施的投资才是有效的，才能促进产出的增加。[2] 美国经济学家罗森斯坦·罗丹的观点则与艾伯特·赫希曼的观点相反，他认为由于基础设施供给的不可分性、市场需求不可分割性等特点，必须优先投资基础设施。他认为由于基础设施的投资规模大、周期长，且只有建成以后才能产生效益，所以必须优先投资，特别是在一国经济发展初期；基础设施投资可以为社会提供就业机会，是经济增长的基础，因此必须优先投资；优先投资基础设施是形成规模经济的前提，只有一次性地投资基础设施，形成超强的外部性，才

---

① 卢武强. 论罗斯托的经济发展阶段论及其影响 [J]. 高等继续教育学报，1994 (1)：35 - 38.

② 郑路. 不平衡增长理论的文献综述 [J]. 知识经济，2012 (11)：10 - 10.

能形成较强的规模经济效应，进而促进经济快速增长。[1] 经济学家罗根纳·纳克斯主要观点是解决贫困的办法是全面且大规模的投资于经济的各个部门及基础设施领域，使各个部门平衡增长，同时他认为基础设施投资应由政府主导，且强调基础设施投资要有计划性以及着眼于长远的前瞻性。[2]

2.1.2.6 福利经济学的理论

福利经济学是一门分析与评价人类社会经济运行状况好坏的学科。在公共经济学领域经常使用的相关福利经济学的概念主要有效用、帕累托效率、效用可能性曲线等。在福利经济学中有两个比较著名的基本定理，也是福利经济学学科的主要观点，即福利经济学第一定理与福利经济学第二定理。福利经济学第一定理指出：在假设消费者的效用函数非负、连续且严格递增的前提下，通过市场机制实现的价格均衡都是帕累托最优的。福利经济学第一定理对我们的重要启示在于，不管初始配置如何，任何分散化的消费者自利理性交易市场均能够实现瓦尔拉斯均衡，且这种均衡是帕累托有效的，同时福利经济学第一定理特别强调市场的作用，任何政府的干预都有可能造成市场的非效率配置。福利经济学第二定理则认为任何一种资源配置的帕累托有效率状态都可以通过竞争性的市场来实现，政府所做的只是对于资源的初始总量再分配。[3] 换句话说，每个帕累托有效的配置都对应某个初始配置，帕累托有效配置实现路径则是市场竞争机制。随着时间的推移，福利经济学本身也在发展，20 世纪 30 年代以来，旧福利经济学在逐步被新福利经济学所替代，新福利经济学代表人物陆续提出了消费者行为理论、补偿原理等，不断地对旧福利经济学进行完善与发展。可见，福利经济学特别是福利经济学的两个基本定理都十分强调市场的作用，市场可以确保经济运行的高效率，而政府公共投资对资源配置的作用有限，但是，福利经济学的两个定理都是在严格的假设前提下提出并得以证明的，同时当前我国的经济体制还未实现完全的市场化经济体制，国有部门垄断行业与自由竞争行业并存，且实行国有部门的国有所有制行业占据主体地位多种所有制并存的混合所有制经济，因此从理论上说，政府公共基础设施投资对我国经济的发展是非常必要与重要的，它可以有效地满足社会经济对公共产品的现实需求，促进经济增长，增加社会福利。

---

[1] 陈郁. 罗森斯坦·罗丹 "大推动" 理论述评 [J]. 经济学动态, 1987（9）：57 – 60.

[2] 庄子银，邹薇. 发展经济学的新发展 [M]. 武汉：武汉大学出版社, 1999.

[3] 郭伟和. 福利经济学 [M]. 北京：经济管理出版社, 2001.

2.1.2.7 马克思政治经济学的理论

马克思政治经济学相关资本积累的理论是在重商主义、重农主义、亚当·斯密、李嘉图关于资本积累理论的基础上建立起来的，马克思资本积累理论主要包括三个方面：其一，资本主义扩大再生产和资本积累。再生产就是指生产过程的不断更新和重复，任何社会的再生产都包括物质资料的再生产和生产关系的再生产，是两者的统一。剩余价值可以转化为资本就是资本积累。资本积累是资本主义扩大再生产的前提条件，而剩余价值总量主要取决于以下三个因素：对工人的剥削程度，主要指资本家通过延长工作日、劳动强度，以及压低工人的工资等手段实现对工人的剥削；劳动生产率的高低；预付资本的大小。其二，资本有机构成的提高和资本主义相对过剩人口。资本的构成，从物质形态来看，表现为一定数量的生产资料和一定数量的劳动力之间的比例，它取决于生产技术水平的高低，称之为资本的技术构成；从价值形态上看，资本由不变资本和可变资本两部分构成，它们之间也存在一定的比例，称之为资本的价值构成。资本主义相对过剩人口，是指劳动力供给超过了资本对它的需求而形成的相对过剩的劳动人口，它的形成是劳动力的供给和需求两个方面作用的结果。资本主义相对过剩人口有三种基本形态：流动的、潜在的和停滞的过剩人口。其三，资本主义积累的一般规律。马克思在分析了资本积累对工人阶级状况的影响的基础上，提出了资本主义积累的一般规律，即随着资本积累的增长，必然造成社会的两极分化，一极是资产阶级占有的资本和财富的积累，另一极是无产阶级事业和贫困的积累。马克思政治经济学理论对我国社会主义市场经济的启示是多方面的，比如，当前我国发展社会主义市场经济，各种生产要素要进入市场，随着劳动力进入市场，劳动力的市场配置，出现部分失业人口是不可避免的，过去的"隐性失业"转变为"显性失业"。显而易见，一定限量失业的存在是市场经济条件下的必然现象，对于促进我国社会主义市场经济的发展具有一定的积极作用。本文研究的主题是基础设施投资与经济增长的关系，从马克思政治经济学相关理论可知，在资本主义下，资本就是能够带来剩余价值的价值，从本质上讲，资本是靠剥削工人而带来剩余价值的价值，它体现着资本家和雇用工人之间剥削与被剥削的关系。而在社会主义制度下资本是除消费以外的劳动价值，基础设施投资的资金来源于劳动者的劳动价值，是劳动价值的一部分，因此一区域的基础设施投资不宜过多，过多进行资本积累会影响当代人的消费与福利，也不宜过少，因为过少会影响经济的增长，也会影响社会财富的积累。

2.2　国内外文献综述

2.2.1　国外文献综述

就国外目前的研究文献来看，有关基础设施投资与经济增长的文献主要可以分为如下三类，基础设施投资的政治因素方面的研究、关于基础设施投资与经济增长的关联性研究以及关于基础设施投资与产业发展方面的研究。

2.2.1.1　基础设施投资政治因素方面的研究

基础设施投资具有公共产品的三大特点，即投资成本高、项目风险大与回报周期长，因此这就决定了其投资主体应是政府，政府作为一个公权力机构，其政治因素必然成为影响基础设施投资的关键因素之一。国外学者在该领域的文献较多。Arrow（1970）通过研究发现，基础设施由政府投资则分散了公众投资的风险，由于政府采用的折旧率较低，因此政府就会将较多资源投资于时间周期较长的基础设施项目。[①] Evans（1992）研究了政府任期对基础设施投资的影响，他认为印度基础设施的投资就受到政治因素的影响，印度由于政治环境改变的周期短，投资周期长、成本高的基础设施投资难以实施，因此印度的基础设施水平一直较为落后，严重抑制了社会经济产业的发展壮大，现已构成其经济发展的瓶颈因素。同时他认为现任政府官员基于自身利益最大化（职位的提升等）的考虑，政治诱致性的基础设施投资往往会被执行，而且这一趋向正在由于政府任期的延长与职业化得以强化。[②] Rauch（1995）通过研究也发现实行文官制度改革以及政府任期时间延长均会使得政府更多地投资于基础设施领域，也有学者认为影响政府对于基础设施投资的因素包括政府官员的任期与政府对基础设施投资项目折旧率的选择。Crain 和 Qakley（1995）指出政治制度（资本主义、社会主义等）与政治选举过程也会影响基础设施的投资。Henisz（2002）研究发现，政治环境因素与政府组织形式的差异均会对基础设施投资起重要的决定作用。Cadot 等（2006）发现法国政府对交通运输基础设施的投资决

---

①　Arrow K J, Kurz M. Public Investment, The Rate of Return, and Optimal Fiscal Policy ［J］. Journal of Finance, 1971, 26 (4).

②　Evans P B. The State as Problem and Solution: Predation, Embedded Autonomy, and Structural Change ［J］. The Politics of Economic Adjustment, 1992, 27 (4): 678－690.

策其实不是为了解决交通堵塞的社会问题，而是为了给当时的候选人拉选票。有些学者还研究了政治环境与经济环境对基础设施投资的影响，Henisz（2002）采集了100多个国家的相关数据，数据时间跨度达两个世纪，他通过研究发现解释国家基础设施投资差异的一个显著因素为政治环境因素，他同时认为一国的政治制度越完善，就越能促进微观企业的发展，而微观企业的发展则增加了基础设施的需求。Randolph（1996）认为一国的政治制度越完善，那么该国基础设施由私人供给的可能就越大，也即基础设施投资的市场化可能性就越高。Kemmerling 和 Stephan（2002）研究发现政治派系的异同对基础设施投资有重要影响，他们认为由于现实中有利益集团"游说"的存在，不同层级的政治派系扭曲配置基础设施投资资源，若政治派系性质相同，政府上下级之间的谈判成本就可以节约，不同派系设置的障碍就可以避免。Castells 和 Albert（2007）研究经济制度对基础设施边际产出的影响，他认为相对于政治制度，一个完善的经济制度对基础设施边际产出影响更加直接，促进作用更加明显。[1]

国外也有不少文献研究了地方利益集团对基础设施投资配置的影响。卡尔 Cadotetal 等（1999）通过研究发现，地方利益集团游说政府投资、维护更新基础设施的积极性与地方利益集团的沉没成本大小有关，沉没成本越大企业越有积极性去游说政府进行基础设施投资，因为沉没成本越大的地方利益集团对当地基础设施的依赖性越强。[2] Kemmerling 和 Stephan（2002）认为，由于地方利益集团的影响力是影响不同层级政府之间资源配置的重要因素，因此，基础设施投资决策就可能严重偏离最优决策路径。Mizutani 和 Tanaka（2005）还研究了公共基础设施投资分布受政治游说因素影响的情形。还有学者的研究表明，政治因素不会影响基础设施投资，认为政治没有显著性影响基础设施投资的情形。[3]

还有文献涉及研究基础设施投资的决定因素。Randolph、Bogetic 和 Hefley（1996）通过研究27个中等收入水平以下国家基础设施投资17年的数据，发现影响联邦政府与中央政府基础设施投资最为重要的三个因素为经济发展阶段，城市化率以及劳动参与率；与基础设施投资正相关的指标有外国部门数量规模、

① 李平，王春晖，于国才. 基础设施与经济发展的文献综述 [J]. 世界经济，2011 (5)：93-116.

② Kemmerling A，Stephan A. The Contribution of Local Public Infrastructure to Private Productivity and Its Political Economy：Evidence from a Panel of Large German Cities [J]. Public Choice，2002，113 (3-4)：403-424.

③ Kemmerling A，Stephan A. Comparative political economy of regional transport infrastructure investment in Europe [J]. Journal of Comparative Economics，2015，43 (1)：227-239.

外国资金流量、城市移民比率以及现有基础设施资本存量，其中外国资金流量与基础设施投资是弱正相关。同时，他们还考察了人口密度、民主自由度、预算赤字、经济开放度分别对联邦政府与中央政府基础设施投资的影响，其中，人口密度与联邦政府基础设施投资呈负相关关系，而与中央政府的关系是，随着人口密度的升高，中央政府对基础设施的投资是先增加后减少；民主自由度与中央政府基础设施投资呈正相关，而与联邦政府基础设施投资呈负相关；预算赤字与联邦政府基础设施投资呈正相关，而对中央政府基础设施投资无影响；经济开放度与联邦政府基础设施投资是正相关关系，而与中央政府基础设施投资是独立的关系。另外，他们还考察了政府目标对基础设施投资的影响，他们认为若政府没有制定"减少贫穷"的目标，那么该国基础设施投资就不会增加，若一国特别设定了"减少贫穷"的目标，那么该国政府则倾向于通过投资教育等提高人力资本的领域来减少贫穷，而不倾向于投资交通、水利等基础设施。还有学者对基础设施投资进行专门研究，如有学者研究了美国1900—1920年政府投资于受益周期较长的道路和供水基础设施领域的占比；阿罗和林德（1970）则着重分析了政府投资于受益周期较长基础设施领域的原因；还有学者则分析了政府较多投资周期较长基础设施项目而不投资于短期受益的公共支出项目的原因。[①]

诸多学者认为地方分权可以提高基础设施投资的效率。Tiebout（1956）认为地方分权可以使地方公共物品在配置上自动实现帕累托最优，这是因为地方政府在居民选票的压力下，地方政府由于具有自主财政权，因此就会自由竞争，每个政府都会尽力按居民的意愿投资于基础设施，进而使地方公共基础设施投资达到帕累托最优。Faguet（2004）认为地方分权可以增进政府之间竞争，从而可以提高基础设施投资水平，他同时指出这一点在发展中国家相比于发达国家更明显。Oates（1972）认为中央政府会造成基础设施投资资源的配置扭曲与效率损失，这是由中央政府因为不了解不同区域基础设施需求的差异而采取统一的基础设施投资政策所导致的，同时，他认为地方政府相对于中央政府更熟悉当地基础设施的需求与约束条件，具有更多的信息优势，因此有利于基础设施投资效率的提高。同时，Shah 和 Qureshi（1994）指出地方政府进行基础设施

---

① Randolph S，Bogetic Z，Hettley D. Determinants of Public Expenditure on Infrastructure：Transportation and Communication［J］. Policy Research Working Paper No. 1661，World Bank，1996；Arrow K J，Kurz M. Public Investment，The Rate of Return，and Optimal Fiscal Policy［J］. Journal of Finance，1971，26（4）.

投资优势在于，它的投资过程可以受到当地人们的有效监督，这样就进一步提高了地方政府提高公共基础设施投资效率的积极性，从而促进当地人们效用的提升。Banerjee 和 Sudeshna（2006）认为地方分权可以使得地方政府的预算约束硬化，促进基础设施投资效率的提高，同时，地方分权可以提高地方政府自主解决相关问题的能力，可促使各种基础设施融资模式的创新，如建设—经营—转让（BOT）、移交—经营—移交（TOT）、公私合营（PPP）等，私人资本进入基础设施投资领域，不仅可以增加基础设施供给的效率，还可以提升该领域的市场化程度。[1]

同时，有文献认为地方分权会对基础设施投资资源造成扭曲配置。一般来说，基础设施投资具有空间外部性，地方政府可能会基于自身收益最大化而不考虑整体收益最大化的外部性作用，因此可能会造成地方基础设施规模低于最优规模，引起基础设施的拥挤性问题，从这个角度上讲，中央政府集权投资基础设施可能更有利。Prud'homme（1995）认为中央政府集权式的投资可以形成规模经济效益，降低整体单位成本，同时可以避免与同级政府财政相互竞争，将基础设施投资的外部性作用内生化，这将更能促进经济增长；[2] Baldwin 和 Krugman（2004）认为完善的基础设施有利于优秀人才的聚集和吸引外资进驻，从而可以促进经济增长，同时指出在地方分权下，政府之间的竞争是十分激烈的，因而，地方往往会倾向于增大经济性基础设施的投资，而减少对于社会性基础设施的投资，从而使基础设施投资的内部结构恶化。[3] Jin 等（2005）认为政府官员有可能在基础设施投资的政治决策中进行寻租；[4] 有学者更一进步认为政府对于基础设施领域的投资相比于对于教育等产业的投资更容易导致政府官员的寻租与腐败，而且官员更倾向于投资容易取得贿赂的基础设施项目；Treisman（2000）和 Olken（2007）认为由于腐败会造成公共基础设施投资的效率低

① Tiebout C M. A Pure Theory of Local Expenditures [J]. Journal of Political Economics. 1956: 416 –424; Faguet J. P. Does Decentralization Increase Government Responsiveness to Local Needs: Evidence from Bolivia [J]. Journal of Public Economics, 2004, 88: 867 –893; Oates W. E. Fiscal Federalism [M]. NY: Harcourt Brace Jovanovich, 1972; Shah A, Qureshi Z. Intergovernmental Fiscal Relations in Indonesia [J]. World Bank Discussion Paper, Washington D. C, 1994, Banerjee S. G. Sudeshna D. A. R. Decentralization's Impact on Private Sector Participation in Infrastructure Investment in Developing Countries [J]. The World Bank, Washington D. C., 2006.

② Prud'homme R. The Dangers of Decentralization [J]. World Bank Research Observer, 1995, 10 (2): 201 –220.

③ Baldwin R E, Krugman P. Agglomeration, Integration and Tax Harmonization. European Economic Review, 2004, 48: 1 –23.

④ Jin H, Qian Y, Weingast, B R. Regional Decentralization and Fiscal Incentives: Federalism, Chinese Style [J]. Journal of Public Economics, 2005, 89 (9 –10): 1719 –1742.

下，且地方政府可能会与利益集团形成共谋，因此他们强调集权可以使腐败现象减少。[1]

North（1981）提出制度变迁方面的路径依赖理论，认为路径依赖是指人类社会发展过程中的制度变迁演进对过去进入的路径往往会产生依赖，而且这种依赖可能会随着时间的推移不断自我强化，同时这种强化与过去路径的好与坏无关，因此，制度变迁演进对过去的路径的依赖可能会影响当前的选择。[2] 沿着既定的路径，政治和经济制度的变迁不仅有可能步入良性路径得以优化，还有可能会在原有错误轨道上渐行渐远，甚至还可能陷入经济无效率的状态中，这时往往需要外部力量介入，形成外部效应，才可能对原有方向进行扭转。

由于西藏自治区的特殊性，一直以来，西藏经济增长与基础设施投资都对中央政府的依赖性很高，同时中央对西藏经济的发展也十分重视，自改革开放以来，中央专门召开六次西藏工作座谈会，每次工作会议均对西藏基础设施投资作出了重要的安排与部署，可见，政治环境因素对西藏基础设施投资的影响极大，因此，本书将会重点分析政治因素（政策扶持因素等）对西藏经济增长与基础设施投资影响的特殊情形。

2.2.1.2　基础设施投资与经济增长的关联性研究

针对基础设施投资与经济增长关联性这一问题的研究，国外已有较长历史。从已有的研究来看，主要分为以下三个方面：首先是基础设施投资对经济增长促进作用的研究，其次为两者的因果关系研究，最后是对二者之间倒 U 形关系的研究。

1. 基础设施投资促进经济增长的相关研究

关于基础设施投资的研究最早可追溯到著名经济学家罗默与卢卡斯。罗默（1986）等认为基础设施具有强烈的外部性，一方面外部性会导致外部性经济的形成，因而使地区内产生规模经济效应，投资回报率也会提高；另一方面，基础设施完善度越高则地区外部性越强，在生产要素可自由流动的状态下，基础设施较完善的地区往往会流入更多的生产要素，从而促进区域经济的增长。[3] Aschauer（1989）研究了公共投资与私人产出、全要素生产率之间的关系，他

① Treisman D. Decentralization and the Quality of Government［J］. University of California Working Paper, Los Angeles, 2000.
② Speth P R, Douglass C. North. Institutions, Institutional Change and Economic Performance, Cambridge 1990［M］. VS Verlag für Sozialwissenschaften, 2007.
③ Romer, David, Advanced Macroeconomics［M］. The McGraw–Hill Companies, 1996.

的主要贡献在于：首次将公共基础设施投资和政府一般消费性支出进行区分，并对公共基础设施投资与私人产出、全要素生产率之间的关系进行了实证分析，并最终指出美国生产率的下降可以由基础设施投资减少来解释。他采用的生产函数为柯布—道格拉斯生产函数，采集的数据序列为美国1949—1985年度的数据序列，在公共基础设施投资与私人产出的关系研究方面，他得出公共基础设施投资的私人产出弹性为0.39，而且他还实证研究了核心公共基础设施投资与私人产出的关系，得出核心公共基础设施投资的私人产出弹性为0.24，这里的核心公共基础设施投资的概念是指铁路、高速公路以及飞机场等基础设施。Aschauer研究的成果还有，他首次从公共资本支出的角度解释了美国1971年到1985年的经济衰退，即他认为美国1971—1985年经济衰退主要是由于公共资本支出增长率的下降。后来，Munnel（1990，1992）、Barro（1990）和Finn（1993）也研究了公共资本支出与美国1971—1985年经济衰退关系，他们均支持Aschauer的观点。Munnell（1990）采集美国1948—1987年相关数据研究了公共基础设施投资和劳动生产率两者的关系，他得出基础设施投资的产出弹性在［0.31，0.41］区间内，且认为公共资本和劳动比率的下降可以解释美国20世纪60年代末以后的劳动生产率下降的78%。Barro（1990）将公共资本加进生产函数之中，并建立了内生经济增长模型，研究发现，政府投资于基础设施使得长期的经济增长率得以提高。①

Easterly和Rebelo（1993）采集28个国家的相关数据，数据的时间跨度为1970—1988年，研究基础设施投资与经济增长、社会福利的影响，他的研究结论是基础设施投资若增加1%，经济增长指标GDP将增加0.037%，同时社会水平将提高0.036%。② 世界银行（1994）发布的《为发展提供基础设施》中论述到，基础设施投资与经济增长的关系是前者促进后者的发展，而且这种促进作用是实质性的与主要的，同时认为基础设施即使不是经济增长的火车头，也是促使经济增长的火车轮。内生经济增长理论的代表者Bougheas（2000）的研究则更为深入，他通过研究发现中间投入品的经济性基础设施可以使生产要素成

---

① Aschauer D A. Is Public Expenditure Productive? ［J］. Journal of Monetary Economics, 1989, 23: 177 – 200; Munnell A H, Why Has Productivity Growth Declined?: Productivity and Public Investment ［J］. New England Economic Review, 1990 (1): 3 – 22; Barro R J. Government Spending in a Simple Model of Endogenous Growth ［J］. Journal of Political Economy, 1990, 98 (5): 103 – 125; Finn M. Is All Government Capital Productive? Federal Reserve Bank of Richmond Economic Quarterly, 1993, 79 (4): 53 – 80.

② Easterly W, Servén L. The Limits of Stabilization: Infrastructure, Public Deficits and Growth in Latin America ［M］. Stanford University Press and the World Bank, 2003.

本降低，提高生产效率，而且还可以促进劳动的分工以及社会化的大生产，而随着分工的扩大以及社会化生产的发展，经济的内生增长动力将得以形成。[1] Dessus 和 Herrera（2000）应用面板数据模型研究公共投资与经济增长的关系，他们采集 28 个国家（全是发展中国家）1981—1991 年的相关数据，利用面板数据的固定效应方法分析了公共投资对经济增长的影响，其结论是公共投资对经济增长是长期的正向影响，但若公共投资过量时，它反而会抑制经济增长。[2] Cazzavillan（1996）通过研究也得出类似的结论，认为公共投资对经济增长具有显著的影响，他采用的数据是欧洲 12 个国家的 1957—1987 年的相关数据，测算出了它们平均的公共投资弹性为 0.25。[3]

Aschauer（2000）通过建立扩展的新古典主义增长模型来研究公共投资与单位资本产出的关系，他发现政府的公共投资若每增长 1% 的话，那么单位资本产出就将在未来两年内增加 0.29%。[4] Shioji（2001）研究了美国和日本两个国家基础设施与经济增长的关系，研究发现两国的基础设施投资对地区人均产出均有积极的正向影响。[5] Demurger（2002）对我国经济增长与基础设施的研究结果显示，基础设施投资的确对我国的经济增长具有积极的正向促进作用。[6] Esfahani 和 Ramirez（2003）认为 20 世纪八九十年代若非洲的一些国家对于电信和能源基础设施的投资与东亚地区的投资水平相同的话，那么非洲的经济增长率会提高 1.3%；同年，Easterly 和 Serven（2003）认为基础设施供给的不足可以解释 33% 的拉美地区和东亚地区单位劳动力的产出差异。[7] Agenor 和 Neanidis（2006）认为经济性的基础设施可以使劳动生产率提高，他们认为交通运输等经济性基础设施服务能力的提高可以使居民工作更加便利，而电力、电信及网络

---

① Bougheas S, Demetriades P O, Mamuneas T P. Infrastructure, Specialization, and Economic Growth [J]. Canadian Journal of Economics, 2000, 33 (2): 506 – 522.

② Dessus S, Herrera R. Public Capital and Growth Revisited: A Panel Data Assessment [J]. Economic Development & Cultural Change, 2000, 48 (2): 407 – 418.

③ Cazzavillan G. Public Spending, Endogenous Growth, and Endogenous Fluctuations [J]. Journal of Economic Theory, 1996, 71 (2): 394 – 415.

④ Aschauer D A. Do states optimize? Public capital and economic growth [J]. Annals of Regional Science, 2000, 34 (3): 343 – 363.

⑤ Shioji E. Public Capital and Economic Growth: A Convergence Approach [J]. Journal of Economic Growth, 2001, 6 (3): 205 – 227.

⑥ Demurger S, Chen Y. Croissance de la productivite dans l'industrie manufacturiere chinoise: le role de l'investissement direct etranger [J]. Economie Internationale, 2002: 131 – 164.

⑦ Esfahani H S, Ramírez M T. Institutions, Infrastructure and Economic Growth [J]. Journal of Development Economics, 2003, 70: 443 – 477; Easterly W, Servén L. The Limits of Stabilization: Infrastructure, Public Deficits and Growth in Latin America [M]. Stanford University Press and the World Bank, 2003.

等经济性基础设施供给能力的提高可以不断提升人们的工作效率。[1]

同时，有的学者研究发现，基础设施投资对经济增长的促进作用并不明显。Huhen 和 Schwab（1991）通过采集美国州级的相关数据，利用生产函数法研究了公共基础设施与生产率的关系，他的结论为没有证据说明美国的公共基础设施在对生产率提高方面具有正向的影响。[2] Holtz – Eakin（1993，1994）在探究美国经济增长与公共投资资本形成的关系后发现，公共投资资本对经济增长虽然可以起到一定的促进作用，但效果并不显著。[3] Evans 和 Karras（1994）、Moomaw 等（1995）利用 Munnell 和 Cook（1990）的数据，采用多种不同的计量方法进行研究后发现，基础设施的产出弹性并不是显著的。[4] Garcia – Mila 等（1996）采集了美国州级 1970—1983 年的相关数据，专门研究了高速公路、供水和污水处理等三类基础设施与经济增长的关系，结果显示这些基础设施对经济增长均无明显的正向影响。[5] Boarnet（1998）的研究则更加深入，他通过研究发现，基础设施投资仅是对经济活动分配而已，对净产出没有影响。[6] 还有一些学者得出基础设施投资对经济增长是负向影响的结论，如 Hulten 和 Schwab（1991），Ghali（1998），Everaert（2003）认为基础设施投资对经济增长的贡献度低于私人资本对经济增长的贡献度。[7] Fu 等（2004）通过研究发现基础设施的供给能力会影响地区劳动生产率的差异，但与长期经济增长率无关。

不过，近年来，基础设施投资对经济增长的重要性还是逐渐得到了学术界的共识。Calderon 和 Serven（2004）对基础设施与经济增长的相关文献进行梳理分析，发现在有关发展中国家的基础设施与经济增长文献中，94.12% 的文献显示，基础设施可以促进经济增长，在有关发达国家基础设施与经济增长的文

① Agenor, Neanidis. Corruption Clubs: The Allocation of Public Expenditure and Economic Growth, 2006.

② Hulten C R, Schwab R M. Public Capital Formation and the Growth of Regional Manufacturing Industries [J]. National Tax Journal, 1991, 44 (4): 121 – 134.

③ Holtz – Eakin D. Public Sector Capital and the Productivity Puzzle [J]. The Review of Economics and Statistics, 1994, 76 (1): 12 – 21.

④ Evans P, Karras G. Are Government Activities Productive? Evidence from a Panel of U. S. States [J]. The Review of Economics and Statistics, 1994, 76 (1): 1 – 11.

⑤ Garcia – Mila T., McGuire T J, Porter R H. The Effect of Public Capital in State – Level Production Functions Reconsidered [J]. The Review of Economics and Statistics, 1996, 78 (1): 177 – 180.

⑥ Boarnet M G. Spillovers and the Locational Effects of Public Infrastructure [J]. Journal of Regional Science, 1998, 38 (3): 381 – 403.

⑦ Ghali K H. Public Investment and Private Capital Formation in a Vector Error – Correction Model of Growth [J]. Applied Economics, 1998, 30: 837 – 844; Everaert G. Balanced Growth and Public Capital: An Empirical Analysis with I (2) Trends in Capital Stock Data [J]. Economic Modelling, 2003, 20 (4): 741 – 763.

献中，72.41%的文献显示，基础设施对经济增长具有正向的影响。[①] Romp 和 De Haan（2007）梳理了 39 篇研究经济合作组织（OECD）国家基础设施与经济增长关系的相关文献，发现有 32 篇文献的结论是基础设施投资对经济产出、劳动生产率、就业以及私人投资均有明显的正向影响。[②] 也有学者认为基础设施对产出影响在未来是不确定的，如 Hulten（1996）指出通过对历史数据研究得出基础设施产出弹性较高是不可靠的，这意味未来继续对基础设施投资没有较高的产出弹性，他举例说，修建高速公路有利于私人产出的提高，但在不存在拥挤性的情形下，过多地投资于高速公路就不会使私人产出提升。[③] Egert 等（2009）得出一个稳健的结论，即更多地投资于基础设施并不意味着有更高的人均产出。[④]

2. 基础设施投资与经济增长因果关系的相关研究

对基础设施投资和经济增长之间的因果关系问题，国外学者的研究成果颇多。Tatom（1991）对基础设施与经济增长的因果关系进行了研究，他认为 Aschauer（1989）对基础设施与经济增长的因果关系的研究存在没有考虑时间序列特性的问题，Tatom 在其研究中对时间序列进行了一价差分处理，并在此基础上测算了基础设施的产出弹性为 0.14。[⑤] Canning 和 Pedroni（1999）则反对 Tatom 对时间序列进行一阶段差分处理，他们认为对时间的一阶差分会导致基础设施与经济增长的长期协整关系（若两者存在协整的话）遭到破坏。[⑥] Holtz - Eakin（1994）通过研究相关文献指出，在他之前的研究对因果假设是错误的，前人大多认为基础设施投资与劳动生产率两者之间是单向的因果关系，但实际上生产率水平比较高的国家对于基础设施投资更有需求。[⑦] Chen 等（2007）支

---

① Serven L, Calderon C, Serven L. The Effects of Infrastructure Development on Growth and income [J]. Cesar A Calderon, 2004（2）.

② Romp W, De Haan J. Public Capital and Economic Growth: A Critical Survey [J]. Perspektiven der Wirtschaftspolitik, 2007, 8（S1）: 6 - 52.

③ Hulten C R. Infrastructure Capital and Economic Growth: How Well You Use it May Be More Important Than How Much You Have [J]. NBER Working Paper, 1996.

④ Egert B, Kozluk T J, Sutherland D. Infrastructure and Growth: Empirical Evidence [J]. William Davidson Institute Working Paper, 2009, 957.

⑤ Tatom J A. Public Capital and Private Sector Performance [J]. St. Louis Federal Reserve Bank Review, 1991, 73（3）: 3 - 15.

⑥ Canning D, Pedroni P. Infrastructure and Long Run Economic Growth [J]. Paper Presented at the 1999 Econometric Society Summer Meeting, Madison, Wisconsin, 1999.

⑦ Holtz - Eakin D. Public Sector Capital and the Productivity Puzzle [J]. The Review of Economics and Statistics, 1994, 76（1）: 12 - 21.

持 Holtz – Eakin 的观点，认为基础设施的投资可以促进经济增长，同时经济增长也会产生对基础设施投资的巨大需求，他同时认为诸如人们对于交通运输、通信、电力等基础设施的需求会随家庭收入的提高而增加。[①]

国外学者对基础设施投资与经济增长因果关系研究所用的方法有联立方程法、向量自回归（VAR）、脉冲响应函数、协整分析方法等。Demetriades 和 Mamuneas（2000）运用联立方程法研究了基础设施投资与经济增长的因果关系，他们将基础设施投资方程加入生产方程组中，采集 12 个国家的面板数据对联立方程估计，结果表明，基础设施具有降低成本的作用，对利润的影响是显著的，且是正向的。[②] Calderon 和 Serven（2014）则利用广义矩估计的方法对联立方程进行了估计，发现由于基础设施投资的成本高、周期长，从而可能会对政府财政造成长期的压力，同时也会挤出其他方面的投资，因此会抑制经济的增长。[③] 近年来，还有学者利用向量自回归（VAR）以及脉冲响应函数等方法来研究两者因果关系，Kamps（2005a）应用向量自回归（VAR）以及脉冲响应函数研究了基础设施投资与经济增长因果关系。[④] Canning 和 Pedroni（2008）则用协整分析的方法考察了基础设施投资与经济增长的协整关系。[⑤] 另外，Arnold（2007）从存量数据的视角进行了研究。[⑥]

近年来，有学者从微观数据视角研究基础设施与经济增长的因果关系，他们大多集中于研究基础设施投资对生产率、贸易成本等的影响情形。Michaels（2008）认为由于美国州际高速公路网的形成使得地区之间畅通地连接在了一起，因此可以便利低成本地进行贸易，从而高速公路基础设施是区域经济增长的原因。[⑦] Duflo 和 Pande（2007）研究印度拦河大坝基础设施对于上下游经济

① Chen S. T, Kuo H I, Chen, C C. The Relationship between GDP and Electricity Consumption in 10 Asian Countries [J]. Energy Policy, 2007, 35 (4): 2611 – 2621.

② Demetriades, P O, Mamuneas, T P. Intertemporal Output and Employment Effects of Public Infrastructure Capital: Evidence from 12 OECD Economies [J]. The Economic Journal, 2000, 110 (465): 687 – 712.

③ Calderon C, Servén L. Infrastructure, Growth and Inequality: An Overview [J]. Social Science Electronic Publishing, 2014: 1 – 29.

④ Kamps C. The Dynamic Effects of Public Capital: VAR Evidence for 22 OECD Countries [J]. International Tax and Public Finance, 2005a, 12 (4): 533 – 558.

⑤ Canning D, Pedroni P. Infrastructure and Long Run Economic Growth [J]. Paper Presented at the 1999 Econometric Society Summer Meeting, Madison, Wisconsin, 1999.

⑥ Arnold J, Bassanini A, Scarpetta S. Solow or Lucas? Testing Growth Models Using Panel Data from OECD Countries [J]. OECD Economics Department Working Papers, 2007, 592.

⑦ Michaels G. The Effect of Trade on the Demand for Skill: Evidence from the Interstate Highway System [J]. The Review of Economics and Statistics, 2008, 90 (4): 683 – 701.

2 相关理论与文献综述 | 37

增长的因果影响，研究结果表明，拦河大坝基础设施促进了下游经济的产出，而抑制了基础设施当地的经济增长。[1] Donaldson（2010）研究了印度铁路对国民收入及社会福利的影响，结果表明，铁路基础设施降低了贸易成本，从而提高了国民收入与社会福利。[2] Brooks 和 Hummels（2009）研究亚洲新兴市场的基础设施投资与经济增长的因果关系，发现基础设施投资可以降低当地的贸易成本，从而促进了经济增长。[3] Li（2005，2009）搜集了我国铁路基础设施的微观数据，通过研究发现交通基础设施投资回报率非常高，远高于其投资成本，且起到了降低企业库存的作用。[4]

3. 基础设施投资与经济增长倒 U 形关系的相关研究

国外研究基础设施投资与经济增长倒 U 形关系的学者最早可追溯到 Barro，他于 1990 年最早提出政府支出增长模型，模型的自变量是生产性政府支出总量占 GDP 比重，因变量是经济增长率，此模型最终得出：假设一次性付税的情况下，在生产性公共支出和经济增长两者之间存在着一种倒 U 形的关系，且当政府支出占总产出的比重和产出对于政府支出的弹性相等时，此时长期的经济增长率达到最大；巴罗等在 1992 年又对巴罗模型进行了简化，并论述了相关拥挤性问题。[5] 二神、森田和芝田于 1993 年建立了 FMS 模型，也得出了政府支出与经济增长之间存在着长期稳定的关系，两者间存在着一种倒 U 形的关系，经济增长率达到最高的条件也是政府支出占总产出的比重与产出对于政府支出的弹性相等。[6]

Bougheas、Demetriades 和 Mamuneas（2000）创造性地把基础设施投资加入 Romer 的内生增长模型，把它视为节约成本的"技术"，通过研究发现一方面基础设施可以降低成本，有利于经济增长，而另一方面它又会产生机会成本，抑

[1] Duflo E, Pande R. Dams [J]. Quarterly Journal of Economics, 2007, 122 (2): 601 – 646.

[2] Donaldson D. Railroads of the Raj: Estimating the Impact of Transportation Infrastructure [J]. NBER Working Paper, 2010, 16487.

[3] Brooks D H, Hummels D. Infrastructure's Role in Lowering Asia's Trade Costs: Building for Trade [M]. Cheltenham, UK: Edward Elgar Publishing, 2009.

[4] Li Zhigang. Measuring the Social Return to Infrastructure Investments Using Interregional Price Gaps: A Natural Experiment [J]. Working Paper, 2005, Available at SSRN: http://ssrn.com/abstract = 871167; Li, Han and Li, Zhigang. "Transport Infrastructure Investment and Inventory Reduction: Causal Inference from Chinese Firms." Available at http://www. econ. cuhk. edu. hk/dept/seminar/09 – 10/1st – term/draft_ oct16. pdf, Working Paper, 2009.

[5] Barro R J. Government Spending in a Simple Model of Endogenous Growth [J]. Journal of Political Economy, 1990, 98 (5): 103 – 125; Barro R J, Sala – I – Martin X. Public Finance in Models of Economic Growth [J]. Review of Economic Studies, 1992, 59: 645 – 661.

[6] 左大培. 经济增长理论模型的内生化历程 [M]. 北京: 中国经济出版社, 2007.

制经济增长，基础设施投资与经济增长之间存在一种倒 U 形的关系。① Riedel，Jin 和 Gao（2007）采用 Scott 经济增长模型研究了基础设施投资与经济增长的关系，结果表明，政府的基础设施投资（资本性支出）和经济增长两者间存在一种倒 U 形的关系，他们并对这种倒 U 形关系给出自己的解释，即他们一方面支持有关前人的研究认为基础设施投资可以促使劳动生产率的提升，从而促进经济增长，但另一方面他们认为政府对于基础设施的投资会对私人储蓄与投资产生挤出效应，从而抑制经济的增长，他们同时认为在最初基础设施投资时，基础设施投资对私人投资会产生促进作用，促进经济增长，但随着时间的推移，对私人投资的挤出效应会越来越明显，以致最终可能占主导地位，从而抑制经济的增长。②

2.2.1.3　基础设施投资与产业发展方面的研究

电力、电信、交通运输等基础设施与三大产业的直接生产活动都息息相关，且良好的基础设施不仅可以降低生产成本，还能提高劳动生产率，但是，基础设施若不可靠，比如，不稳定的电力供应及交通拥挤就会导致生产的延误以及原材料、产品甚至设备的毁坏。有研究表明，落后的基础设施使巴基斯坦的 GDP 在 1987 年一年内降低了 1.8%，制成品的出口量也减少了 4.2%；而亦有研究显示，短缺的电力供应使得印度在 1983—1984 年的 GDP 损失了 1.5%；同样地，电力供应的不可靠造成哥伦比亚 1992 年 GDP 损失 1.0%。③

便捷的基础设施能很好地将各区域的经济活动联系在一起，通过促进各地区之间的优势互补提高整体经济效率，从而推进各地区的产业发展。Demurger（2001）通过研究发现，基础设施的不完善是导致中国各地区日益严重的经济发展不均衡的重要因素之一，而基础设施的日益完善有助于内陆地区接受沿海地区的经济辐射。④ Cohen 和 Paul（2004）认为，基础设施的发展具有强烈的正外部性，能够有效降低相邻区域的运输成本及交易成本，从而对相邻区域的经济

① Bougheas S, Demetriades P O, Mamuneas T P. Infrastructure, Specialization, and Economic Growth [J]. Canadian Journal of Economics, 2000, 33 (2): 506 – 522.

② J Riedel, J Gao, J Jin. How China Grows: Investment, Finance, and Reform [D]. Princeton University Press, 2007.

③ 黄聪. 基础设施投资和建设投资对经济增长推动力的计量模型与应用研究 [D]. 东南大学, 2000.

④ Demurger S, Sachs J D, Woo W T, et al. Economic Geography and Regional Growth in China [J]. Asian Economic Panel, 2001.

增长具有正向影响。①

有学者认为，基础设施的集聚使得各区域产业发展差异程度增大，他们认为，基础设施的集聚会促使生产要素向发达区域流动，从而加剧落后地区的负向溢出效应。Boarnet（1998）采集了美国加州县域 20 年的相关数据，数据时间跨度是 1968—1988 年，通过研究发现，基础设施较好的区域比相邻基础设施较差的区域能够吸引到更多的经济资源与生产要素，从而具有更强的竞争优势，最终对区域的经济发展正向作用较大，对相邻区域的负向外部性作用较大。②

还有学者认为，基础设施的优劣对微观企业的生产经营具有较大影响，良好的基础设施可以降低微观企业的生产运营成本，因为较好的基础设施服务可以提高企业固定资产的质量和耐用性，从而有助于私人维护成本的降低、固定资产使用效率的提高以及使用寿命的延长；而较差的基础设施服务会削弱生产部门正常运营能力，降低现有生产能力，从而约束生产效率的提升以及产出的增加。Reinikka 和 Svensson（2002）研究了乌干达的制造业，采集了 243 个公司的样本资料，统计分析后发现，1998 年由于有 34.23% 的工作日缺乏公共电力供应，77% 的大规模型企业为满足生产需要自己购买发动机，据统计，该项支出占当年总投资的 25%，可见增加的额外成本之巨大。③ 同时，World Bank（1999）发现越南国内公路的国际平整度若从 14 下降到 6，那么越南国内相关产业的运输成本将会降低 12% 至 22%，而若国际平整度若从 14 下降到 3，运输成本则会降低 17% 至 33%。④ Yoshino（2008）研究了非洲基础设施对制造产业的影响，结果表明，非洲当地质量差、服务水平低劣的基础设施对制造产业的出口造成不利影响。⑤

综上文献可以看出，在目前国外研究文献中，对于基础设施投资与产业发展的关系方面的针对性研究并不多，更不见计量方面的实证研究，因此，通过实证分析的方法来研究基础设施投资与产业发展的关系具有较高的理论价值以

---

① Cohen J P, Paul C J M. Public Infrastructure Investments, Interstate Spatial Spillovers, and Manufacturing Costs [J]. Review of Economics and Statistics, 2004, 86 (2): 551 – 560.

② Boarnet M G. Spillovers and the Locational Effects of Public Infrastructure [J]. Journal of Regional Science, 1998, 38 (3): 381 – 403.

③ Reinikka R, Svensson J. Coping with Poor Public Capital [J]. Journal of Development Economics, 2002, 69: 51 – 69.

④ Bank W. Poverty and social developments in Peru, 1994—1997 [M]. World Bank, 1999.

⑤ Yoshino Y. Domestic Constraints, Firm Characteristics, and Geographical Diversification of Firm – level Manufacturing Exports in Africa [J]. Policy Research Working Paper No. 4575, World Bank, 2008.

及较强的实践意义。

2.2.2　国内文献综述

2.2.2.1　基础设施投资政治因素方面的研究

基础设施投资一般具有沉淀成本高、投资周期长等公共产品的特点，因此一般必须由政府提供，而政府与政治因素密切关联，因此政治因素是影响基础设施投资的一个重要因素。国内学者研究政治因素对基础设施投资影响的文献相对较少，相关的研究有：王辰（1995）对我国基础设施成为"瓶颈"因素的原因进行分析，他认为基础设施成为"瓶颈"因素除了自身的需求压力与技术瓶颈因素外，体制方面的制约也是导致基础设施成为"瓶颈"因素的原因，他认为基础设施成为"瓶颈"因素是政府与市场资源配置"青黄不接"的表现。[①] 张中华（1996）认为我国基础设施的市场化进程落后于宏观经济的市场化进程是我国基础设施相对不足的根本原因所在，而基础设施的市场化进程与我国的政治体制有很大关联。[②] 范九利（2004）、郭庆旺（2006）、李善同（2006）、潘胜强（2006）、张芬（2008）均实证研究了基础设施投资与经济增长的关系，他们均假设政府对基础设施进行投资，且最终观点均认为政府对于基础设施的投资对经济增长起到了促进作用。[③] 还有学者认为政府应加大对基础设施的投资，如崔瑛等（2009）对我国1952年以来的相关数据进行分析，发现政府宜加大对于基础设施投资的力度，但要注意投资规模的适度和投资结构的合理。[④]

周黎安（2004）构建了晋升激励模型，通过研究发现若一区域政府官员在任的努力对其他区域产生了正向外部性，那么，该区域政府官员的激励作用将会变小，而且他认为，由于对教育投入形成的人力资本相对于经济性基础设施表现为流动性高、具有很大的正向外部性等特点，因此相对于经济性基础设施

---

① 王辰. 基础产业瓶颈：体制与非体制成因的系统考察 [J]. 管理世界，1995 (3)：126 – 132.

② 张中华，侯保军. 转变思维定式 调整工作方法——赴上海学习考察后的启迪 [J]. 辽宁经济，1996 (4)：32 – 33.

③ 范九利，白暴力. 基础设施投资与中国经济增长的地区差异研究 [J]. 人文地理，2004，19 (2)：35 – 38；郭庆旺，贾俊雪. 基础设施投资的经济增长效应 [J]. 经济理论与经济管理，2006 (3)：36 – 41；李善同，许召元. 近年来中国地区差距的变化趋势 [J]. 中国发展评论：中文版，2006 (1)：35 – 41；潘胜强，马超群，肖伟. 城市基础设施建设的宏观效应与绩效评价 [J]. 系统工程，2006，24 (12)：74 – 79；张芬. 基础建设投资与经济增长研究的新进展 [J]. 经济评论，2008 (5)：140 – 146.

④ 崔瑛，丁晓燕. 基础设施投资与国民经济增长关系的实证研究 [J]. 临沂师范学院学报，2009，31 (4)：98 – 101.

投资来说，政府官员一般对于人力资本投资相对比较少。[①]

还有学者认为基础设施是政府官员政绩的衡量指标，如张晏和夏纪军（2005），张军等（2007）认为地方政府一般倾向提供较好的基础设施以便于该地区"招商引资"，而"招商引资"是政府官员政绩的衡量指标，同时他们认为外商直接投资（FDI）的"用脚投票"更加激励了官员的上述倾向。[②]

2.2.2.2 基础设施投资与经济增长的关联性研究

相比而言，国外对基础设施投资与经济增长关系的研究要早于国内，就国内已有的研究来看，也可以主要分为以下三个方面：一是基础设施投资促进经济增长的相关研究；二是基础设施投资与经济增长因果关系的相关研究；三是基础设施投资与经济增长呈现一种倒 U 形的关系的研究。

1. 基础设施投资促进经济增长的相关研究

马拴友（2000）利用生产函数法对公共资本与经济增长的关系进行了研究，发现公共资本对市场化部门具有强烈的正向外部性，他测算出公共资本的产出弹性为 0.55，他认为国家的公共投资应着重投向具有自然垄断的基础设施行业，而应从一般竞争性行业领域退出，同时认为政府应加大对于基础设施的投资，以促进经济的短期和长期增长，同时，他又对电力、交通运输、邮电通信等核心基础设施与私人资本的关系进行了研究，他发现电力、交通运输等核心基础设施对私人资本具有较强的"挤进"效应，从而可以促进经济的增长。[③] 刘国亮（2002）根据我国 1996—2000 年的公共投资与经济增长的数据，选劳动力投入量、地区虚拟变量、人均非公共投资以及多类型的人均公共投资（包括科学研究及技术服务项目、社会服务项目、政府机构及社会团体项目等）为自变量，选人均产出为因变量，运用柯布—道格拉斯生产函数构建线性模型，结果发现，公共投资的产出弹性大于私人资本的产出弹性，在不同类型的人均公共投资对人均产出影响研究中，促进效果最大的是公共基础设施投资，其次是科学研究及技术服务，作用不明显的是社会服务项目，而政府机构、社会团体两项则表现出抑制作用，进而他认为在我国这种总供给大于总需求的情形下，运用公共

---

① 周黎安. 晋升博弈中政府官员的激励与合作——兼论我国地方保护主义和重复建设问题长期存在的原因 [J]. 经济研究，2004（6）：33 - 40.

② 张晏，夏纪军. 地区竞争与市场化进程的趋同性——中国是否会出现"一个国家，两种经济"[J]. 财经问题研究，2007（4）：11 - 18；张军，高远，傅勇，等. 中国为什么拥有了良好的基础设施？[J]. 经济研究，2007（3）：4 - 19.

③ 马拴友. 中国公共资本与私人部门经济增长的实证分析 [J]. 经济科学，2000（6）：21 - 26.

投资促进经济不断增长是可行的，也是合理的。[①] 吴国权和杨义群（2003）从另一个角度出发，同样基于柯布—道格拉斯函数对本国公共投资和经济增长两者之间的关系进行了研究，他们探究了国债与公共投资之间的因果关系，采集了 1985 年以来的数据，经计算分析得出我国劳动力、民间投资及公共投资的产出弹性依次为 0.3、0.31 与 0.56，可见，对经济增长的贡献度从小到大依次为劳动力、民间投资、公共投资。[②] 杨小凯（2003）则从交易成本的角度解释了基础设施投资与经济增长的关系，他认为基础设施可以降低交易成本，并能够提高分工的效率，从而促进经济增长。[③] 范九利和白暴力（2004）研究了我国基础设施建设对经济增长影响，认为基础设施投资对我国经济增长具有积极的意义。[④]

郭庆旺和贾俊雪（2005）基于向量自回归（VAR）的计量方法以及脉冲响应函数的方法研究了我国财政投资与经济增长之间的关系，并得出了财政投资一方面可以明显促进经济增长但另一方面又对民间投资存在挤出效应的结论。[⑤] 朱波、曹建海和赵锦辉（2005）根据向量误差修正模型对私人投资和公共投资与经济增长的关系进行实证研究后发现，在较长的时间跨度中，公共投资对经济增长的贡献要比私人投资的贡献大，且从短期看，公共投资对经济增长的促进作用也比私人投资要更明显，同时他的研究结果还表明，经济增长可以明显带动私人投资，且公共投资并不能明显挤出私人投资。[⑥] 金凤君（2004）着重分析了基础设施对区域经济发展的影响。[⑦] 娄洪（2002）建立动态模型系统分析了基础设施对长期经济增长的动力机制。[⑧] 廖楚晖和刘鹏（2005）对经济增长与公共资本和私人资本的关系研究表明，公共资本与私人资本两者对经济增长的促进作用具有替代关系。[⑨] 董秀良、吴仁水和薛丰慧（2006）用计量模型——VAR 向量自回归模型与 VECM 向量误差修正模型对私人资本、公共资本

① 刘国亮. 政府公共投资与经济增长 [J]. 改革，2002（4）：80－85.

② 吴国权，杨义群. 通货紧缩时期国债的公共资本供给实效评估 [J]. 财经科学，2003（2）：74－78.

③ 杨小凯. 新兴古典经济学与超边际分析 [M]. 北京：社会科学文献出版社，2003.

④ 范九利，白暴力，潘泉. 我国基础设施资本对经济增长的影响——用生产函数法估计 [J]. 人文杂志，2004（4）：68－74.

⑤ 郭庆旺，贾俊雪. 财政投资的经济增长效应：实证分析 [J]. 财贸经济，2005（4）：40－47.

⑥ 曹建海，朱波，赵锦辉. 公共投资、私人投资与经济增长关系的实证研究——一个向量误差修正模型 [J]. 河北经贸大学学报，2005，26（2）：1－7.

⑦ 金凤君. 基础设施与区域经济发展环境 [J]. 中国人口资源与环境，2004，14（4）：70－74.

⑧ 娄洪. 中国经济增长中的基础设施投资问题研究 [D]. 清华大学，2002.

⑨ 廖楚晖，刘鹏. 中国公共资本对私人资本替代关系的实证研究 [J]. 数量经济技术经济研究，2005，22（7）：35－43.

与经济增长的研究发现，三者之间的长期均衡关系具有唯一性，且公共投资对私人投资具有挤入效应，但在短期内，公共投资会挤出私人投资。[①] 杨晓华（2006）研究了公共资本、私人资本与经济增长三者之间的关系，他利用我国1978年以来的相关数据对三者进行了协整分析，结果显示三者存在唯一的长期均衡关系，但在公共投资与私人投资的关系方面持有不同论断，他认为短期公共投资对私人投资是具有推进作用的，而在长期公共投资对私人投资具有挤出效应。[②] 对公共投资与私人投资关系的研究还有尹贻林和卢晶（2008），许莉和郭定文（2009），李国璋和张锋（2009），汪伟（2009），但他们研究的结论各异。尹贻林和卢晶（2008）认为公共投资对私人投资的总体影响效应为挤入效应，但在短期公共投资则会挤出私人投资。[③] 许莉和郭定文（2009）认为政府支出对私人投资表现为挤出效应。[④] 李国璋和张锋（2009）认为在短期内，政府投资对私人投资表现为挤出效应，但东部、中西部的挤出程度不同，自强到弱的排序为西部、东部、中部。[⑤] 汪伟（2009）以为，公共资本与私人资本之间存在着完全替代关系，也就是说，增加公共投资将会有等量的私人投资被"挤出"，且认为公共投资对私人资本也具有促进作用，但总体的影响效应是由两种影响机制的强弱来决定。[⑥] 刘生龙和胡鞍钢（2010）采集了我国交通、能源与信息基础设施方面1988—2007年的相关数据，通过分析发现三大网络性基础设施对经济增长具有溢出效应。[⑦] 但楚尔鸣和鲁旭（2008）所构建的三变量模型表明，政府投资之所以不利于产出增长是因为其在一定程度上对私人部门的活动具有挤出效应。[⑧]

有学者认为基础设施投资对经济增长的促进作用并不明显。如刘永进（2007）通过建立柯布—道格拉斯生产函数的方法，搜集了1985—2004年的数

① 董秀良，薛丰慧，吴仁水. 我国财政支出对私人投资影响的实证分析 [J]. 当代经济研究，2006（5）：65－68.

② 杨晓华. 中国公共投资与经济增长的计量分析——兼论公共投资对私人投资的挤出效应 [J]. 山东财政学院学报，2006（5）：68－72.

③ 尹贻林，卢晶. 我国公共投资对私人投资影响的经验分析 [J]. 财经问题研究，2008（3）：76－81.

④ 许莉，郭定文. 我国政府支出对私人投资影响的实证分析 [J]. 经济问题探索，2009（4）：20－26.

⑤ 李国璋，张锋. 政府投资、经济增长对私人投资的动态效应和地区差异——基于动态面板模型的实证分析 [J]. 高等教育与学术研究，2009.

⑥ 汪伟. 公共投资对私人投资的挤出挤进效应分析 [J]. 中南财经政法大学学报，2009，2009（5）：19－24.

⑦ 刘生龙，胡鞍钢. 基础设施的外部性在中国的检验：1988—2007 [J]. 经济研究，2010（3）：4－15.

⑧ 楚尔鸣，鲁旭. 基于面板协整的地方政府支出与居民消费关系的实证检验 [J]. 经济理论与经济管理，2008（6）：5－10.

据，测算出基础设施对我国总产出的贡献弹性，结果显示基础设施投资对我国经济增长的促进作用不明显。[①] 但是，需要指出的是，在刘永进（2007）的研究中，他忽略了教育等基础设施的投资，他没有将教育等包含在基础设施之中，但按照当前理论界对基础设施涵盖范围的界定，对教育与科学研究等的投资应包括在基础设施投资内，因此，他所进行的研究具有明显的局限性。

2. 基础设施投资与经济增长因果关系的相关研究

孙群力（2005）运用协整的方法研究了基础设施投资与经济增长的因果关系，所采集的数据跨度为1978—2004年，结果表明，经济增长与政府消费和政府投资具有长期均衡关系，经济增长与政府消费存在单向因果关系，即政府消费是经济增长的单向格兰杰因，且经济增长与政府投资存在着负相关关系。[②] 郭庆旺和贾俊雪（2006）采集了我国1981—2004年的相关数据，得出基础设施投资是经济增长的格兰杰因，并利用脉冲响应函数与方差分解的分析方法分析基础设施投资及其构成对总产出的影响，结果发现基础设施投资及其构成均对经济增长产生强烈持续的正向影响。[③]

张望（2006）利用福州市1978—2004年的相关数据，建立了两变量VAR系统，研究发现经济增长与基础设施之间存在因果关系。[④] 周欣（2006）采集了辽宁省63个县区的数据，建立了交叠世代模型，研究结论显示县域基础设施对县域经济发展具有拉动作用。[⑤] 秦燕（2007）认为江苏省基础设施投资与其经济增长之间具有因果关系。[⑥] 缪仕国和马军伟（2006）用计量经济学的方法对我国公共资本的经济增长贡献弹性进行了测算，结果表明，在生产函数法下，该弹性的估计值是0.434，但是在协整检验法下，该估计值则为0.37，因此他认为我国公共资本对经济增长的作用是非常重要与明显的。[⑦] 王任飞（2007）建立VECM模型以分析我国主要基础设施指标与总产出的协整关系以及格兰杰因果关系，发现主要基础设施指标都与总产出具有长期的均衡关系，且基础设

① 刘永进. 基础设施投资对经济增长绩效的计量分析——来自中国1985—2004年的经验证据 [J]. 改革与战略，2007（S1）.

② 孙群力. 公共投资、政府消费与经济增长的协整分析 [J]. 中南财经政法大学学报，2005（3）：76-81.

③ 郭庆旺，贾俊雪. 政府公共资本投资的长期经济增长效应 [J]. 经济研究，2006（7）：29-40.

④ 张望. 城市基础设施与城市经济增长——基于VAR方法对福州市的实证分析 [J]. 兰州商学院学报，2006，22（3）：42-47.

⑤ 周欣. 县域基础设施对县域经济发展的作用机制研究——以辽宁省为例 [J]. 农业技术经济，2006（6）：70-75.

⑥ 秦燕. 江苏基础设施投资对经济增长影响的研究 [D]. 河海大学，2007.

⑦ 缪仕国，马军伟. 公共资本对经济增长的影响效应研究 [J]. 经济学家，2006（2）：90-96.

施是经济增长的格兰杰因。[①]

王宇新等（2010）通过研究发现我国基础设施投资与经济增长是相互为格兰杰因果关系。[②] 夏业良等（2011）采集了北京市 1949—2008 年各类城市基础设施与总产出的数据，基于协整理论和 VECM 进行了研究，结果发现各类城市基础设施与总产出之间具有长期稳定的均衡关系，且得出结论，即在长期，各类基础设施是经济增长的基础，反过来，总产出水平对其中的一些基础设施如公路、医疗与教育基础设施具有明显的影响。[③]

3. 基础设施投资与经济增长倒 U 形关系的相关研究

在我国，由于基础设施投资和经济增长一直处于高速发展阶段，国内学者关于基础设施投资与经济增长倒 U 形关系的研究较少。丁建勋（2007）基于内生增长模型，把基础设施投资从"索洛余项"中分离出来作为一个独立变量引入生产函数，通过推导发现基础设施投资与经济增长呈倒 U 形关系，即基础设施的投资存在一个最优规模，同时估计了基础设施投资的最优规模，[④] 他所用的方法是建立一元二次计量模型，得出的结论是当前我国基础设施投资高于最优规模，即我国目前的基础设施投资偏高。在区域经济研究方面，方俊智（2011）基于巴罗模型推导出基础设施投资与经济增长倒 U 形关系，并采集了我国云南省相关的数据，运用巴罗模型推算了云南省基础设施投资及各类基础设施投资的最优规模，并提出了相应的对策建议。[⑤]

2.2.2.3 基础设施投资与产业发展方面的研究

理论界普遍认为基础设施投资是直接生产活动的基础，其对产业生产活动的影响主要是通过降低企业的生产运营成本和提高企业的生产率来实现，一般认为，基础设施投资与直接生产活动的成本呈反比例关系，即基础设施投资越高，直接生产活动的成本越低，反之亦然。但是基础设施投资降低直接生产活动的成本是有一定的适用条件的，那就是在基础设施投资不能满足产业发展需要表现为相对投资不足时，随着基础设施投资的增加，它对直接生产活动成本

---

① 王任飞，王进杰. 基础设施与中国经济增长：基于 VAR 方法的研究 [J]. 世界经济, 2007 (3)：13 - 21.

② 王宇新，刘贵. 中国基础设施建设与经济增长关系的实证分析 [J]. 金融教学与研究, 2010 (6)：37 - 40.

③ 夏业良，程磊. 基础设施与经济增长的互动影响——基于 VAR 模型的动态分析 [J]. 经济经纬, 2011 (04)：14 - 19.

④ 丁建勋. 基础设施投资与经济增长——我国基础设施投资最优规模估计 [J]. 山西财经大学学报, 2007, 29 (2).

⑤ 方俊智. 基础设施投资与经济增长的关系 [D]. 云南财经大学, 2011.

的降低作用会逐渐消失，需要指出的是，基础设施投资对直接生产活动成本的降低作用并非对所有基础设施都适用，有些基础设施是适用的，有些是不适用的。还有学者认为，基础设施对各产业的影响是不同的，相对来说，对以制造业为代表的第二产业影响较大，且认为基础设施是制造业发展的必要非充分条件，即若一个地区具有较好的基础设施，当地的制造业不一定就发达，而另一个命题却一定成立，即若一地区没有较好的基础设施，那么该地区的制造业一定不发达。以我国为例，我国制造业发展的区域差异就与基础设施水平的区域差异有很大关系，如我国东部制造非常发达，在很大程度上依赖于多年来国家大规模的基础设施投资。这方面的研究还有王延中（2002）应用计量分析方法测算我国基础设施和制造业发展之间的相互影响，同时着重分析交通运输基础设施、信息基础设施和制造业发展的关联关系，能源基础设施与制造业发展的关系，基础设施投资与制造业效率等的关系。他还研究了基础设施投资的区际差异对于制造业发展的影响情形，并就促进制造业和基础设施投资协调发展方面提出相关对策建议。[①]

在理论上讲，基础设施投资对产业的作用不仅表现在其能促进产业结构优化升级，还能提高产业效益，推动经济快速增长。这主要表现在，一国基础设施投资的增加往往会促使生产技术得以更新换代，从而可以推动产业结构的转型升级，凝结该国新的经济增长极，促进经济的长期增长。由于各产业之间具有较强的关联效应。一个产业的发展会带动或拉动其他产业的发展，产业间的这种关联效应又表现为两种形式，即前向关联效应与后向关联效应。基础设施投资也有前向关联效应与后向关联效应，前向关联效应一般是指一个产业的发展会推动其他产业部门的发展，如对交通、电信等基础设施的投资可以为其他产业的发展提供支撑，为其他产业的发展奠定基础，是其他产业产生与发展的前提；后向关联效应是指一个产业的发展会拉动其他产业部门的发展，基础设施的后向关联效应是指对基础设施的投资一般会产生对于原材料、资金、技术等的一系列需求，从而拉动相关产业的产出增加，如对铁路运输业基础设施的投资拉动了钢铁、建筑材料以及大型运输设备制造业的发展壮大。

目前国内学者对于基础设施投资与产业发展的关系研究主要停留在理论研究的定性分析阶段，鲜有基础设施投资与产业发展的计量实证研究，也不见有

① 王延中. 基础设施与制造业发展关系研究（总报告）[J]. 经济研究参考, 2002 (13)：2-17.

对省际区域基础设施投资与经济增长关系的研究，更没有对我国西藏这个特殊经济体在此方面的研究，因此，本文基于西藏这个特殊经济体的发展情形，通过实证分析的方法来研究基础设施投资与产业发展的关系具有较高的理论价值以及实践指导价值。

2.2.3 国内外文献述评

从目前国内外的研究现状来看，现有对基础设施与经济增长研究主要有如下几个方面：一是在研究内容上，主要是按照政府支出、公共资本、核心基础设施、以及基础设施具体构成如交通、通信、教育、卫生等方面对经济增长的影响展开研究；二是在数据选取范围上，最初的研究大部分是针对美国或美国各地区的基础设施，随后陆续有学者对其他国家进行研究；三是在研究方法上，大部分文献以柯布—道格拉斯生产函数、向量自回归法等为基础，但也有采用超越对数生产函数、成本最小化函数以及行为分析方法等（见表2－1）。

表2－1　　　　　　　　　基础设施与经济增长的研究方法汇总

方法	所用数据	回归方程	特点
生产函数法	时间序列（面板数据）	单一方程（或多方程）	基础设施资本进入生产函数
行为方法	时间序列（面板数据）	单一方程（或多方程）	从企业最优化行为出发，估计成本或利润函数
向量自回归法	时间序列（面板数据）	多方程	研究变量间的长期均衡关系，因果关系分析
横截面回归法	横截面数据	单一方程	研究基础设施与经济增长的关系

但是，从以上研究可以看出，一方面，在理论分析方面，缺乏对于基础设施投资与经济增长关系专门系统的理论分析，而且在实证分析方面，缺乏基础设施投资结构对产业发展以及产业结构影响方面的研究分析；另一方面，现有研究也没有对于西藏这个特殊经济体的基础设施投资与经济增长的交互关系进行实证分析。因此本书将其交互作用研究的空间范围缩小为我国境内的一个特殊省域——西藏，将系统地对基础设施投资与经济增长的关系进行理论分析，着重分析西藏区域经济发展的特殊性，并对西藏基础设施投资与经济增长两者的长期均衡关系进行实证检验，以及对基础设施投资与产业发展及产业结构变迁的关系进行实证分析，这是本书的创新之处。同时，在上述研究的基础上提出优化西藏基础设施投资结构以及促进当地经济可持续发展的对策建议，这是本书研究的出发点与落脚点。

3 基础设施投资对经济增长影响的理论分析

基础设施是国民经济各项事业发展的基础，在现代社会中，经济越发展，对基础设施的要求越高；完善的基础设施对加速社会经济活动，促进其空间分布形态演变起着巨大的推动作用。同时，基础设施投资可以通过"乘数效应"等促进经济增长。从理论上讲，对经济增长的作用不仅表现为对总产出的直接与间接影响机制，而且对经济增长也具有短期影响效应与长期影响效应之分。下面将从基础设施投资对经济增长的影响机制和影响效应两个方面分析基础设施投资对经济增长的作用。

3.1 基础设施投资对经济增长的影响机制

3.1.1 基础设施投资对经济增长的直接影响机制

基础设施投资与经济增长的直接关系主要表现在基础设施投资的自身增加直接导致经济总量的增长。从宏观经济总需求角度看，经济总量国内生产总值是投资总额、消费总额、政府购买总额与净出口总额的总和。

$$GDP = CS + I + X + CT \qquad (3-1)$$

其中，GDP 为经济总量，CS 为消费，I 为投资，X 为政府购买，CT 为净出口。

而投资包括基础设施投资与非基础设施投资两部分：

$$GDP = CS + I_1 + I_2 + X + CT \qquad (3-2)$$

其中，I_1 为基础设施投资，I_2 为非基础设施投资。

由于西藏经济主要是在中央政府外生主导下发展的，且西藏基础设施投资也主要是由中央政府与援藏省份外生产生，因此，可以认为式（3-2）中消费、基础设施投资、非基础设施投资、政府购买以及净出口等诸变量是相互独立的关系，因而将式（3-2）差分可得

$$\Delta GDP = \Delta CS + \Delta I_1 + \Delta I_2 + \Delta X + \Delta CT \qquad (3-3)$$

可见，经济增长中基础设施投资的贡献为 $\Delta I_1 / \Delta GDP$。

故基础设施投资促进经济增长的直接影响机制表现为投资的增加可以直接

增加总产出，即基础设施投资 I_1 增加 ΔI_1 可以直接增加宏观经济的总需求，从而促进经济增长。

同时，基础设施投资对经济增长的直接作用还体现在不同的经济增长发展阶段中基础设施投资所起的不同的促进作用。一般学术界认为，在经济发展的初期阶段，经济增长的源泉主要来自农业，在此情况下，基础设施投资往往投入较少，因此其对于经济增长的贡献一般也较小。随着经济渐渐迈进工业化发展阶段，此时一般制造业开始迅速发展，因此基础设施投资对于经济的贡献越来越重要，其对于经济增长的作用也是越来越显著。而当经济发展到发达阶段时，一般说来，此时基础设施产业已经发展相当成熟，已成为一国经济增长的主要驱动力，往往也已成为社会经济产业中的重要产业。可见，基础设施投资对经济增长的影响程度与经济发展水平大致呈正相关关系（见图 3 – 1）。

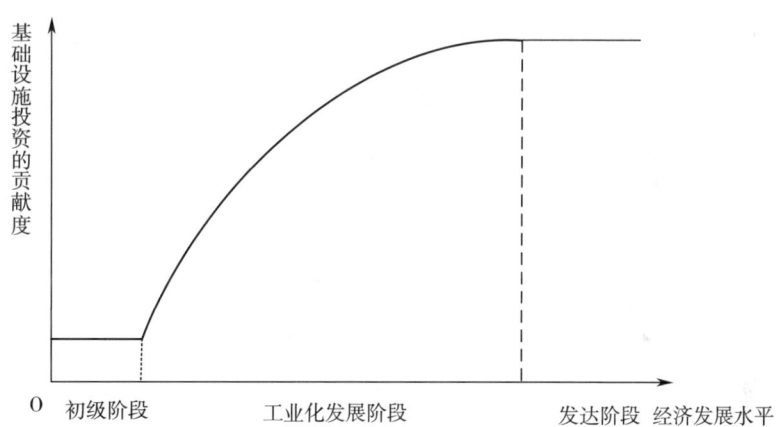

图 3 – 1　基础设施投资对经济增长的贡献度与经济发展水平的关系

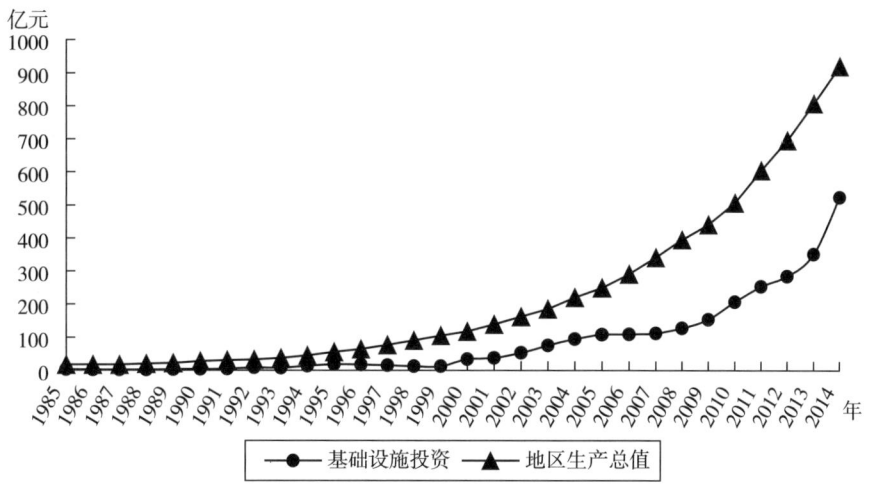

数据来源：《西藏统计年鉴》（1985—2014）。

图 3 – 2　1985—2014 年西藏地区生产总值与基础设施投资的时序

自 1985 年以来，西藏经济发展迅速，基础设施投资规模也是快速增长。西藏的地区生产总值从 1985 年的 17.76 亿元增长到 2014 年的 920.83 亿元，增长近 52 倍，平均年增长 14.59%；同时，基础设施投资从 1985 年的 2.9083 亿元增长到 2014 年的 523.33 亿元，增长近 180 倍，平均年增长 19.61%。可见，自 1985 年以来，西藏基础设施投资的增长速度要远快于其自身的经济增长。而 1985—2014 年，西藏全社会固定资产投资占地区生产总值的比重从 42.17% 增长到 121.60%，可见，投资对于西藏经济增长具有绝对拉动作用。同时，1985—2014 年，西藏区域的基础设施投资占全社会固定资产投资比重从 38.83% 增长到 46.74%，而基础设施投资占地区生产总值的比重从 16.37% 增长到 56.83%，由此可知，西藏基础设施投资对于经济增长的贡献度处于快速上升阶段，这主要是由于当前西藏经济处于工业化发展阶段，还未发展到发达阶段的水平，因此此时西藏基础设施投资对其经济增长的贡献率处在逐步上升的区间（见图 3 - 1），可以断定，当前西藏基础设施投资对经济增长的直接推动力也是十分巨大的。

3.1.2 基础设施投资对经济增长的间接影响机制

理论上，基础设施投资对经济增长的间接影响机制是在投资乘数效应的作用下完成的。投资乘数是指投资初始规模的增加会引起国内生产总值成倍的增加。投资乘数的概念最初是由英国经济学家卡恩在 1931 年提出，后来被著名的经济学家凯恩斯在其"有效需求不足"理论中当作重要的分析工具。经济学家凯恩斯特别指出，社会经济系统中存在着闲置的生产能力是基础设施投资乘数发挥作用的前提条件，或者严格地说，基础设施投资乘数是否发挥作用取决于生产能力的增长速度与基础设施投资增长速度的对比关系，若前者大于后者，则基础设施投资乘数发挥作用，若前者小于后者，则代表基础设施投资增长速度过快，在此情况下，基础设施投资乘数的效应将会变小，甚至不存在。一般来说，社会一般存在着足够的闲置生产能力，当政府实行扩张性财政政策时，基础设施投资乘数的作用可以得到充分发挥，因此，基础设施投资对经济增长具有重要影响。凯恩斯认为政府应当通过扩张的宏观经济政策来应对有效需求的不足，增加对公共基础设施的投资，在投资乘数的作用下，社会就业增加，经济会保持增长。[1]

---

[1] （英）凯恩斯. 就业、利息和货币通论 [M]. 北京：光明日报出版社，2010.

基础设施投资乘数的作用机制为：若边际消费倾向小于1，基础设施投资初始规模的增加，则会引起国内生产总值（GDP）的直接增加，同时会引起新一轮收入与消费的增加，而这新一轮收入与消费的增加引起国内生产总值增加的同时，又会循环地引起收入与消费的增加，直至永远，从而最终会引起国内生产总值成倍的增加。

假设基础设施投资初始增加规模为 ΔI，边际消费倾向为 $c(0 < c < 1)$，最终国内生产总值的增加规模为 ΔY，则

$$\Delta Y = \Delta I + \Delta Ic + \Delta Ic^2 + \Delta Ic^3 + \cdots + \Delta Ic^n \qquad (3-4)$$

简化得

$$\Delta Y = \frac{1-c^n}{1-c}\Delta I，其中，n \to \infty$$

因为 $0 < c < 1$，所以 $c^n \to 0$

因此：

$$\Delta Y = \frac{1}{c}\Delta I \qquad (3-5)$$

上述就是乘数原理的推倒过程，其中 $\frac{1}{1-c}$ 为投资乘数，因为 $0 < c < 1$，所以 $\frac{1}{1-c} > 1$，即投资乘数大于1。

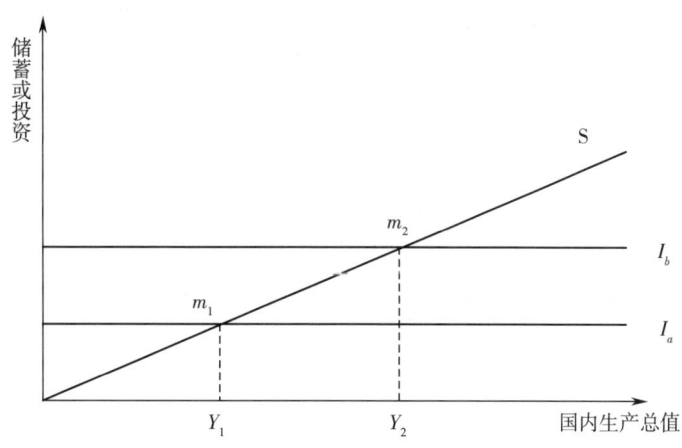

图 3 – 3　基础设施投资乘数的作用

投资的乘数作用可用图 3 – 3 进行简略分析。横轴为国内生产总值，纵轴为投资或储蓄，当基础设施投资初始规模为 I_1 时投资初始规模为 Ia，在政府等外力的作用下，基础设施投资由 I_1 增加至 I_2，此时投资规模由 I_a 增加至 I_b，则国

民经济系统中投资与储蓄的均衡点由原来的 m_1 点上移至 m_2 点，此时国内生产总值由 Y_1 增加至 Y_2。由乘数原则可知，$Y_2 - Y_1 > I_b - I_a$。

从现实经济运行的角度讲，基础设施投资乘数的实现过程是相当复杂的，基础设施投资初始规模的增加要经过多次重复的循环过程才能导致国内生产总值的成倍增加。在此具体说明基础设施投资乘数的实现过程。首先，政府等相关经济主体对于交通、邮电、供水供电等基础设施生产投资增加，直接地导致生产基础设施所必需的相关原材料需求的增加，如钢铁、水管、水泥等投入品，需求的增加促使相关原材料生产部门的产出增加，而相关原材料生产部门产出的增加会增加相关原材料生产部门劳动者的收入与消费增加，而相关原材料生产部门劳动者的收入与消费增加在增加国内生产总值的同时，又会对消费品产生更多的需求，从而增加消费品生产部门的产出，进一步提高消费品生产部门劳动者的收入与消费，这一方面增加了总产出，另一方面又会刺激消费品相关原材料的需求，开始新一轮的循环过程（见图 3-4）。

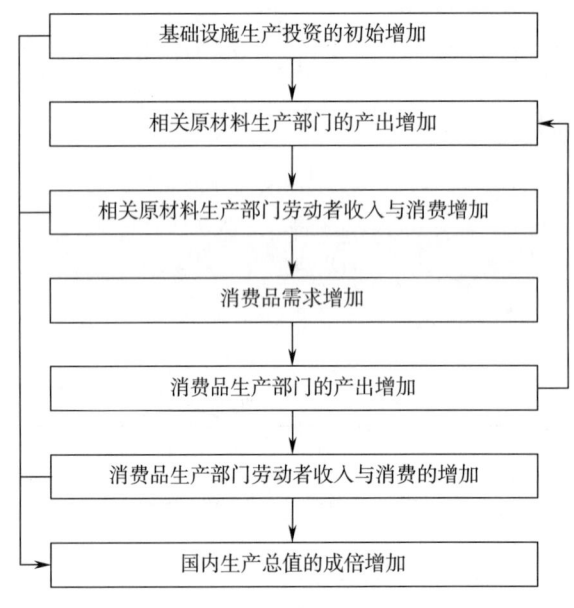

图 3-4　基础设施投资乘数的形成机理

值得说明的是，按照本书对于基础设施的分类，下面将分别分析硬基础设施与软基础设施对经济增长的间接影响。本书界定的硬基础设施投资包括对电力行业、邮电行业、交通运输行业、信息传输软件业等基础设施的投资，硬基础设施一方面，其本身就是生产力的组成部分，对硬基础设施投资可以有效地促进经济增长，如交通运输行业、邮电行业等基础设施可以大大地降低交易成本，提高市场配置资源的效率；电力行业、信息传输业等基础设施是社会经济发展基础性产业，可以提高整个经济系统的运行效率，从而促进经济增长；另一方面，对硬基础设施的投资随着时间推移逐步形成资本存量，作为影响因子对长期经济增长函数起作用，支持并促进经济的长期发展。本书界定的软基础设施投资主要是投资于教育、环境、科研、文化、卫生及社会福利等方面的基础设施，对于软基础设施的投资可以提高人力资本的数量与质量，进而可以对经济增长产生间接影响。如对于科学研究的投入，一方面，随着时间的累积可以形成人力资本促进经济的增长；另一方面，技术是推动现代经济增长的主要驱动力，对于科学研究的投资正是旨在发现与发明新技术，有利于发现未来经济增长的源泉。对于教育、文化等的投资可以有效提高劳动者的素质与技能水平，提高劳动生产率与生产力，在短期就可以推动经济增长。同时，对环境卫生、社会福利等投资，可以改善人们的生活环境与生活水平，从而可以通过提高劳动者工作积极性来提高劳动生产率，最后促使总产出的稳定增长。

3.2 基础设施投资对经济增长的影响效应

3.2.1 基础设施投资对经济增长的短期影响效应

在短期内，政府等经济主体对基础设施的投资产生巨大的生产要素需求，如对于公路、铁路等硬基础设施的投资将产生对于建造公路等所需的建材以及劳动力的需求，进而可以带动相关产业产出的大幅增加，推动经济的增长。可见，在短期内，基础设施投资尚没有形成资本，对于经济增长的促进作用只是表现为投资需求增加直接促进经济增长，以及由其引致的对于相关各类生产要素需求的增加导致的总产出的短期增长。

经典的 IS – LM 模型是从短期角度出发研究基础设施投资对经济增长作用效果的方法之一。

IS 方程：$Y = (\alpha + I_g + I_f + G - \beta T - \beta TR) / (1 - \beta)$ (3 – 6)

其中，Y 为国民总产出，I_g 为政府公共基础设施投资，I_f 为非政府公共基础设施投资，G 为政府消费；T 为税收；TR 为转移支付；α 为消费函数的常数项，经济意义为最低消费；β 为边际消费倾向。

此方程式（3-6）即为 IS 曲线，曲线具有的特点是在此曲线上 $I = S$，即储蓄等于投资。

LM 方程：$L = \theta Y - \varphi R$ （3-7）

其中，θ 为收入弹性系数，φ 为利率弹性系数。LM 曲线的特点是在此曲线上货币需求等于货币供给。如图 3-5 所示：横轴代表国民收入 Y，纵轴代表利率 i，IS 曲线上任何一点代表利率和国民收入的组合，任意点均满足储蓄等于投资。同时，LM 曲线上的任意点均代表货币供给与货币需求相等。IS 曲线与 LM 曲线的相交点，代表货币需求与货币供给均衡，储蓄等于投资，也即货币市场和产品市场同时达到均衡处。

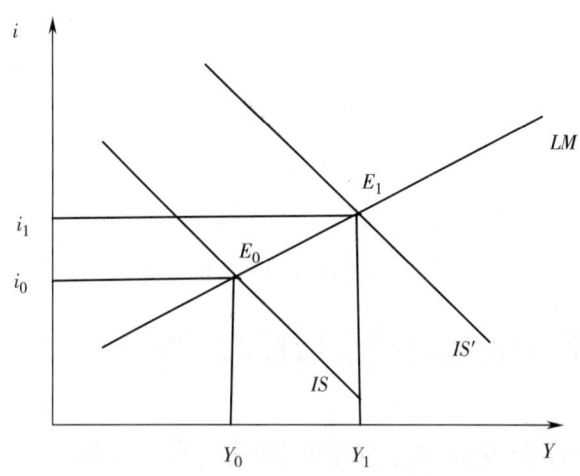

图 3-5 基础设施投资对经济增长的短期影响

IS 和 LM 曲线的初始相交点 E_0，此时均衡的国民收入为 Y_0，利率为 i_0。国民收入在投资乘数作用下会随着政府对公共基础设施投资的增加而增加，会导致 IS 曲线向右上方移动至 IS'，国民收入变为 $Y_1 (Y_I > Y_0)$，IS 曲线与 LM 曲线的均衡点也会向右上方移动，均衡利率变为 $E_1 (E_1 > E_0)$。可知，政府增加基础设施投资的效果是均衡利率从 E_0 提高到 E_1，均衡国民收入由 Y_0 增加至 Y_I，即基础设施投资在短期内对经济增长表现出促进作用的影响效应。

3.2.2 基础设施投资对经济增长的长期影响效应

基础设施投资可以在长期内转化成有效的资本存量，如对于铁路、公路等硬基础设施的投资，可在长期内满足经济增长对于交通运输的需求，即其他产业可在长期内无成本或低成本地使用铁路、公路等，从而可以降低经济系统内的交易成本,长期地促进经济增长。

下面我们利用柯布—道格拉斯生产函数予以简要说明:

$$Y = AK^{\alpha}L^{\beta} \tag{3-8}$$

其中,Y 为产出;A 为技术进步、制度等不可量化的因素;K 为总资本;L 为劳动力;α 为资本的产出弹性;β 为劳动力的产出弹性,且 $0 \leqslant \alpha \leqslant 1$,$0 \leqslant \beta \leqslant 1$;由于总资本 $K = K_1 + K_2$,其中,K_1 为基础设施资本,K_2 非基础设施资本,因而上式变为

$$Y = AK_1^{\sigma}K_2^{\beta}L^{\gamma} \tag{3-9}$$

其中,$0 \leqslant \alpha \leqslant 1$,$0 \leqslant \beta \leqslant 1$,$0 \leqslant \gamma \leqslant 1$

对方程两边同时取对数得

$$\ln Y = \ln A + \alpha \ln K_1 + \beta \ln K_2 + \gamma \ln L \tag{3-10}$$

t 时刻,方程可表示为

$$\ln Y_t = \ln A + \alpha \ln K_{1t} + \beta \ln K_{2t} + \gamma \ln L_t \tag{3-11}$$

对方程两边求导:

$$\frac{d\ln Y_t}{dY_t}\frac{dY_t}{dt} = \alpha \frac{d\ln K_{1t}}{dK_t}\frac{dK}{dt} + \beta \frac{d\ln K_{2t}}{dK_2}\frac{dK_2}{dt} + \gamma \frac{d\ln L_t}{dL_t}\frac{dL_t}{dt} \tag{3-12}$$

整理得:

$$\frac{1}{Y_t}\dot{Y}_t = \alpha \frac{1}{K_1}\dot{K}_1 + \beta \frac{1}{K_2}\dot{K}_2 + \gamma \frac{1}{L_t}\dot{L}_t \tag{3-13}$$

由式(3-13)可知,产出的增长率等于基础设施资本增长率、非基础设施资本增长率以及劳动力增长率的加权之和,其中权重即是基础设施资本、非基础设施资本以及劳动力的产出弹性。值得一提的是,本书所界定的软基础设施投资在长期可有效形成人力资本等,因此,在长期,软基础设施投资可构成方程中 A 的一部分,从而促进经济的长期增长。

同时,基础设施投资对经济增长的长期影响效应可通过 AD—AS 模型加以分析。对 AD—AS 模型的分析是从对总需求与总供给的分析开始的,总需求是指经济系统对于产品与服务需求之总和,一般包括国内消费需求(包括国内政府消费的需求)、投资需求、国外需求(即出口),总需求曲线(AD 曲线)是产品市场与货币市场都达到均衡时的一系列均衡国民收入点的组合,它还有一前提条件即是名义货币量保持不变;总供给是指在资源约束变量、技术变量等既定的情况下,经济系统在一定时期内的总产量。假设劳动者的工资与其他商品价格不具有黏性,劳动工人也不具有货币幻觉,即投入生产要素的价格会随

着商品价格的升降自动调整，这就意味着价格（P）不再是厂商作生产决策的风向标指标，厂商的生产将独立于价格，因此，长期的总供给曲线（LAS）将是一条垂直于横轴的直线，也就是说，在劳动者的工资与其他商品价格不具有黏性等假设下，长期的社会总供给保持不变。

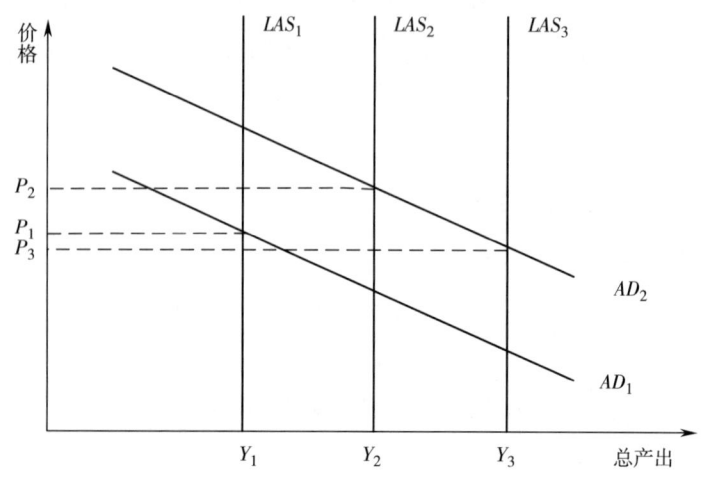

图 3 - 6　基础设施投资对经济增长的长期影响

在既定制度环境下，由于基础设施具有一定基础性特征，因此对于基础设施投资具有一定特殊性。理论上讲，一方面，对于诸如电力、交通运输、信息软件等硬基础设施的投资除了产生规模经济之外，还会产生协同效应，引致其他相关产业对于资本、劳动力、资源、甚或技术的增加，从而可以在长期内增加总供给；另一方面，对于科学技术、教育等软基础设施的投资可以在长期内形成人力资本，或是新技术，这将对经济的长期增长产生促进作用，推动总供给的增加。而在长期内，基础设施投资对于价格的影响具有不确定性，要视对于总供给的影响程度而定。如图 3 - 6 所示，长期总供给曲线初始位置为 LAS_1，总产出为 Y_1，总需求的初始位置为 AD_1，均衡价格为 P_1。假设基础设施投资增加，则总需求曲线由 AD_1 上移至 AD_2。理论上讲，基础设施投资的增加必然使长期总供给曲线右移，若基础设施的投资增加致使长期总供给曲线由 LAS_1 右移至 LAS_2，此时的总产出为 Y_2，可知，均衡价格由 P_1 上升 P_2，经济面临的通货膨胀压力加大；若基础设施投资的经济增长效应十分明显，使得长期总供给曲线由 LAS_1 右移至 LAS_3 的位置，此时的总产出为 Y_3，显然均衡价格出现下降，由 P_1 下降至 P_3。

3.3 基础设施投资与经济增长的理论模型

前两小节分别定性分析了基础设施投资对经济增长的直接作用与间接作用、短期影响以及长期影响，本部分将对基础设施投资与经济增长的关系进行理论模型量化分析。此处选择巴罗模型来说明基础设施投资与经济增长的关系，这是因为巴罗模型目前的发展比较成熟，在理论上比较有说服力。[①] 同时，巴罗在其研究过程中将政府支出界定为对基础设施方面的投资以及对公共服务的投资两部分，与本文对于基础设施投资的两类分法（包括硬基础设施投资与软基础设施投资）较为接近。

现在把政府提供的公共基础设施和公共服务当作产出的一种投入，令 ω 为家庭与厂商接受的公共服务数量，假设他们对这些服务不必付费，且不存在拥挤效应，则规模不变的生产函数为

$$y = \varphi(k,\omega) = k\varphi(\frac{\omega}{k},1) = k \cdot \vartheta(\frac{\omega}{k}) \tag{3-14}$$

在这里，ϑ 函数满足 $\vartheta' > 0$，$\vartheta'' < 0$，，y 为人均总产出，k 为代表性厂商的资本存量，对应的指标为人均总资本，ω 表示人均生产性政府购买的产品和服务。

式（3-14）对 k 求导得

$$\frac{dy}{dk} = \vartheta(\frac{\omega}{k})(1-\psi) \tag{3-15}$$

其中，ψ 为产出 y 关于 ω 的产出弹性。

假定政府实行平衡预算制，且税收执行单一的比例税收制，税率设为 Ω，总税收设为 Tr，则

$$\omega = Tr = \Omega y = \Omega k \cdot \vartheta(\frac{\omega}{k}) \tag{3-16}$$

则资本的边际产出为

$$(1-\Omega)\frac{dy}{dk} = (1-\Omega)\vartheta(\frac{\omega}{k})(1-\psi) \tag{3-17}$$

结合 $$\Phi = \frac{\dot{C}(t)}{C(t)} = \frac{\dot{A}(t)}{A(t)} + \frac{\dot{c}(t)}{c(t)} = \frac{r(t)-\rho}{\theta} \tag{3-18}$$

① （美）巴罗. 宏观经济学：现代方法［M］. 北京：清华大学出版社，2009.

其中，Φ 为 $C(t)$ 的增长率；$r(t)$ 为边际资本产出；ρ 贴现率。

将式（3-17）代入式（3-18）得

$$\Phi \frac{C(t)}{C(t)} = \frac{1}{\theta} \left[(1 - \Omega) \vartheta \left(\frac{\omega}{k} \right) (1 - \psi) - \rho \right] \qquad (3-19)$$

由式（3-19）可知，只要 Ω 不变，即税收（生产性政府支出）与总产出 y 以相同的速度增长，$\frac{\omega}{k}$ 与 ψ 就不变，从而 $\frac{C(t)}{C(t)}$ 不变，即人均资本和人均产出等所有变量都在稳态上，以相同的增长率 Φ 增长。

式（3-19）两边对 Ω 求导得

$$\frac{d\Phi}{d\Omega} = \frac{1}{\theta} \vartheta \left(\frac{w}{k} \right) (\vartheta' - 1) \qquad (3-20)$$

由式（3-20）可知，若 $\frac{\omega}{k}$ 足够小，那么 $\vartheta' > 1$，经济增长率 Φ 随 $\frac{\omega}{k}$ 增加而提高；若 $\frac{\omega}{k}$ 足够大，那么 $\vartheta' < 1$，经济增长率 Φ 随 $\frac{\omega}{k}$ 增加而下降；若 $\vartheta' = 1$，此时的经济增长率 Φ 为最大。

又因 $\psi = \vartheta' \cdot \frac{\omega}{y} = \vartheta' \cdot \Omega$，因此可得，

当 $\Omega < \psi$ 时，$\frac{d\Phi}{d\Omega} > 0$，增加 Ω 可使经济增长率上升；

当 $\Omega < \psi$ 时，$\frac{d\Phi}{d\Omega} < 0$，增加 Ω 可使经济增长率下降；

当 $\Omega = \psi$ 时，$\frac{d\Phi}{d\Omega} = 0$，可使经济增长率达到最大。

综上所述，在政府执行单一比例税制的情况下，若将生产性的政府支出理解为对基础设施的投资，其中包括本文所界定的硬基础设施投资与软基础设施投资，那么，在产出对基础设施投资的弹性不改变的情形下，基础设施投资与经济增长的关系如下：当基础设施投资与总产出的比值 Ω 小于产出对于其的弹性 ψ 时，增加基础设施投资可使经济增长率增加；反之，当基础设施投资与总产出的比值 Ω 大于产出对于其的弹性 ψ 时，增加基础设施的投资则抑制经济增长，使经济增长率下降；而当基础设施投资与总产出的比值 Ω 与产出对于其的弹性 ψ 相等时，此时基础设施投资水平最佳，经济增长率达到最大。也就是说，只有当 $\Omega = \psi$ 时，基础设施投资达到最优规模。

3.4 理论分析框架

本书通过规范研究和实证研究相结合、定性分析与定量分析相结合等方法对西藏基础设施投资与经济增长问题进行深入分析,包括西藏基础设施投资与经济增长的特殊性分析、西藏基础设施投资与经济增长的长期均衡分析以及西藏基础设施与产业发展的关系分析。本节主要在相关理论分析基础上,建立西藏基础设施投资促进经济增长的理论假设,并安排实证分析的研究路线。

3.4.1 理论假设

本研究旨在对西藏基础设施投资与经济增长的关系进行深入考察,揭示基础设施投资对经济增长的直接影响及间接影响、短期影响以及长期影响,并深入分析西藏经济发展的特殊性,进而对西藏基础设施投资与经济增长的长期均衡关系进行分析,并实证分析西藏基础设施投资与经济增长的长期协整关系以及与产业发展关系的存在性,提出促进西藏基础设施投资与经济增长的对策建议与保障措施。

理论界一般认为,基础设施包括交通运输、信息、能源、水利等硬基础设施和医疗卫生、教育、社会福利、公共管理等软基础设施,是环境的重要组成部分。由基础设施构筑的生产和生活条件是社会进行经济活动的基础物质环境之一,是支撑经济活动得以实现和延续的必要条件,由基础设施体系营造的环境系统是否具有可持续性,将长期直接影响区域经济的发展。同时,理论上,投资、消费和出口被看作是推动经济增长的"三驾马车"。基础设施投资可以改善基础设施条件,提高基础设施技术水平,大大降低交易成本,特别是畅通的交通网络,方便的通信联络,运输能力的增长超过总产量增长会奠定经济发展的基础,降低交易成本,加速贸易增长,从而带来相应地区经济增长。特别是本书的研究对象是一个欠发达且处于边疆的特殊区域,其经济是由中央政府主导发展起来的,是一个具有一定"计划性"特征的经济发展体系。西藏的基础设施投资与经济发展的驱动力主要是政府主导,因此,其基础设施投资与经济增长之间必然存在紧密的联系,据此,本研究提出如下假设:

H_{10}:西藏基础设施投资可以促进其经济增长;

H_{11}:西藏基础设施投资不能促进其经济增长。

一般而言,基础设施投资增加,扩大基础设施规模和更新基础设施技术,必将推动产业的发展以及产业结构升级，从而构筑国民经济新的增长点，推动国民经济增长。基础设施的发展主要是通过产业间的关联效应带动和推进其他产业发展与升级，其关联效应主要包括前向关联效应和后向关联效应。前向关联效应是指基础设施产业的发展，为国民经济中其他产业部门提供了基础性服务，从而推动相关产业产出的增加，如道路的贯通、管线的铺设、环境的改善等为社会生产和人民生活提供种种便利和服务而创造的间接效益，体现着基础设施产业部门对其他产业部门的支持；基础设施的后向关联效应是指基础设施产业的发展需要相关部门提供必要的原材料、资金、技术、服务等，从而带动相关产业产出的增加。据此，提出如下假设：

H_{20}：西藏基础设施投资可以促进其产业发展；

H_{21}：西藏基础设施投资不能促进其产业发展；

H_{30}：西藏基础设施投资可以促进其产业结构升级；

H_{31}：西藏基础设施投资不能促进其产业结构升级。

从基础设施的类型与产业发展的关系看，交通运输、信息、能源、水利等硬基础设施规模的扩大，可以完善基础设施服务，优化社会环境，大大降低交易成本，促进第一产业、第二产业以及第三产业的全面发展，但不一定促进产业结构的优化升级。据此，提出如下假设：

H_{40}：西藏硬基础设施投资可以促进第一产业发展；

H_{41}：西藏硬基础设施投资不能促进第一产业发展；

H_{50}：西藏硬基础设施投资可以促进第二产业发展；

H_{51}：西藏硬基础设施投资不能促进第二产业发展；

H_{60}：西藏硬基础设施投资可以促进第三产业发展；

H_{61}：西藏硬基础设施投资不能促进第三产业发展。

而软基础设施包括教育、科学研究、环境卫生以及社会福利等，其主要作用是提高劳动者的技能、素质等人力资本，可见，对于教育、科学研究等软基础设施的投资，不仅会使各产业的劳动者素质和企业家管理水平不断上升，各产业的产出能力、产出效率不断提高，还可以使落后产业被淘汰，新兴产业不断兴起和壮大，产业结构不断优化升级。据此，提出如下假设：

H_{70}：西藏软基础设施投资可以促进第一产业发展；

H_{71}：西藏软基础设施投资不能促进第一产业发展；

H_{80}：西藏软基础设施投资可以促进第二产业发展；

H_{81}：西藏软基础设施投资不能促进第二产业发展；

H_{90}：西藏软基础设施投资可以促进第三产业发展；

H_{91}：西藏软基础设施投资不能促进第三产业发展；

H_{A0}：西藏软基础设施投资可以促进产业结构升级；

H_{A1}：西藏软基础设施投资不能促进产业结构升级。

本研究将在后文的实证部分对上述理论假设逐一予以验证。

3.4.2　研究路线设计

西藏经济跨越式发展面临着极其复杂、特殊的区情环境。当前，西藏经济正处于从加快发展向跨越式发展转变、全面建成小康社会的关键阶段，投资主要来源的财政性援藏资金还是主要用于公共产品生产和民生改善的基础设施领域，因此基础设施投资在其中的作用不言而喻。因此研究基础设施投资与经济增长的关系具有十分重要的现实意义。

本研究将以前述理论分析为基础，沿着"提出问题—分析问题—解决问题"的研究思路展开全文的分析，因此，科学合理地安排研究路线将是达到研究目的的关键。为了全面分析西藏基础设施投资对经济增长影响问题，本文作出如下路线安排：第一，基础设施投资对经济增长影响的理论分析，主要是基础设施投资对经济增长的直接影响及间接影响、短期影响以及长期影响，并建立基础设施投资与经济增长的理论模型；第二，对西藏基础设施投资与经济增长的特殊性进行分析，主要从西藏区位的特殊性、产业结构演进的特殊性、非典型二元经济结构的特殊性、经济增长驱动力的特殊性以及西藏经济发展外部性的特殊性五个方面分析西藏基础设施投资与经济增长的特殊性；第三，对西藏基础设施投资与经济增长交互的长期均衡关系进行研究，应用协整模型实证检验西藏基础设施投资与经济增长的长期均衡关系，同时估计西藏基础设施投资的最优规模；第四，对西藏基础设施投资与产业发展的关系进行实证研究，应用 VAR 模型实证分析基础设施总投资与三次产业发展之间的关系，同时实证各类基础设施与三次产业发展之间的关系；第五，在理论与实证研究基础上，提出促进西藏基础设施投资与经济增长良性发展的对策建议与相关配套措施。具体路线设计如图 3-7 所示。

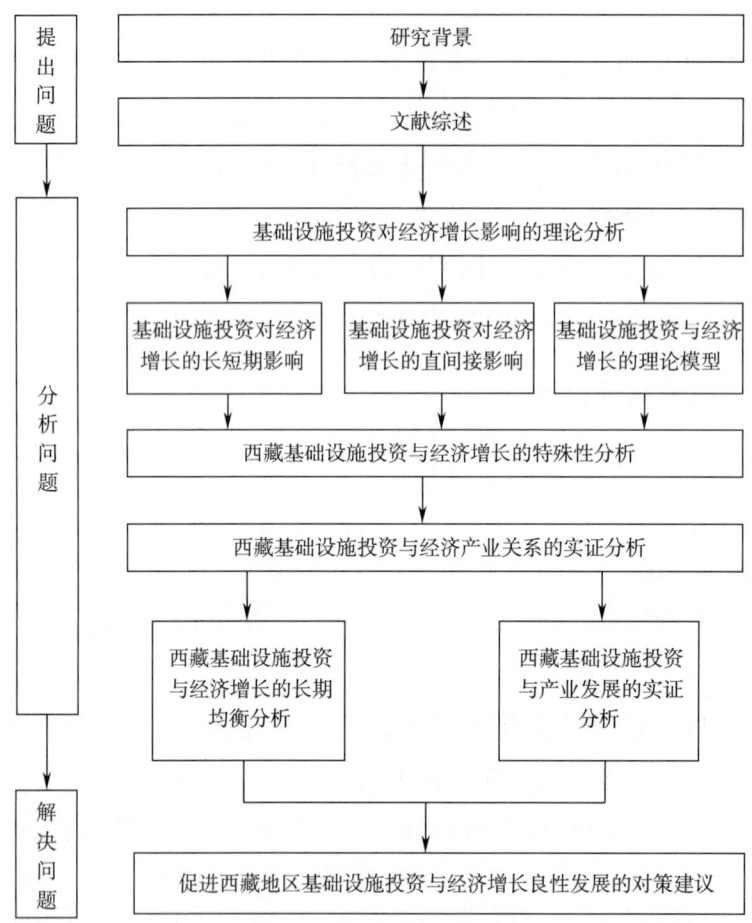

图 3 - 7　西藏基础设施投资对经济增长影响的研究路线设计

4 西藏基础设施投资与经济增长的特殊性分析

西藏地处我国青藏高原腹地，属于政治、军事、生态敏感区域，边疆少数民族聚居区域，其经济社会发展具有特殊性。1980—2015 年，中央先后召开六次西藏工作座谈会研究西藏经济发展和社会稳定问题，为推动西藏跨越式发展、长治久安以及全面建设小康社会提供了强大精神动力和宝贵政策机遇。本章将着重从西藏区位的特殊性、产业结构演进的特殊性、非典型二元经济结构的特殊性、经济增长驱动力的特殊性以及西藏经济发展外部性的特殊性五个方面分析西藏基础设施投资与经济增长的特殊性。同时，运用柯布—道格拉斯生产函数对西藏基础设施投资的产出贡献进行分析，并基于效益指标与基于贡献指标分析基础设施投资对经济增长的特殊性影响。

4.1 西藏的特殊区情

4.1.1 西藏区位的特殊性

西藏地理位置特殊，位于我国的青藏高原区域，地势十分高峻，但却拥有着多样化的动植物，如藏羚羊、藏盘羊、藏雪鸡、藏格桑花等，同时，西藏水资源与矿产资源非常充足，并且一直就被冠以"世界屋脊"与"地球第三极"等多种称谓。从地理上说，西藏是南亚以及东南亚地区所有江河的源头，是其自然生态变化的源头，同时，西藏也是我国甚至东半球气候变化的"启动器"与"调节区"。从行政划分看，西藏自治区包括拉萨市、昌都地区、山南地区、日喀则地区、那曲地区、阿里地区、林芝地区等市（地），下辖 71 个县（市、区），面积 122 万多平方公里，2014 年末西藏总人口为 317.55 万人，是中国面积第二大和人口最少的民族自治省份。

西藏自然地理、气候、生态环境非常独特。一方面，西藏平均海拔在 4000米以上，整个区域处于各个高山的包围之中，呈现一个封闭的特殊地貌特征。喀喇昆仑山—唐古拉山脉雄跨西藏北部，形成了西藏与内地交流联系的天然融断；冈底斯—念青唐古拉山脉在东西走向上拔地而起，喜马拉雅山脉、喀喇昆仑山—唐古拉山脉、冈底斯—念青唐古拉山脉在西藏西部交汇，封住了向西的通道；西藏的东部被横断山脉拦腰截断，形成"山束"，堵住了西藏向东的通口。虽然目前西藏运输业、通信业等有了一定的发展，但这种封闭地形依然阻碍着科学技术、信息等的有效快速传播，阻碍着劳动力、物资、矿产等生产要素的流动，构成西藏经济社会发展的特殊因素。另一方面，西藏高亢辽阔的高原地貌对当地气候造成巨大影响，从区域上看是自东南向西北依次由暖热湿润气候向寒冷干旱气候过渡。整体上看，西藏高原边缘气温较高，且具显著的垂直梯度变化特征，雅鲁藏布江大拐弯以南地区与横断山脉地区是西藏温度最高的两个区域，而最低温度则处于高原内部，其中藏北高原是青藏高原的低温中心之一。西藏年内的温度变化较大，且区域差异大，如1月份除雅鲁藏布江大拐弯以南与横断山脉的三江地区以外全区温度在0℃以下，这就给农业带来严重的影响，而在7月份，藏北高原温度低于10℃，西藏东南部的温度则在20℃以上，是农牧业发展的最佳时期。需要指出的是，由于特殊高原地貌特征，造成西藏近一半面积的土地不适合作物生长，也很难发展任何产业，更甚者，高原气候的特征是缺氧，这就严重影响人的成长与智力的开发，高原气候多出现灾难性气候，如寒冷、雪灾、风灾等，对西藏农牧业与运输业的影响甚巨。同时，西藏的生态主要由森林、灌丛、草甸、草原到荒漠带状更迭，且生态环境极其脆弱。具体表现为，从藏东向西与从藏南向北形成如下各具特色的植被分区，一区为喜马拉雅山南翼热带雨林、季雨区；二区为藏东山地针叶林区；三区为藏东北高原灌丛草甸区；四区为藏南山地灌丛草原区；五区为藏北高原草原区；六区为藏西北高原荒漠与荒漠草原区。由于西藏地质历史较短，整个高原处于隆生时期，据观测，西藏高原在近20年内平均以5.8毫米/年的速度上升。这种高原隆起对高原生态环境影响较大，使得高原生态环境很是脆弱，同时，寒冷、干旱、多风的气候与强烈的太阳辐射使高原地表寒冻风化与风蚀作用强烈，导致地表形态处于不断变化之中，造成生态环境系统的自我调节能力与修复能力极其弱，这就加剧了西藏高原生态环境的脆弱性与敏感性。

西藏具有绚丽多彩的民族文化。西藏是一个以藏族为主体，拥有汉族、门巴族、蒙古族、回族、纳西族等44个民族的多民族聚集区，具有绚丽多彩的民族文化，特别是藏文推广1000多年来，传世的藏文化著作和译述十分丰富，涵盖了佛教经典、文学、哲学、医学以及天文历算等诸多方面，比较著名的文学著作有英雄史诗《格萨尔王传》、《萨迦格言》、《红史》、《水树格言》等，诗歌有《十万道歌》等，小说有《勋努达美》等，藏医药方面有著名的《四部医典》、《实践明灯》等三十多部医学论著，这些均是西藏宝贵的文化遗产；而且，藏族人民创造出许多歌舞、藏戏艺术以及传统美术，歌舞有"圆圈歌舞"、"踢踏舞"、"宫廷歌舞"等，藏戏有《文成公主》、《桌瓦桑姆》等八大藏戏，美术主要体现在许多寺庙的建筑艺术上，如布达拉宫、大昭寺等均是建筑艺术上的杰出作品，西藏寺庙与民间保存着大量的壁画、唐卡等艺术作品，尤其是山南昌珠寺保存有一幅用珍珠镶嵌的唐卡，被认为是稀世之珍。上述众多西藏民族文化是我国宝贵的文化资源，它们一方面构成了我国文化宝库的一部分，另一方面也成为西藏文化产业当前发展的先天自有优势。

从所处区位上看，西藏地处中国西南边疆，陆地边境线长，与印度、尼泊尔、缅甸等多国接壤，同时与新疆、四川、青海、云南四省区毗邻，是我国面向南亚开放的重要通道，属于政治、军事、生态敏感地带，其地缘政治环境特殊复杂，具有独特的区位优势和地缘优势。

4.1.2　西藏基础设施供给的特殊性

西藏基础设施供给的特殊性主要由自身的特殊性决定的，自身特殊性表现在生态环境的特殊性，自身产业发展特点的特殊性以及基础设施需求的特殊性三个方面。

1. 西藏生态环境决定基础设施供给的特殊性。独特的地理位置及气候条件造就了西藏良好的生态环境和丰富的生态资源，赋予其重要的生态屏障功能，同时对国家生态安全乃至世界生态安全都起着至关重要的作用，因此，国家积极推行主体功能区规划。但是，恶劣的自然条件和脆弱的生态基础一方面抬高了西藏基础设施产业的准入门槛，加大了西藏基础设施的建设难度、投资成本与经营成本；另一方面西藏基础设施的供给还要结合当地生态环境的脆弱性和特殊性，不能一味地加大投入，还要大力加强符合其生态条件的基础设施建设，坚持走可持续发展道路。

2. 西藏自身产业的特点决定基础设施供给的特殊性。西藏的主要产业为特色畜牧业、特色矿产业以及特色旅游业，广袤无垠的大草原使得畜牧业具有放养的特点，牧民居住分散，农牧区人口密度小，故西藏畜牧业"点多、面广、线长"的生产生活方式无疑加大了基础设施的供给难度。同时，矿产业和旅游业的分散性也在一定程度上加大了西藏基础设施供给的难度，因此，结合西藏的特色优势产业所具有的分散性的特点，要求其加快以重点农牧区、重点矿产区以及重点旅游线路、旅游景区为中心的基础设施建设，完善相关的电力、交通、通信等基础设施的供给，为西藏又好又快的发展奠定基础。

3. 西藏基础设施需求的周期性决定了其供给的特殊性。西藏位于青藏高原上，气候反差较大，每年的 11 月至次年 3 月，气候具有寒冷、缺氧、干燥的特点，旅游者和朝圣者等外来人口较少，外来经商务工人员及公职人员在春节前离藏，回内地休假，故此期间对基础设施的需求较低；每年的 4 月至 10 月，西藏大部分地区湿润、温暖且含氧量高，旅游者和朝圣者等外来人口较多，外来经商务工人员和公职人员大量返藏，故此期间对基础设施的需求较高。可见，由于西藏基础设施需求具有周期性特点，而基础设施一般时间上的不可分性等特点，因此造成基础设施供给难度增加，以及增大了基础设施投资最优规模的不确定性。

4.1.3 西藏政策扶持的特殊性

西藏自治区经济的发展是在中央统一部署下进行的，但是西藏自治区属于脱胎于封建农奴制社会的民族自治省份，自身具有诸多特殊性，中央在具体部署西藏自治区经济发展工作时采取了相当灵活的政策措施，同时给予诸多特殊优惠政策，从而使西藏经济发展进程表现出不同于内地省份的一些鲜明特征。西藏经济发展进程的特殊性主要表现在改革开放以来中央召开的六次西藏工作座谈会的会议纪要中。

1980 年 3 月，中央召开了第一次西藏工作座谈会。此次座谈会对西藏的发展起到了至关重要的作用，因为这次会议确定了西藏未来工作的中心任务，即坚持马克思列宁主义，坚持事实求是，坚持从西藏的实际出发，以藏族干部群众为主，努力团结群众，调动一切可能的积极力量致力于发展西藏经济，不断提高西藏人民群众的生活水平，不断巩固西藏的国防建设，最终实现西藏经济发达繁荣以及人民生活富裕。自此之后，我国中央对于西藏的投资力度加大，固定资产投资连年增长。1984 年 2 月，中央又召开了第二次西藏工作座谈会。此次会议认为西藏的能源等基础设施薄弱，明确了西藏未来较长时期内的工作重点是致力于发展能源与交通运输业，大大放开农牧林业相关的政策制约，发展农牧林业与民族手工业，制定了土地归户使用、牲畜归户并私有私养的特殊优惠政策，并明确了这种政策长期不变。同时，在此期间，中央支持西藏的固定资产投资达17.04亿元，年均增长速度达32.8%，西藏有名的43项工程也在此期间完工（1985年建成）。1994年7月，中共召开第三次西藏工作座谈会。会议要求，西藏应抓住机遇，不断深化改革，不断对外开放，一切坚持以经济建设为中心，坚持西藏发展和稳定的双抓手，确保西藏自治区的经济发展、人民生活水平的提高以及社会的全面进步和长治久安，从国家大局和西藏实际出发，实事求是，同时指出将中央的大政方针与西藏的具体实际相结合是加快西藏经济社会发展的关键因素。会议同时提出，全国各地方和中央各部委都要响应号召大力支持西藏的建设，从人才、资金、技术、物资等多方面做好支援工作。在第三次座谈会召开至第四次座谈会召开期间，在国家的帮助下，西藏全社会固定资产投资总计达100.16亿元，年均增长速度是各期间增长速度最快的，年均增长达37.2%。2001年，西藏第四次座谈会召开，会议认为西藏经济发展的主要制约因素是基础设施薄弱，因此需要加快基础设施的建设，如公路、铁路、机场、水利、电力以及通信等；充分发挥资源优势，如高度重视加快发展旅游业，形成优势与市场并重的支柱产业与特色经济。在第四次座谈会至第五次座谈会期间，西藏总计投资117个项目，全藏固定资产投资总额为333.38亿元，年均增长速度为27.8%。综上可见，第一次西藏座谈会至第四次座谈会期间，中央对于西藏的固定资产投资额巨大，一方面西藏地区薄弱的能源、交通等基础设施得到较大程度的改善，另一方面规模大且持续增长的固定资产投资也成为推动西藏当地经济增长的重要因素。

2010年1月，对西藏当前发展具有强大政策动力作用的中央第五次西藏工作座谈会召开，会议对西藏未来发展进行了新的定位，确定跨越式发展和长治久安作为西藏未来的长期发展目标，同时确定西藏这个特殊区域的多个战略定位，包括西藏是我国的重要安全屏障、战略资源储备基地、中华民族特色文化保护地以及高原特色农产品基地，同时也是全世界的生态安全屏障与旅游目的地。同年7月，中央召开西部大开发工作会议，会议强调在当前新形势下，继续深入实施西部大开发战略，彻底落实科学发展观的内涵，以增强自我发展能力为主线，进一步加大投入、强化支持，必须加大对于基础设施的建设，着力提升经济发展的保障能力，必须更加注重对于生态环境的保护以及推进特色优势产业发展。2015年8月，中央召开第六次西藏工作座谈会，会议提出治国必治边、治边先稳藏的战略思想，坚持富民兴藏、长期建藏、凝聚人心以及夯实基础的原则，更加注重改善民生以及基础设施建设，加快全面建成小康社会步伐。可见，中央召开西部大开发工作会议，第五次、第六次西藏工作会议为西藏经济的跨越式发展和全面建设小康社会带来了新的政策机遇。

4.2 西藏经济与基础设施发展的经验事实

4.2.1 西藏经济发展的基本事实

西藏经济社会经历了特殊的发展过程，其近现代经济社会的变迁过程其实是制度变迁的过程。1951 年，在中央人民政府的推动下，西藏获得和平解放，自此西藏经济社会进入制度变迁的轨道。伴随着 1959—1979 年中央对西藏导入社会主义制度式的外生强制性制度变迁，西藏经济结构发生明显变化，诸如交通运输、邮电、教育等现代部门迅速产生，西藏封建农奴制下的混沌一元式自然经济态渐渐向现代经济态转变与升级。西藏近现代的社会主义经济体制发展改革是与全国的经济体制改革进程基本同步的，始于中央决定实行改革开放的1978 年。

表 4 – 1　　　　　　　　　　中国经济体制改革各阶段划分

	经济发展的基本进程
1978 年中共十一届三中全会召开 至 1984 年中共十二届三中全会召开	经济体制改革起步和农村改革取得重大突破的阶段
1984 年中共十二届三中全会召开 至 1992 年中共十四大召开	经济体制改革转入以城市为中心、以价格改革和搞活国有企业为目标的艰难行进阶段
1992 年中共十四大召开 至 1997 年中共十五大召开	经济体制改革以放开产品价格、培育资本市场为中心，积极开展市场经济体制框架建设，并基本建立起市场机制，发挥基础性调节作用的微观运行机制和宏观调控体制
1997 年中共十五大召开 至 2002 年中共十六大召开	经济体制改革以国有企业改革和与国际接轨为中心，改革进入攻坚阶段，基本建立起社会主义市场经济体制
2002 年中共十六大召开至今	以全面建设小康社会为目标，在科学发展观指导下，通过进一步深化改革、扩大改革，积极调整各种不合理经济关系，统筹城乡经济社会发展，在确保社会和谐稳定的基础上努力克服经济发展面临的资源环境约束，推进宏观经济持续快速健康发展

西藏自治区经济改革发展是在中央统一部署下进行的，其基本进程与全国经济体制改革进程大体一致（见表 4 – 1）。然而，作为脱胎于封建农奴制社会的民族自治省份，中央在具体部署西藏自治区经济改革发展工作时采取了相对

灵活的政策措施并给予了诸多特殊优惠政策，从而使西藏经济改革发展进程具有特殊性。这种特殊性主要表现在改革开放以来中央召开的六次西藏工作座谈会的会议纪要之中。在此以这六次西藏工作座谈会为界将改革开放以来西藏经济发展历程划分为5个阶段。

第一阶段，第一次西藏工作座谈会召开至第二次西藏工作座谈会召开之前。鉴于西藏是全国经济最不发达省份的实际情况，中央决定加大对西藏经济发展的扶持力度。在此背景下，1980年3月，中央召开了第一次西藏工作座谈会。此次座谈会对西藏的发展起到了至关重要的作用，因为这次会议确定了西藏未来工作的中心任务，坚持事实求是，坚持从西藏的实际出发，以藏族干部群众为主，努力团结群众，调动一切可能的积极力量致力于发展西藏经济，不断提高西藏人民群众的生活水平，不断巩固西藏的国防建设，最终实现西藏经济发达繁荣。同时，规定了两项具体涉藏优惠政策，一是在3年至5年内免征农牧业税、免除一切派购任务，二是中央对藏财政补助以1980年为基数每年递增10%。

第一次西藏工作会议之后，国家加大了对西藏的援助力度，并制定了一系列涉藏优惠政策，有力地推动了西藏自治区改革开放进程，西藏经济特别是农牧区经济有了较大的恢复和发展。

第二阶段，第二次西藏工作座谈会至第三次西藏工作座谈会召开之前。1984年2—3月，中央召开第二次西藏工作座谈会。此次会议认为西藏的能源等基础设施薄弱，明确了西藏未来较长时期内的工作重点是致力发展能源与交通运输业，大大放开农牧林业相关的政策制约，发展农牧林业与民族手工业，并要求努力发展教育等文化事业，继续加大对外开放力度，重视培养民族干部与民族团结工作，制定了土地归户使用、牲畜归户并私有私养的特殊优惠政策，并明确了这种政策长期不变。同时，本次西藏工作座谈会中一个重要的举措是开启了全国性援藏工作，确定了北京、广州、上海等以及水电部、农牧渔业部等相关部门分两批帮西藏建设四十三项中小工程项目，为西藏经济社会发展提供了一批急需的基础设施。

在这次会议精神的推动下，西藏农牧区经济得到迅速发展，经济社会逐渐由封闭型向开放型、由供给型向经营型转变，经济建设全面展开，经济呈现出良好的发展态势。

第三阶段，第三次西藏工作座谈会召开至第四次西藏工作座谈会召开之前。

1994 年 7 月，中共召开第三次西藏工作座谈会。会议要求，西藏应抓住机遇，不断深化改革，不断对外开放，一切以坚持经济建设为中心，同时，坚持西藏发展和稳定的双抓手，确保西藏自治区的经济发展、人民生活水平的提高以及社会的全面进步和长治久安，充分认识到将中央的大政方针与西藏的具体实际相结合是加快西藏经济社会发展的关键因素，从国家大局和西藏实际出发，实事求是。会议同时提出，全国各地方和中央各部委都要响应号召大力支持西藏的建设，从人才、资金、技术、物资等多方面做好支援工作。

第三次西藏工作座谈的召开以后，国家财政援藏资金规模稳定扩大，全国性对口援藏工作有序展开，国家各项特殊优惠政策逐步落实，"思稳定、谋发展"日益成为西藏各族干部群众的共同愿望，西藏社会局势日趋稳定，经济发展速度不断加快，为新世纪西藏经济社会的跨越式发展奠定了良好基础。

第四阶段，第四次西藏工作座谈会召开至第五次西藏工作座谈会召开之前。2001 年 6 月，中共召开第四次西藏工作座谈会。会议强调，西藏工作必须坚定不移地坚持邓小平理论与党的基本路线，以经济建设为中心，西藏经济社会发展与稳定双管齐下，保证西藏区域经济社会快速健康发展，西藏人民的生活水平提高，确保我国国防的安全与边疆西藏区域的长治久安。会议要求，西藏应抓住实施西部大开发战略和当前局势稳定的机遇，致力于西藏经济从加快发展转变为跨越式发展，致力于西藏局势从基本稳定转变到长治久安；各地区、各部门要继续高度重视并切实做好援藏工作；进一步解放思想，开放思想，充分认识改革开放与科技进步对西藏经济社会发展的重要作用；坚持从自身实际出发，遵循经济发展的客观规律，将政策扶持与市场的作用以及国家优惠政策与自身先天优势结合起来，不断探索，找出一条适合自身发展的具有西藏特点的特色之路；加大改革开放力度，调整经济结构，壮大特色产业，实施可持续发展战略。会议认为西藏经济发展的主要制约因素是基础设施薄弱，因此需要加快基础设施的建设，如公路、铁路、机场、水利、电力以及通信等；充分发挥资源优势，如高度重视加快发展旅游业，形成优势与市场并重的支柱产业与特色经济；致力于农牧业的经济结构调整，不断提高农牧民的收入和生活水平。会议决定，国家投资建设 117 个援藏项目；西藏重点建设项目资金主要由国家承担；继续执行并不断完善各项涉藏优惠扶持政策；进一步加强对口援藏工作，各省市建设 70 个对口援藏项目。

第四次西藏工作座谈会召开以后，国家财政援藏投入持续大幅增长，特殊优惠扶持政策得到较好执行，各项对口援藏工作有序扎实推进，西藏交通、能源、通信、水利等基础设施条件得到很大改善，地区经济呈现出持续快速增长态势，西藏经济的自生能力不断增强。2001—2010 年，西藏地区生产总值先后突破 300 亿元和 400 亿元，2010 年达到 507 亿元，年均增长 12.4%。同时，这一期间特色优势产业不断壮大，西藏自我发展能力得以提升，重点开发了旅游业，加快培育了既有地方特色又有比较优势的战略支撑产业。据统计 2005—2010 年累计接待海内外游客 2110 万人次，年均增长 25.5%，实现旅游总收入 224.1 亿元，年均增长 28.2%。旅游业已成为全区产出量最大、增长速度最快、带动就业最多的重要支柱产业。

第五阶段，第五次西藏工作座谈会召开以来。2010 年 1 月，中央召开第五次西藏工作座谈会。会议充分肯定了第四次西藏工作座谈会以来西藏工作的成效，面对西藏落后的生产力与西藏人民日益增长的物质文化需要之间的矛盾，以及全国人民与达赖等分裂势力之间的矛盾，此次会议对西藏未来发展进行了新的定位，确定跨越式发展和长治久安作为西藏未来长期发展目标，同时确定西藏这个特殊区域的多个战略定位，包括西藏是我国的重要安全屏障、战略资源储备基地、中华民族特色文化保护地以及高原特色农产品基地，也是全世界的生态安全屏障与旅游目的地。此次会议还明确了西藏近几年经济发展的主要目标。到 2015 年，西藏人民的人均纯收入大幅提高，与全国平均水平的差距要明显缩小，要在西藏区域基础设施建设方面取得突破性进展，为西藏全面实现小康社会打好充分基础；到 2020 年，西藏人民的人均纯收入进一步提高，与全国平均水平大体持平，基础设施得到全方位的改善，西藏充分具备自我的发展能力，并实现全面小康的目标。会议强调，应以西藏当地的自身资源优势为依托，科学地进行战略规划，致力于不断改善基础设施，发展特色的农牧业和旅游产业，不断重点发展当地特色战略经济支柱产业，不断提高西藏的自我发展能力。会议也提出要重点进行基础设施建设，特别是交通、能源等基础设施建设；继续执行"收入全留、补助递增、专项扶持"财政政策、"税制一致、适当变通"税收政策等优惠政策；继续加强全国的援藏工作，特别是要注重完善对于西藏的人才（包括援藏干部等）、技术等经济要素的援助。2015 年 8 月，中央召开第六次西藏工作座谈会，会议提出治国必治边、治边先稳藏的战略思想，坚持富民兴藏、长期建藏、凝聚人心以及夯实基础的原则，更加注重改善民生以及基础设施建设，加快全面建成小康社会步伐。

第五次、第六次西藏工作座谈会的召开，为西藏跨越式发展、长治久安以及全面建设小康社会提供了强大精神动力和宝贵政策机遇。当前西藏自治区正在贯彻落实此次会议精神，着力培育和壮大西藏特色优势战略支撑产业，努力增强西藏经济的自生能力，加快全面建成小康社会步伐。

4.2.2 西藏基础设施发展的基本事实

西藏自治区的基础设施建设主要是在中央统一部署下进行的，据统计，1951—2014 年，西藏自治区累计完成固定资产投资 5981.1 亿元，使得西藏基础设施明显改善，跨越式发展、长治久安以及全面建设小康社会的基础更加牢固。分阶段看，西藏基础设施建设主要可分为如下四个阶段。

第一阶段，有针对性地加强基础设施建设。第一阶段为西藏和平解放至改革开放初期。1951—1978 年，中央安排西藏 42 亿元，有重点地推进交通、能源、农田水利、教育、卫生等重点项目建设，为西藏的民主改革和社会主义改造与建设创造了一定的物质条件。具体说来，在交通邮电基础设施建设方面，陆续建设了川藏公路、青藏公路、曲水雅鲁藏布江大桥等重点交通运输项目，全区公路通车里程达到 15852 公里，初步形成了以拉萨为中心的公路网，形成了当雄、贡嘎等 4 个机场组成的航空网络，建成了全区邮电通信长途明线线路 3935 公里，市内电话局用交换机容量 5620 门，农牧区电话交换机容量 990 门，长途电话业务电路 52 路，电报电路 133 路；电力基础设施建设方面，建成纳金水电站、那曲燃油火电厂等 15 座骨干电站和 13 条 35 千伏输电线路，区域性电网覆盖约 5 个县，用电人口约 15 万人；水利基础设施建设方面，修建灌溉能力千亩以上水渠 65 条、万亩以上水渠 9 条、水库 50 座，农田有效灌溉面积以 5.8% 的速度递增，截至 1979 年，全区粮食产量达到 84649 万斤，牲畜达到 2349 万头（只）；社会事业基础设施建设方面，截至 1979 年底，全区共建有各级各类学校 971 所，在校学生 27.16 万人，建成了西藏革命展览馆、礼堂、文化宫等一批文化设施，相继建成了拉萨、昌都、日喀则等多地的有线广播站，陆续开始建立县卫生防疫站、乡（镇）卫生院，基层卫生事业得以发展。

值得说明的是，1951—1978 年，在中央投资有力推动下，西藏经济得以稳定发展，1979 年，全区生产总值由 1959 年的 1.74 亿元增加至 7.3 亿元，按 1951 年不变价计算增长 4.2 倍，年均增长 6.95%。

第二阶段，进一步加强基础设施建设。第二阶段为西藏和平解放至改革开放初期。改革开放以来，中央于 1980 年、1984 年和 1994 年召开了三次西藏工作座谈会，采取特殊优惠扶持政策，积极号召全国支援西藏经济建设，以"43 项工程"、"62 项工程"为代表的一批"钥匙工程"陆续建成，不断缓解了西藏的基础设施制约，同时对其社会经济发展产生了深远影响。其中，"43 项工程"是继 60 年代大规模建设之后的一次较为集中的工程建设，共投资 4.8 亿元，其中，中央财政补助投资 1.78 亿元，国家有关部委投资 0.62 亿元，西藏地方投资 2.4 亿元。43 项工程的修建，用具体事实说明了中央对西藏的关心和支持，为西藏增添了现代化的气息，鼓舞和增强了各族干部群众加速西藏发展的信心。

"62 项工程"对于改善西藏交通、能源、通信等基础设施严重滞后的局面、发挥资源优势以及提高人民生活水平起了重要作用，是党中央、国务院在新的历史时期关心重视西藏的具体体现。该项目总投资 48.6 亿元，建设项目涉及能源、交通、通信、工业、文化和市政建设等诸多方面，生产性建设项目占总投资的 73.2%。项目建成交付使用后，年增加发电量 2.98 亿千瓦，水泥生产能力达 8 万吨，新增黑色路面 124.95 公里，新增招生能力 4900 人，同时，新增病床 400 张，结束了西藏无传染病医院的历史。

第三阶段，着力解决重点基础设施瓶颈。第三阶段时间跨度为 2000—2010 年。2001 年，中央召开了第四次西藏工作座谈会，决定以更大的资金支持力度，着重解决制约西藏发展的瓶颈和突出困难，加快西藏发展，维护西藏稳定。以"117 工程"（总投资 311.76 亿元）、自治区成立 40 周年大庆项目（总投资 64.2 亿元）和"十一五"规划的 188 项目（总投资 1378 亿元）为代表的一大批工程相继开工建设，掀起了西藏基础设施建设的热潮。2001—2010 年，中央安排西藏基本建设投资达到 1384.4 亿元，西藏累计完成固定资产投资 2354 亿元，年均增速达到 20% 以上；持续加大的基础设施投资，拉动了西藏地区生产总值先后突破 300 亿元、400 亿元和 500 亿元，2010 年达到 507 亿元，保持了跨越式发展的强劲势头。

这一期间"硬基础设施"建设成就辉煌，制约经济社会发展的瓶颈不断缓解。一是综合交通运输体系逐步完善。青藏铁路于 2006 年 7 月 1 日正式通车营运，进一步密切了西藏与祖国内地的联系和交流；墨脱公路于 2009 年 4 月开工建设，全国唯一不通公路县的历史宣告结束，60 个县实现通油路，县通沥青路达到 82%，西藏第一条高等级公路建成通车，青藏、川藏、滇藏等进藏干线公路基本实现黑色化，通行能力明显提高，截至 2010 年底，全区公路通车总里程约 5.8 万公里，在空运交通方面，初步建成了拉萨贡嘎机场、昌都邦等五个民用机场网络，开通国内外航线 19 条、区内支线 2 条，航线网络逐步完善，保障水平不断提高。二是能源生产供给体系初步形成。雅江中游第一座、西藏目前装机容量最大的水电站——藏木水电站于 2010 年 9 月正式开工，世界上海拔最高、线路最长的输变电工程——青藏直流联网工程于 2010 年 7 月开工，西藏电力孤网运行的历史结束；西藏第一座 220 千伏变电站——拉萨曲哥变电站顺利建成，林芝电网与藏中电网成功联网；农网三期建设与改造工程全面完成。截至 2010 年底，全区电力总装机容量达到 193 万千瓦，年发电量约 26.3 亿千瓦时，解决了近 238 万人的用电问题。三是水利保障能力明显提高。西藏最大的水利枢纽工程——旁多水利枢纽于 2009 年 7 月开工；新增电站装机 1.9 万千瓦，新增和改善用电人口 9.53 万人。四是通信保障能力快速提升。全区局用交换机容量达到 128 万门，移动电话交换机容量达到 199 万门，长途光缆线路达 2.7 万公里。全区互联网宽带用户达到 10.5 万户，电话普及率提高到 71 部/百人，移动电话普及率达 53 部/百人，行政村通电话率高达 100%，提前实现了行政村全覆盖，乡镇通光缆（宽带）率达到 88%。五是生态安全屏障保护与建设加快实施。完成 14 个自然保护区及湿地保护区基础设施建设，建成 11 个林木良种采种基地，恢复了 11 处矿山迹地生态，治理面积 21 平方公里，进一步加强草原、森林、水土保持、气象、地震、环境监测能力建设，完善监测网络。

"软基础设施"日趋完善，经济社会发展趋于协调。一是教育事业实现跨越式发展。截至 2010 年末，全区各级各类学校在校生达 55.7 万人，"两基"攻坚规划确定的各项任务全面完成，初中入学率达到 98.2%，青壮年文盲率下降到 1.2%，标志着西藏教育事业发展进入新的阶段。高中阶段入学率达到 60.1%，高校毛入学率达到 23.4%。西藏大学进入国家"211 工程"行列，西藏职业技术学院、拉萨师范高等专科学校挂牌成立，高校办学水平和科研创新能力进一步提高，人均受教育年限达到 7.3 年。二是卫生事业取得突破性进展。新、改扩建各级各类医疗卫生服务机构 850 个，区地县乡（社区）四级医疗卫生服务网络基本建成，全区疾病预防控制、妇幼保健、优生优育、食品药品监管等公共卫生服务体系逐步完善。千人拥有卫生技术人员 3.3 人，千人拥有病床位数 3 张，孕产妇和婴儿死亡率分别为 232.23/10 万和 21.15‰，人口自然增长率保持在 11‰左右。三是文化科技事业迈上新台阶。全区 73 个县和 149 个乡镇建成综合文化活动场所，区地县乡村五级文化设施网络初步形成。全区广播、电视人口综合覆盖率分别达到90.28%和91.41%。四是就业和社会保障体系基本建立。建成自治区劳动就业培训基地、农牧民技能教育培训基地和残疾人就业技能培训学校，针对不同就业群体，强化就业和再就业培训，城镇登记失业率控制在4%以内，保持了就业局势稳定；以养老服务、孤儿养育和残疾人权益保障为基本内容的社会福利体系更加完善，全区社会福利院、农村敬老院分别达到72所和178所，五保户集中供养率提高到17%，建设自治区和7地市儿童福利院、拉萨三地市流浪未成年人救助保护设施，孤儿集中供养率达25.5%。

第四阶段，继续加大基础设施建设为全面建成小康社会提供强力支持。第四阶段主要是"十二五"期间，2010年1月18至20日，中央第五次西藏工作座谈会得以召开，会议进一步出台了更加优惠的政策和特殊具体的措施。同时，2011年7月，国务院审议批准了《"十二五"支持西藏经济社会发展建设项目规划方案》，这是党中央、国务院高度重视和支持西藏工作的又一重大举措，是对西藏走有中国特色、西藏特点的发展路子，推进跨越式发展和长治久安的强有力支撑。

"十二五"项目方案共安排建设项目226个，总投资3305亿元，"十二五"规划投资1931亿元，其中：中央政府投资1384亿元、企业投资521亿元、地方自筹25亿元。主要内容包括：①保障和改善民生方面安排投资641亿元，占"十二五"规划总投资的33.21%，总计71个项目；②基础设施建设方面安排投资905亿元，占"十二五"规划总投资的46.86%，共计63个项目；③特色优势产业方面安排投资136亿元，占"十二五"规划总投资的7.07%，共计27个项目；④生态环境保护方面安排投资98亿元，占"十二五"规划总投资的5.10%，总共27个项目；⑤基层政权和社会管理能力建设方面安排投资80亿元，占"十二五"规划总投资的4.13%，共计29个项目。另外，还安排了9个水电开发项目在"十二五"期间加快开展前期工作，争取适时开工建设。可以预见，这些基础设施项目的顺利实施，将大大改善了西藏的基础设施，将对西藏经济增长具有重要的推动作用；具体来看，西藏全区的社会基本公共服务水平将得以显著提高，高原生态环境得到有效保护，优势特色产业得到发展，维护稳定能力得到进一步加强。截至2012年底，国家相关部委和单位累计安排西藏"十二五"规划项目投资692亿元，占"十二五"规划投资1931亿元的

35.8%，总计投资 226 个项目，其中，有 172 个项目开工建设，有 22 个项目建成投入使用。

随着"十二五"基础设施项目的实施，西藏全区的基础设施条件得以极大改善。电力生产能力大幅提升，截至 2014 年装机总容量达 159.8 万千瓦，保证藏区经济发展与人们日常生活的需要；邮电通信条件极大改善，2014 年光缆线路长度达 3.83 万公里，局用交换机容量达 128.7 万门，固定电话用户数达 35.2 万户，移动电话用户数达 291.8 万户；交通运输能力不断增强，基本形成了以公路、铁路以及航空为骨干的综合交通网络体系，2014 年，西藏公路通车里程为 7.55 万公里，较 1965 年增加 4.1 倍，客运总量为 1934.55 万人次，货运量为 2397.54 万吨，铁路客运总量为 211.41 万人次，货运量为 508.71 万吨，西藏已开通国际航线 1 条，国内航线 45 条，区内航线 3 条，区际航线 1 条，旅客吞吐量达 315.14 万人次，货邮吞吐量 2.46 万吨。

同时，在诸多基础设施项目的实施带动下，西藏自治区经济社会发展状况良好。2014 年，西藏地区生产总值达到 920.83 亿元，同比增长 10.8%；全社会固定资产投资达 1119.73 亿元，同比增长 21.9%；社会消费品零售总额 364.51 亿元，同比增长 13.1%；地方公共财政收入 164.75 亿元，同比增长 49.2%；城镇居民人均可支配收入 22016 元，农牧民人均纯收入 7359 元。可见，西藏正在全面建成小康社会的路上大步前进，跨越式发展势头良好，西藏长治久安与自我发展能力的基础愈加牢固。

4.2.3　西藏经济发展的主要经验分析

改革开放以来，西藏自治区经济面貌焕然一新，其交通、能源、通信等基础设施建设也取得巨大重大改善，总的来说，主要取得如下经验：

1. 应充分认识西藏区域的特殊性与特色。西藏位于我国的青藏高原区域，地势十分高峻，一直被称为"世界屋脊"，而且西藏也是我国甚至东半球气候变化的"启动器"与"调节区"，其自然地理、气候、生态环境非常独特，造就了藏东北牦牛、藏猪、藏西北绒山羊、藏中优质粮油、藏药等一大批特色优势产业，但也造成了其生态环境系统的自我调节能力与修复能力极其脆弱。西藏也是一个宗教盛行的地方，虽然其"政教合一"的封建制度已经消亡，但当前这种封建残余的影响仍然较大。同时，西藏地处中国西南边疆，与缅甸、印度等多国接壤，属于政治、军事、生态敏感地带，当前西藏反分裂斗争形势依然十分严峻。可见，西藏必须走自己极富地域特色的道路，坚持国家对于西藏经济社会发展的战略定位"中国特色、西藏特点"不动摇，推动西藏经济产业跨越式发展，走可持续发展的道路。

2. 将国家涉藏政策与西藏具体实际密切结合起来。改革开放以来，专门召开的六次西藏工作座谈会都明确指出或内含着要充分认识西藏区情的特殊性，要求从西藏具体实际出发制定相关涉藏政策，推动西藏经济在既有基础上持续平稳地向前发展。例如，第一次座谈会强调从西藏实际情况出发，千方百计地发展国民经济，提高各族人民的物质生活水平；第二次座谈会基于对西藏特殊性的再认识，从西藏实际出发，制定了一系列经济政策，并决定对西藏执行改革开放的政策；第三次座谈会再次强调，立足于西藏实际，要实事求是，将国家政策与西藏当地实际相结合，切实加快西藏经济社会发展；第四、五次座谈会分别出台了许多符合西藏实际、推动西藏发展的方针、政策、措施。正是中央很好地将国家涉藏政策措施与西藏具体区情条件紧密结合起来，始终把改善和保障民生作为政府工作的出发点和落脚点，紧紧依靠人民群众，努力致力于教育、就业、收入、住房、社会保障、卫生服务、基础设施、保护环境等关系群众切身利益的各项工作，提供良好的基本公共服务产品，并实事求是地研究西藏经济发展的客观条件、具体困难和实际需要，先后制定一大批促进西藏经济跨越式发展的特殊优惠政策措施，才确保了西藏自改革开放以来的良好发展局面。

3. 将国家大力支援与西藏自力更生有机统一起来。事物都是在内因与外因两者的共同作用下不断发展的，但内因是事物发展的根本，外因必须通过内因对事物发生作用，外因只不过是事物发展的外在条件而已。因此，一方面，西藏经济的跨越式发展必须依靠西藏广大干部群众的长期艰苦奋斗，这是决定西藏跨越式发展战略成败的内因，丢掉了这个内因，国家援藏优惠政策就难以发挥持久、积极的效应，也难以尽快地改变西藏贫穷落后的面貌；另一方面，西藏的特殊区情条件决定了国家无私援助对于推动西藏经济跨越式发展的极端重要性，没有国家长期无私援助，西藏就不可能迅速地弥补自身严重缺失的各项现代发展条件，经济也难以迈入持续快速发展的良性轨道。改革开放以来，在促进西藏经济发展的问题上，中央较好地将国家大力支援与西藏自力更生结合起来，在国家无私援藏的同时，设法调动西藏干部群众发展经济的积极性，始终注重通过科技创新和体制机制创新推动跨越式发展。采用世界先进技术，继续致力于基础设施和矿业开发、藏药生产等特色优势产业项目；不断深化经济建设和社会管理等重点领域和关键环节改革，构筑新机制新体制，强化政策体系建设，着力改善投资软环境，夯实产业发展基础；加强拉萨国家级经济开发区和特色工业园区建设，实现聚集、集约发展，促使西藏经济的自我发展能力不断提升。然而，目前，西藏经济发展中也存在对中央财政援藏资金和兄弟省份对口援建资金的"等"、"靠"、"要"等消极依赖思想，表明西藏经济发展的内生动力未能充分激发出来，必须进行相关制度、体制、机制创新。

4. 将维护社会稳定与促进经济发展紧紧联系起来。改革开放以来，西藏始终面临着两大矛盾，即西藏落后的生产力与西藏人民日益增长的物质文化需要的矛盾以及全国人民与达赖等分裂势力之间的矛盾，从而决定了推进跨越式发展和确保长治久安是当前和今后相当长时期内西藏工作的两大主题。二者的辩证关系是：推动跨越式发展是解决西藏面临的主要矛盾和特殊矛盾的根本出路和战略抉择，没有经济社会的跨越式发展，就不能有效地满足人民群众日益增长的物质文化需求，也会给敌对势力提供可乘之机，继而难以维持社会大局稳定，反过来又会进一步妨害西藏经济社会发展，从而形成难以治理的恶性循环；反之，确保社会局势稳定是有序推进各项建设工作的基本保证，没有和谐稳定的社会环境，各项经济社会建设工作就难以正常开展，不仅无法及时满足人民迫切的物质文化需要，而且会进一步恶化社会政治局势，从而也会形成一个恶性循环。可见，确保社会稳定与推动跨越式发展是辩证统一的有机整体，二者辩证统一于西藏整个跨越式发展历史进程。鉴于经济跨越式发展在西藏跨越式发展战略中的主体地位，今后应着重处理好维护社会稳定与促进经济发展二者之间的辩证关系。总之，必须继续牢固坚持社会稳定与经济发展"两手抓、两手硬"这一根本治藏方略。

5. 将基础设施建设与特色产业培育有效协调起来。交通、能源、通信等基础设施是支撑现代市场经济发展不可或缺的重要物质技术条件，其发展状况直接决定着一国或一地区经济发展的速度、规模和效益。基础设施薄弱一直是制约西藏经济跨越式发展的一个主要瓶颈。改革开放以来，在国家以及中央机关、中央企业和有关省市对口援藏工作支持下，西藏已初步建成公路、铁路、航空、管道等综合交通运输体系，能源、通信、水利等基础设施条件也得到了很大改善。中央召开第三次西藏工作座谈会以后，西藏自治区党委、政府高度重视特色优势产业培育工作，目前，藏医药业、农牧业、矿产业、旅游业等西藏特色优势产业已粗具规模。尽管西藏基础设施建设已取得了巨大成就，但西藏现有基础设施状况与西藏经济跨越式发展的要求相比尚存在巨大差距。今后，必须继续大力加强西藏基础设施建设，进一步改善西藏基础设施条件，包括交通、能源、通信、水利等方面的基础设施，为西藏未来特色优势产业的发展和自生能力的提升奠定必不可少的物质技术基础。

4.3 西藏经济发展的特殊性分析

4.3.1 西藏经济发展历程的特殊性分析

1950 年以前，封建农奴制主导着西藏经济社会的各个方面，这种封建农奴制一方面表现为政教合一的政治体制，另一方面表现在与政教合一政治体制相适应的自给自足的领主庄园经济制度。领主庄园经济的核心是庄园的领主占有全部的生产资料，并占有农奴的人身，而且利用宗教对农奴进行思想控制，使得农奴的一生都被牢牢地束缚在土地上劳动，不存在任何人身自由。在这种自然经济形态下，农奴由于强烈的人身依附关系毫无生产的动力，社会生产力遭到了严重摧残。经济主要以庄园经济为主的简单再生产来维持，生产工具、技术没有出现任何进步，甚至出现倒退，经济系统中也不存在现代工业，只有牧业以及少量农业与手工业，在交换层面上除存在简单的农牧产品交换外，不存在任何大型的商业贸易，这些都极大地阻碍了经济生产的专业化及社会化。

1951 年，中央政府与西藏地方政府签订"十七条协议"，西藏得以和平解放，从此西藏进入全面改变封建农奴制以及相应经济形态的全新阶段。1952—1958 年，中央财政支持西藏 3.5717 亿元（占西藏财政收入的 91%），帮助西藏地方政府进行基础设施建设，先后建成了康藏公路、青藏公路与当雄机场，并兴修水利，改善农牧业的基础设施条件，同时帮助西藏地方政府建成了现代的工厂、银行、学校等，不断努力推动西藏经济社会的全面发展。1955 年，中央人民政府通过《关于帮助西藏地方进行建设事项的决定》，中央决定拨款并派遣技术人员支持西藏经济建设，这个文件被认为是中央对于西藏发展制度供给的开端，为西藏总体供给模式的源头。在中央政府的帮扶下，西藏先后建立了电力、采矿、印刷、建材等十几个具有现代色彩分工分业明显的行业，特别是在 1959 年民主改革以后，一直到改革开放初期，随着社会主义建设与改造的深入，现代性质的工业、交通运输、邮电、科学、商业、教育等产业部门也迅速在西藏诞生，至此现代经济的基本结构业已形成。

改革开放以来，中央积极推动西藏经济快速发展，先后召开六次专门的西藏工作会议，这六次会议的内容成为了西藏经济发展的目标和方向。1980 年 3 月，中央召开了第一次西藏工作座谈会。这次会议确定了西藏未来工作的中心任务，即坚持从西藏的现实实际出发，以藏族干部群众为主，努力团结群众，调动一切可能的积极力量致力于发展西藏经济，不断提高西藏人民群众的生活水平，最终实现西藏经济发达繁荣。并决定从 1980 年起，中央在五亿元的基础上，以每年 10% 的递增率给予西藏地方政府财政补贴。1984 年 2 月，中央又召开了第二次西藏工作座谈会。此次会议明确了西藏未来较长时期内的工作重点是致力于发展能源与交通运输业，并制定了土地归户使用、牲畜归户并私有私养的长期不变的特殊优惠政策。同时确定了各省兴办西藏班（校）为西藏培养人才等一系列涉藏特殊优惠经济政策。1994 年 7 月，中共召开第三次西藏工作座谈会。会议要求，西藏应抓住机遇，坚持西藏发展和稳定的双抓手，确保西藏自治区的经济发展，同时确定全国各地方和中央各部门从人才、资金、技术、物资等多方面做好对西藏的支援工作。2001 年中央召开第四次座谈会，会议明确提出西藏跨跃式发展的战略，要求加快基础设施的建设，充分发挥资源优势，开发农牧业的潜在价值。2010 年 1 月，对西藏当前发展具有强大政策动力作用的中央第五次西藏工作座谈会召开，会议对西藏未来发展进行了新的定位，确定跨越式发展和长治久安作为西藏未来长期发展目标，同时确定西藏这个特殊区域的多个战略定位，包括西藏是我国的重要安全屏障、战略资源储备基地、中华民族特色文化保护地以及高原特色农产品基地，也是全世界的生态安全屏障与旅游目的地。2015 年 8 月，中央召开第六次西藏工作座谈会，会议提出治国必治边、治边先稳藏的战略思想，坚持富民兴藏、长期建藏、凝聚人心以及夯实基础的原则，更加注重改善民生以及基础设施建设，加快全面建成小康社会步伐。

改革开放以来，中央召开的六次西藏工作会议构成总体供给模式制度安排的重要组成部分，特别是出台一系列的财政优惠政策以及援藏政策等，对西藏经济的发展影响重大且深远。如在总体供给模式的财政收支方面，西藏和平解放初期，西藏新政权所需经费几乎全部由中央财政供给，1959 年，西藏在中央财政补助下形成统收统支的预算管理体制，1980 年中央对西藏增加年拨款补助额，定额补助数额 4.96 亿元，一直延续到 1986 年，1980—1986 年，中央对西藏的财力补助总计达 99.63 亿元，1994 年第三次西藏工作会议以后，中央对西藏实行新的财政补贴措施，即"核定基数，定额递增，专项扶持"的优惠政策措施，这项政策一直延续到 2005 年，从 2006 年开始实行"收入全留，补助递增，专项扶持"的财政补贴政策。通过对西藏历年财政总收入与中央财政补贴收入的考察可以发现，西藏和平解放以来，中央财政收入占财政总收入的比重基本均在 90% 以上，且这个比例有上升之势，可见西藏财政收入依赖中央财政补贴的严重性，从侧面也反映出总体供给模式在西藏是不断加强的。综上可知，从西藏经济发展的历程看，伴随着中央政府主导下的制度变迁，西藏经济的发展对总体供给模式产生了严重的"路径依赖"现象，即总体供给模式被锁定在西藏经济发展进程中，并在长期中不断自我强化，也就是说，沿着这条路径，西藏经济发展的源动力主要是依靠中央政府大规模投资的模式渐渐被确立并得以强化。从西藏当今的发展情形看，现代化程度较低，经济的非典型二元结构特征突出，再加上特殊的自然地理、社会人文、反分裂等区位因素的制约，西藏沿着中央政府主导的总体供给模式发展路径在长期内不会改变，且在短期内有不断强化的趋势，因此，从这个角度讲，西藏经济应继续在中央政府的主导下，不断进行局部的制度创新，加快推动当地经济的现代化进程。

4.3.2　西藏经济发展水平分析

改革开放以来，西藏地区经济发展取得较大突破。整体上看，西藏地区生产总值从 1978 年的 6.65 亿元增长到 2014 年的 920.83 亿元，增长 138 多倍，年平均增长 14.68%（见图 4-1）；人均地区生产总值由 1978 年的 375 元增长到 29252 元，增长 78 倍，年平均增长 12.86%（见图 4-2）。可以看出，西藏在 1993 年以前经济增长相对缓慢，在 1994 年第三次西藏工作座谈会之后，随着全国性对口援藏工作的有序展开，"思稳定、谋发展"成为西藏发展的主题，经济从而进入高速增长通道。

由于第六次西藏工作座谈会刚召开不久，尚没有统计数据支撑，因此以前五次西藏工作座谈会的召开为界进行分析。分阶段看，1978—1980 年（改革开放至第一次西藏工作座谈会之间），西藏地区生产总值由 6.65 亿元增长到 8.67 亿元，增长 30.38%，年平均增长 9.24%，人均地区生产总值由 375 元增长到 471 元，增长 25.6%，年平均增长 7.89%；1981—1984 年（第一次西藏工作座谈会至第二次西藏工作座谈会之间），随着中央对西藏投资力度的不断增大，西

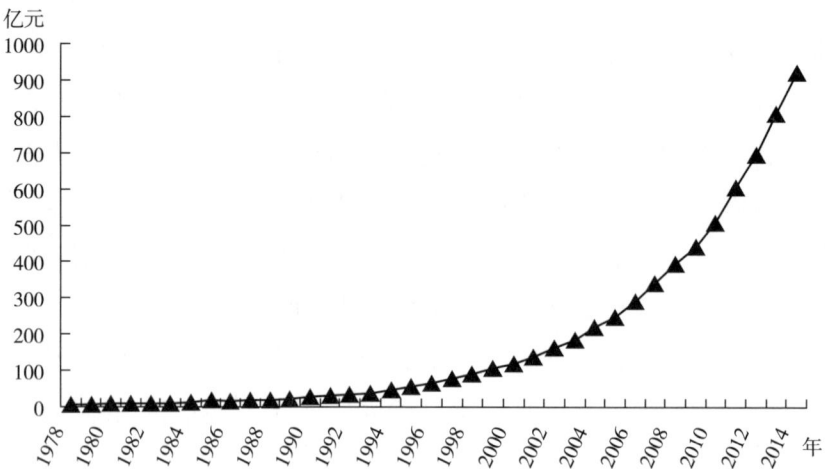

数据来源:《西藏统计年鉴》(1978—2014)。

图4-1 改革开放以来西藏地区生产总值发展时序

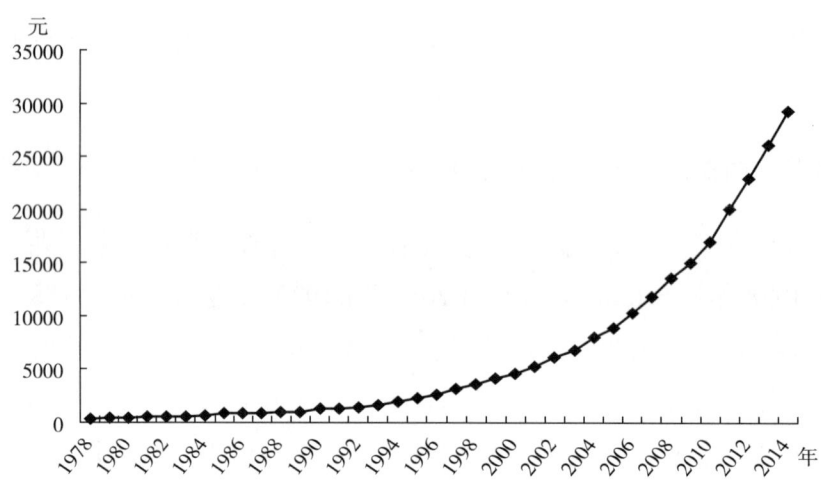

数据来源:《西藏统计年鉴》(1978—2014)。

图4-2 改革开放以来西藏人均地区生产总值时序

藏地区生产总值由 8.67 亿元增长到 13.68 亿元,增长 57.78%,年平均增长 12.08%,人均地区生产总值由 471 元增长到 702 元,增长 49.04%,年平均增长 10.49%;1985—1994 年(第二次西藏工作座谈会至第三次西藏工作座谈会之间),随着第二次西藏工作座谈会相关涉藏政策措施的实施,西藏经济发展取得明显成效,地区生产总值由 13.68 亿元增长到 45.84 亿元,增长 2.35 倍,年平均增长 12.85%，人均地区生产总值由 702 元增长到 1964 元，增长 1.8 倍，年平均增长 10.84%；1995—2001 年（第三次西藏工作座谈会至第四次西藏工作座谈会之间），随着第三次西藏工作座谈会重大援藏政策的实施以及中央援藏资金规模的扩大，西藏地区生产总值由 45.84 亿元增长到 139.16 亿元，增长 2.04 倍，年平均增长 17.19%，人均地区生产总值由 1964 元增长到 5318 元，增长 1.71 倍，年平均增长 15.29%；2002—2010 年（第四次西藏工作座谈会至第五次西藏工作座谈会之间），中央确定了西藏发展与稳定的双重目标，此期间西藏地区生产总值由 139.16 亿元增长到 441.36 亿元，增长 2.17 倍，年平均增长 13.68%，人均地区生产总值由 5318 元增长到 15008 元，增长 1.82 倍，年平均增长 12.22%；2010—2014 年（第五次西藏工作座谈会召开至今），第五次西藏工作座谈会确定了西藏跨越式发展的目标，近几年来地区生产总值由 441.36 亿元增长到 920.83 亿元，增长两倍，年平均增长 15.85%，人均地区生产总值由 15008 元增长到 29252 元，增长 1.95 倍，年平均增长 14.28%（见图 4-3）。

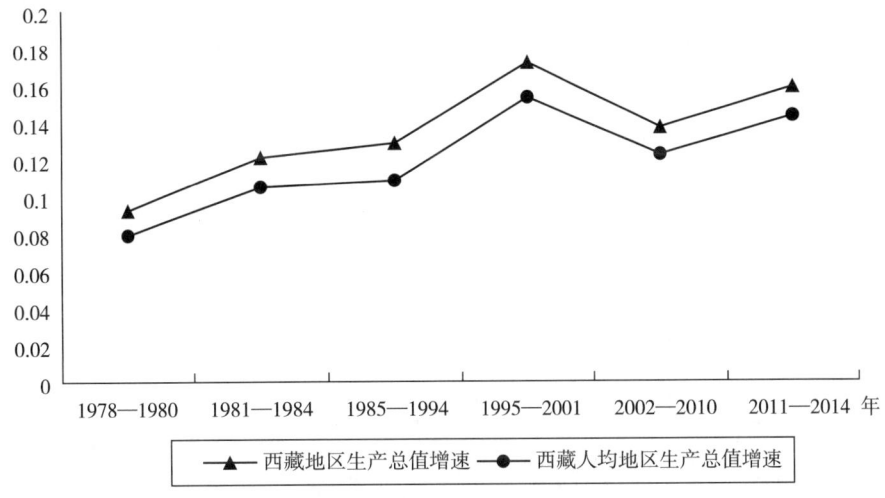

数据来源：《西藏统计年鉴》（1978—2014）。

图 4-3 西藏分阶段的经济增速时序

综上可知，改革开放以来，西藏经济增速整体呈稳步上升趋势，除第四次西藏座谈会至第五次西藏座谈会期间经济增速有所回落外，其他期间经济增速均呈上升状态。2010 年第五次西藏座谈会召开以来，随着推进西藏跨越式发展的各项优惠政策的实施，以及中央召开的西部大开发工作会议精神的强劲助力，近几年以来西藏经济增速被强力扭转出上一阶段的回落下降通道，进入较快上升态势。

4.3.3 西藏经济发展速度分析

从 GDP 环比增速角度看，改革开放以来，西藏地区生产总值环比增速大体经历了"前期剧烈振荡，后期小幅波动"两个阶段（见图 4-4）。具体表现为，第一阶段是在 1994 年第三次西藏座谈会议以前，当地经济增长剧烈振荡，特别是在第二次西藏工作会议前后依次出现最大增速与最小增速，1984 年当年地区生产总值环比增速达 32.94%，而在 1986 年出现最小环比增速 -4.67%，振幅达 37.61%，平均环比增速为 12.90%，西藏地区生产总值环比增速在剧烈震荡中从 1978 年的 7.2% 增长到 1993 年的 15.5%；第二阶段是在 1994 年第三次西藏座谈会议以后，西藏经济增长进入小幅振荡高速增长阶段，这一时期最大增速是在第三次西藏座谈会议之后的 1995 年，增速为 22.12%，最小增速在第四次西藏座谈会的前一年 2000 年，增速为 11.54%，振幅仅为 10.58%。需要说明的是，在 1993 年之前，西藏经济增长相对于全国 GDP 环比增速震荡猛烈，但 1994 年以后，西藏经济增长的周期性波幅明显缩小，显著地小于全国 GDP 的振幅，且除少数年份外，西藏经济增长的环比增速均明显高于全国 GDP 环比增速。这主要是因为 1994 年中央第三次西藏工作座谈会确立进一步加大对西藏交通、能源、通信等基础设施建设的支持力度，并加大各项经济、科技、人才援藏力度，促使西藏地区经济呈现出相对稳定的较快增长局面。

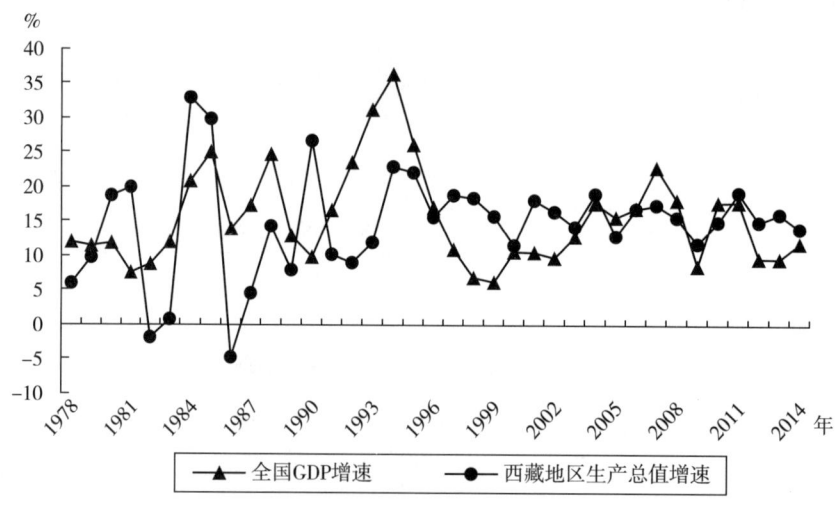

数据来源：《西藏统计年鉴》（1978—2014）。

图 4-4 改革开放以来西藏地区生产总值与全国 GDP 环比增速时序

从地区生产总值几何平均增速角度看，1978—2014 年，西藏经济发展速度较快，地区生产总值每年平均以 14.68% 的速度增长，人均地区生产总值以每年 12.86% 的速度增长，但相比于全国水平，地区生产总值发展速度仍然有待提高，地区生产总值发展速度同期低于全国年均增速 0.74 个百分点，西藏人均地区生产总值增速同期也低于全国年均增速，可见，西藏不只是在经济发展水平上属于欠发达地区，由于当地特殊的区情，在发展速度上也不能与全国平均增长速度同步。分阶段看，在改革开放初期，当时全国对外开放程度不高，经济发展水平也较低，各种经济要素还未得以整合，因此在 1978—1980 年，西藏地区生产总值与人均地区生产总值年均增速均略高于全国增长水平；1980 年，西藏工作座谈会召开，西藏经济增长速度明显加快；1980—1984 年，西藏地区生产总值增速与人均地区生产总值都增加了近 3 个百分点，但随着全国对外开放程度的加大，全国经济增长速度猛增，从而使得这一期间全国 GDP 增速与人均 GDP 都高于西藏；1985—1994 年，全国经济增长速度进一步加快，虽然中央在 1984 年召开了第二次西藏工作座谈会刺激西藏经济增长，但西藏的经济增长速度已远小于全国的增长速度；1995—2001 年，西藏第三次座谈会召开，确定西藏以坚持以经济建设为中心，抓好发展和稳定两件大事，确保西藏经济发展，因而这一期间西藏经济获得高速增长，再加之经济危机对全国经济的冲击，全国经济增速回落，因此这一期间西藏经济增长速度明显高于全国水平；2002—2010 年西藏经济增长速度回落，全国经济刺激政策不断显现，导致这一期间西藏经济增速低于全国水平；2010 年中央召开第五次西藏座谈会，确定推进跨越式发展和长治久安为当前西藏工作的主题，同年中央召开西部大开发工作会议，强调增强西部省份的自我发展能力，进一步加大投入、强化支持，更加注重基础设施建设，因而西藏经济获得新一轮高速度增长期，近几年地区生产总值年均增速达 15.85%，远远高于全国平均经济增长速度（见表 4-2）。

表 4-2　　　　西藏分阶段地区生产总值与人均地区生产总值年增速情况

期间 年均增速	1978—1980	1981—1984	1985—1994	1995—2001	2002—2010	2011—2014
西藏地区生产总值	9.24%	12.08%	12.85%	17.19%	13.68%	15.85%
西藏人均地区生产总值	7.89%	10.49%	10.84%	15.29%	12.22%	14.28%

数据来源：《西藏统计年鉴》（1978—2014）。

4.3.4　西藏产业结构演进的特殊性分析

由产业经济学的相关理论可知，经济产业发展演变的一般规律是无论任何经济体，其发展必然要经过三个阶段，即初级阶段、中级阶段以及高级阶段，而产业结构往往是区分某一经济体处于哪一阶段的重要指标。初级阶段的经济体表现为经济水平低下，产业以农业为主，按三次产业的分法，表现为"一二三"的产业结构特点，即第一产业占经济总量的主体，其次为第二产业，占比最小为第三产业，该阶段经济体有学者称为农业经济型；中级阶段表现为经济发展水平有很大提高，技术在其中的作用不可或缺，产业以第二产业的工业为主，该阶段的前期往往表现为工业产值占经济总量大部分，其次是第一产业农业产值排二位，占比最小的是第三产业，该阶段的发展后期表现为工业产值仍占经济总量的大部分，其次是第三产业排二位，占比最小的是第一产业农业，即该阶段的产业结构表现为"二一三"或"二三一"的特点，该阶段经济体有学者称为工业经济型；高级阶段是经济体发展高级形式，该阶段的产业结构形态表现为"三二一"特点，即第三产业服务业是经济发展支柱产业，第二产业次之，最次是第一产业，也有人称处于该阶段的经济体为服务业经济型。下面将从产业结构演变的角度对西藏经济发展的内部结构进行分析。

改革开放以来，西藏经济的产业结构发生了巨大变化，总体上看，是由"一二三"的初级形式转变为"三二一"的高级形式。具体来看，第一产业占比总体不断下降，从 1978 年的 50.7% 波动降低至 2014 年的 9.94%，总共下降了 40.76 个百分点；第二产业占比则是经历了先下降后上升过程，从 1978 年的 27.7% 波动下降至 1988 年的最低点 11.9% 之后，除 1995 年受第三次西藏工作座谈会影响大幅上升外，整体上基本是进入稳步上升通道，一直上升到 2014 的 36.58%，总计提高 8.88 个百分点；第三产业占比则经历了阶梯式上升过程，1978 年第三产业占比为 21.7%，在 1978—1983 年，第三产业占比基本上呈现小幅波动状态，在 1984—1987 年，受第二次西藏工作会议的影响，第三产业占比一度快速上升到 1987 年的 42.41%，其后进入小幅下降调整阶段，一直调整至 1995 年的最低水平 34.64%，尔后，第三次西藏工作座谈会刺激效应显现，第三产业占比再度进入稳步上升轨道，一直上升到 2004 年最高点 55.96%，自此至今，一直是微幅调整阶段，2014 年第三产业占比为 53.48%。可见，1978 年以来，西藏自治区产业结构不断由初级化向高级化持续演进。具体表现为，1997 年第一产业由第一大产业退居第二位，又于 2003 年降至第三位；第三产业从 1984 年开始稳定地从第三位上升至第二位，接着又于 1997 年开始变成西藏第一大产业；第二产业从 1984 年开始稳定地从第二位降到第三位，然后又从

2003 年开始升格为西藏第二大产业（见图 4 - 5）。

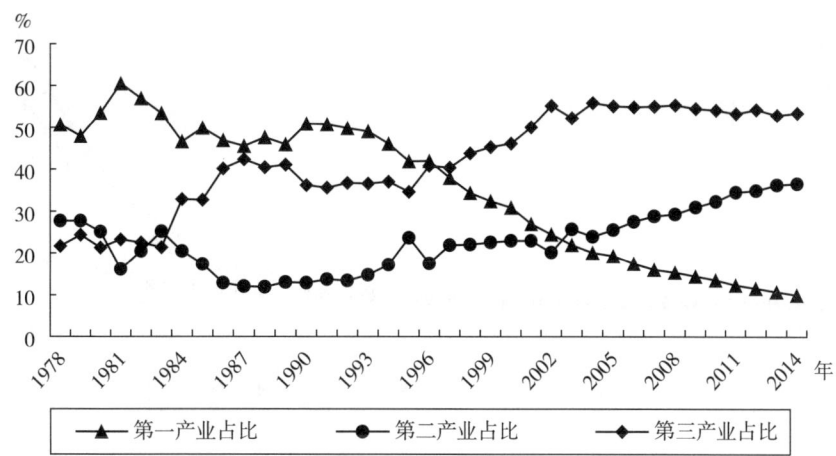

数据来源：《西藏统计年鉴》(1978—2014)。

图 4 - 5 改革开放以来西藏三次产业占比时序

综上可知，西藏经济的产业结构表现为由初级结构"一二三"直接过渡到"三二一"的高级结构，而没有经过"二三一"或"二一三"的中级过渡阶段，即西藏经济没有经过工业占主导地位的经济态，由农业占主导的经济态直接一跃演进至服务业占主导的经济态，这在经济体产业结构演进发展历程中是少见的。显而易见，西藏之所以出现这种特殊的产业结构演进方式主要是因为第二产业相对于第三产业发展滞后，那么是什么因素致使西藏第二产业发展滞后呢，下面将深入其内部进行考察分析，以便对症下药，破解西藏第二产业未来发展的瓶颈。

1978—2014 年，整体上看，西藏自治区第二产业的发展主要是靠建筑业拉动的，特别是在 1993 年以来，建筑业发展相对于工业发展快速，成为拉动第二产业发展的发动机（见图 4 - 6）。1993—2014 年，建筑业从 2.79 亿元增长到 270.68 亿元，增长 97 倍，年均增长 24.34%，同期第二产业从 5.49 亿元增长到 336.84 亿元，增长 61.36 倍，年均增长 21.66%，而同期工业仅从 2.7 亿元增长到 66.16 亿元，增长 24.5 倍，年均增长 16.45%。可以看出，近年来，工业一直发展相对滞后，而建筑业的增长速度甚至超过第二产业的增长速度，成为第二产业发展的先锋队。

从第二产业内部结构占比上看，西藏自治区第二产业内部结构关系发展情形特殊（见图 4 - 7）。二者的历史变化大概可分为如下三个阶段。第一阶段 1978—1992 年，这一期间，建筑业占比总体上呈现不断下降态势，从 1978 年的 66.85% 下降至 1992 年的最低点 42.6%，同时工业占比在这一阶段整体呈稳步

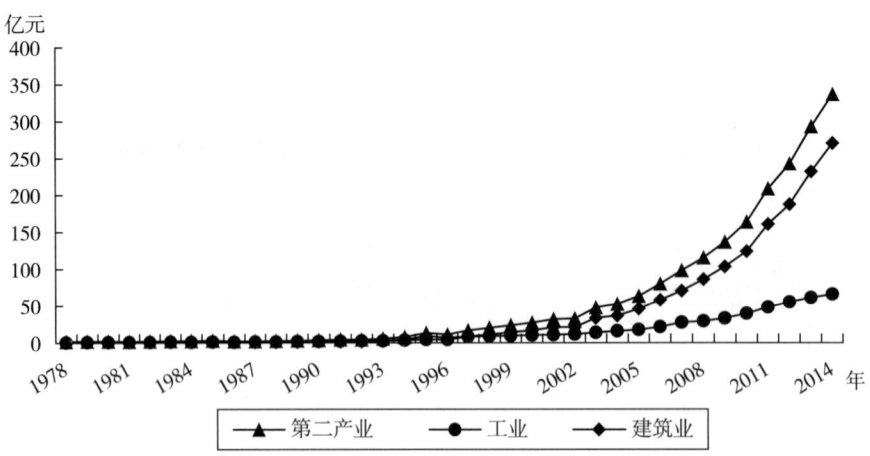

数据来源:《西藏统计年鉴》(1978—2014)。

图 4 - 6 改革开放以来西藏第二产业发展时序

上升趋势,从 1978 年的 33.15% 上升至 1992 年的历史最高点 57.4%;第二阶段是 1992—1997 年,这一期间,建筑业占比经历倒 V 形的曲折上升过渡形态,从 1992 年的 42.6% 上升至 1997 年的 51.66%,中间经历阶段历史最高点 68.96%(1995 年),而工业占比则经历了 V 形曲折下降过渡形态,从 1992 年的 57.4% 下降至 1997 年的 48.34%,中间经历阶段历史最低点 30.87%(1995 年);第三阶段是 1997—2014 年,这一期间,建筑业占比稳步上升,从 1997 年的 51.66% 上升至 2014 年的 80.36%,而工业占比则是持续下降,从 1997 年的 48.34% 下降至 2014 年的 19.64%。需要说明的是,1987—2014 年,只有在 1987—1992 年,第二产业内部的工业占比大于建筑业占比,其他年份均是建筑业占比大于工业占比。特别是 1997 年以来,二者的差距不断扩大,如在 1997 年,建筑业占比为 51.66%,工业占比为 48.34%,建筑业占比仅比工业占比多出 3.32 个百分点,而到了 2014 年,建筑业占比增加至 80.36%,成为第二产业的主导行业,同时工业占比下降至 19.64%,二者的差距扩大为 60.72%。可见,当前西藏第二产业发展缓慢的主要原因在于以制造业为主体的工业发展水平低下,因此,今后西藏工作重点方向之一是加快发展以特色优势制造业、矿业为代表的工业,强力拉动第二产业增长,促进西藏经济的跨越式发展。

需要指出的是,西藏经济的产业结构表现为由初级结构"一二三"演变为"三二一"的高级结构,不能简单地说西藏已进入中等发达阶段,这种特殊的演变恰恰说明了中央对西藏总体供给模式的催化效果,是西藏这个非典型经济二元结构的特殊现象。2014 年,第三产业占地区生产总值的比重为 53.48%,

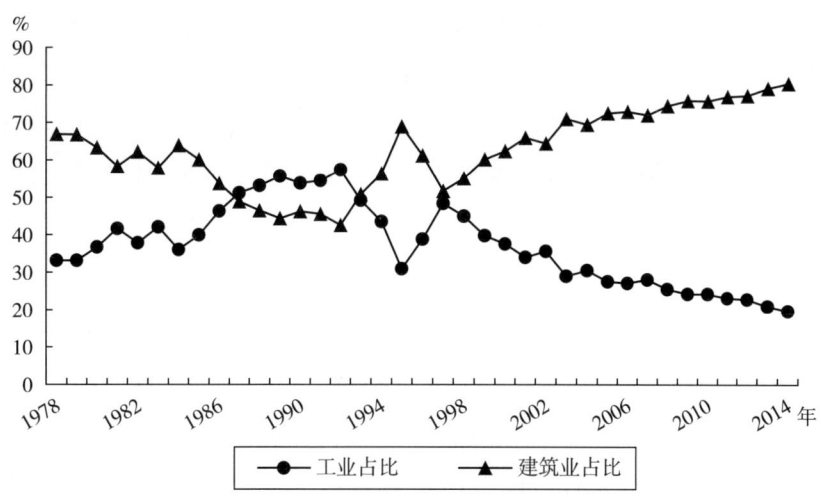

数据来源:《西藏统计年鉴》(1978—2014)。

图 4 - 7　改革开放以来西藏第二产业内部结构时序

远远超过第二产业占比 36.58% 以及第一产业占比 9.94%,但是就第三产业的内部构成来看,第三产业中的交通运输仓储及邮电通信业、批发零售贸易及餐饮业、教育文化艺术及广播电影电视业、国家机关政党机关和社会团体等行业的产值占第三产业的 70% 以上,这些行业均是非生产性的,说明非生产性因素是推动产业结构演变的关键动力,而金融、房地产、科研服务等行业所占比重较低,因此这也同时说明西藏经济的产业结构由"一二三"到"三二一"的演变,其实并不是产业结构高级化的过程,而只是中央对西藏总体供给模式的催化效果。从统计数据来看,1990—2014 年中央累计补助西藏财政收入 6326.67亿元,占同期西藏财政总支出的 92.68%,2014 年,中央补助西藏 1034.8682亿元,占西藏财政总收入的 86.27%,同时,西藏的财政支出主要用于公共服务与社会管理、科教文卫、交通运输与国土资源等非生产性领域,这是与这些非生产性行业产值较高相符的,可见,中央总体供给模式对西藏产业结构变迁的重要作用。另外,总体供给模式上的诸多制度安排与创新也是西藏产业结构特殊演变的推动力,如中央面向西藏专门召开的座谈会多次提出并决定直接或间接地投资于能源、交通、文教、卫生等第三产业的领域,从而促使西藏产业结构特殊的"高级化"。

西藏产业结构演进的特殊性表现在产业结构的演变与相对应的就业结构的演变严重不匹配。由上述分析可知,改革开放以来,西藏经济的产业结构由"一二三"演变为"三二一"的高级结构,但是其就业结构一直保持"一三二"

型，没有发生变化。由图 4 – 8 可知，第一产业的就业比重总体上处于下降状态，由 1978 年的 82% 下降到 2014 年的 43.9%，而第二、第三产业总体处于上升状态，第三产业相对第二产业上升得较快，但当前，第一产业仍然是劳动力聚集最多的产业。这就说明西藏在产业结构发展变化过程中其劳动力转移受阻，至于这种劳动力受阻的原因，除与西藏当地的上游产业不发达有关以外，笔者认为最主要的原因是西藏第三产业的快速发展是中央对西藏实行总体供给模式的结果，中央的这种总体供给模式才是西藏劳动力转移受阻的真正原因。这是因为在这种总体供给模式主导下，西藏各经济产业的发展相互独立，不像一般经济体内生自发成长那样，各产业是一种相互依存相互依赖的关系，整个经济体是一个有机的系统，因此，在西藏经济产业发展过程中，西藏没有发生从农业中积累资本发展工业的情形，也没有发生工业反哺农业的典型经济现象。需要指出的是，根据配第—克拉克定理，随着国民经济的发展，人均国民收入的提高，劳动力会首先由农业向工业和建筑业转移，而随着国民收入的进一步提高，劳动力会向第三产业转移，但从西藏各产业就业结构来看，西藏农业劳动力的人口在减少，但第三产业的就业人员要比第二产业就业人员增长得要快，且当前第三产业的就业比重远远大于第二产业的就业比重，这主要是中央总体供给模式作用于西藏经济的结果，近年来，中央的总体供给模式一直在推动第三产业的发展，这就导致了第三产业就业人员增长明显快于第二产业从业人员的增长。

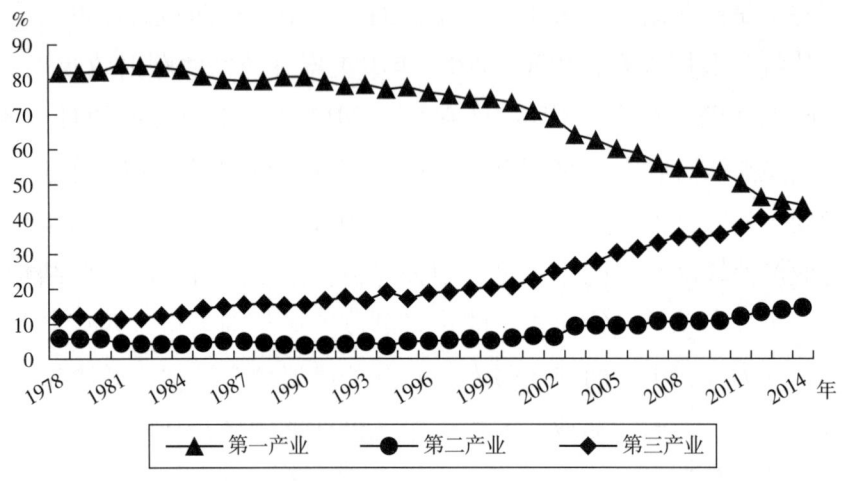

数据来源：《西藏统计年鉴》（1978—2014）。

图 4 – 8　改革开放以来西藏三次产业就业结构时序

4.3.5 西藏非典型二元经济结构的特殊性分析

4.3.5.1 西藏非典型二元经济结构的内涵剖析

20 世纪 80 年代末，学者孙勇提出西藏非典型二元结构的论断，认为西藏经济的二元结构不同于典型的二元经济结构，而是非典型的二元结构，这种非典型二元经济结构表现为如下几点：（1）西藏现代工业发展的非典型性。考察西藏经济的发展历程可以发现，西藏的现代工业是在中央财政的扶持下建立发展起来的，而不像典型经济体那样通过压低农产品价格提取工业化所需资本积累的方式发展现代工业。（2）西藏经济部门之间发展差异巨大且彼此绝缘。在外力主导下的西藏现代工业的发展，使西藏经济形成了两个结构完全不同的经济部门，一个是生产技术相对先进、劳动生产率相对较高、人均产值也比较高的现代工业部门，另一个是生产技术相对落后、劳动生产率相对较低、人均产值也比较低的传统农牧业部门，而且这两部门之间的关联性较小，不存在一般经济系统内工业反哺农业等典型现象，呈现彼此分割、分裂的状态，两个部门的文化观念、生产方式等也差异较大。（3）西藏经济部门对经济增长贡献的非典型性。典型的二元经济状态是现代部门的产值大于传统部门的产值，国民收入主要来自现代部门集中的城市。而在西藏，以工业为代表的现代经济部门的产值却小于以农牧业为代表的传统经济部门的产值，如在 2014 年，西藏全区农村社会总产值为 195.46 亿元，而工业总产值为 151.67 亿元，农牧业总产值大于工业总产值，表现为国民收入主要来自农村的情况，这是非常少见的经济现象。笔者认为，造成西藏这种非典型二元经济结构的根本原因在于：西藏的经济发展具有特殊性。一般而言，典型二元结构经济表现为农业优先发展，而后工业发展所需的资本均是来自自身农业的积累，从而形成比较完备的具有现代特征的经济体系，而西藏经济是在中央政府主导式的外生力量推动下发展起来的，是具有一定"计划性"特征的经济发展体系。具体来说，它是依靠中央和兄弟省市大量外生的资源援助而产生的，并不是经过自身所积累资本发展工业而产生，它的发展演变缺乏一般经济体所必经的自然发育与成长的过程，从而缺乏来自其内在潜存的驱动力与活力，这种经济体系极不稳定，一旦这种外生的供给中断，它的运行就可能会受严重影响。从制度经济学上看，西藏非典型二元经济结构是中央政府对西藏总体供给模式的外在表象，也是中央对西藏长期总体供给模式的必然结果。因此，在短期内，破解西藏这种非典型二元经济结构也必须依赖于中央对其总体供给模式的后继制度安排与创新。

同时，在经济全球化与全国对外开放不断深化的背景下，西藏非典型二元经济结构的转型已成为不可逆转之势。从西藏发展的历史与未来路径看，西藏和平解放以前，只有农牧业处于原始的"混沌一元经济结构"，随后在中央政府的扶助下，逐步形成了当前的"非典型二元经济结构"，着眼于未来，西藏经济结构应是向典型的"二元经济结构"发展演变，最终与典型经济体一样，进入具有现代性质的"一元经济结构"最高级的发展阶段，这种趋势是不可阻挡的，但过程绝对是长期的、曲折的以及复杂的，因此，中央政府必须意识到消除西藏非典型二元经济结构是一个长期的系统工程，不可能在短期完全破解，就西藏目前所处经济发展阶段现实看，只有坚持在"重点区域性—特色产业"增长极的带动下，加快西藏小城镇建设，加大教育投入力度，提高劳动力素质，才能不断推进西藏经济结构的演变进程。

需要指出的是，西藏非典型二元结构特征还表现为社会运行机制的非典型二元结构。自从1959年民主改革以后，占西藏主导地位的社会运行机制是社会主义制度，包括社会主义文化、经济政策、民族政策等，且诸多部分均已以法律的形式确立下来，但原有的封建农奴制旧意识形态依然存在，且对当下西藏经济社会发展产生着不可忽略的影响，在一定程度上长期制约西藏非典型二元经济结构的破解进程，从而减缓西藏现代化建设的步伐。笔者认为，这种非典型二元结构的社会机制仅是过渡阶段，随着社会主义制度优越性的逐渐显现，这种非典型二元结构的社会机制会渐渐演变为一元的社会主义制度形态。

4.3.5.2 西藏非典型二元经济结构的测度及与全国的比较

一般考察一个国家或地区二元经济结构转化程度的指标通常有比较劳动生产率、二元对比系数以及二元反差指数指标。其中，比较劳动生产率是指一个部门的产值比重同劳动力比重的比率，比较劳动生产率的差别越大，二元性就越强，经济就越落后；二元对比系数是二元经济中农业和非农业比较劳动生产率的比率，二元对比系数越小，就表明两部门的差别越大，即二元性越强，经济越落后，二元对比系数理论上处于 0 ~ 1；二元反差指数是部门收入比重与劳动力比重之差的绝对数，二元反差指数理论上也处于 0 ~ 1，与二元对比系数相反，反差指数越小，农业和工业的差距越小，经济二元性越弱。根据 1978—2014 年西藏经济发展的实际情况，在此对西藏二元经济结构的演化趋势做如图 4 - 9 分析。

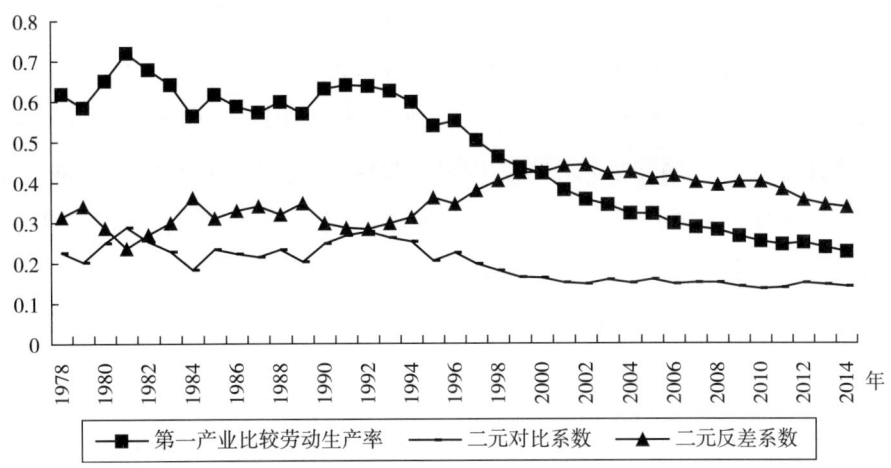

数据来源：《西藏统计年鉴》（1978—2014）。

图 4 - 9　西藏 1978—2014 年二元经济结构测度

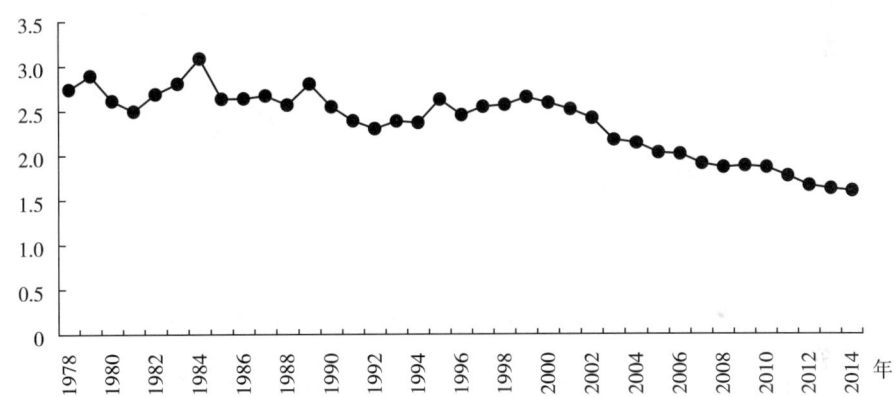

数据来源：《西藏统计年鉴》（1978—2014）。

图 4 - 10　西藏 1978—2014 年第二、第三产业比较劳动生产率测度

　　总体上看，在 1978—2014 年，西藏的二元经济结构演化经历了一个由加强到稳定的过程，二元经济结构强度依然显著。从比较劳动生产率看，西藏的第一产业的比较劳动生产率从 1978 年的 0.618 先上升到 1981 年的 0.719，尔后逐步下降到 2014 年的 0.227，呈下降态势（见图 4 - 9）；第二、第三产业的比较劳动生产率从 1978 年的 2.588 上升至 1984 年的 3.08，然后逐渐下降至 2014 年的 1.60 左右，呈先上升后下降趋于平缓的态势（见图 4 - 10）。从二元对比系数看，西藏的二元对比系数总体上也是呈平缓下降势态，从 1978 年的 0.226 上升到 1981 年的 0.288 后开始平缓下降，在 1999 年之后二元对比系数趋于稳定，在 1978—2014 年，二元对比系数一直在 0.13 ~ 0.29 范围内波动，总体比较平稳。从二元反差系数来看，西藏的二元反差系数的变化大致分为两个阶段：1978—2002 年呈总体上升状态，从 1978 年的 0.313 逐步上升（个别年份有下降的情形），到 2002 年，开始缓慢下降，一直下降到 2014 年 0.338（见图 4-9）。

从上述指标的变化情况看，西藏 1978—2014 年的二元经济结构的演化大致分为两个阶段：1978—1998 年为二元性急剧加强阶段，这一阶段的三种参数都呈现出急剧变化；在 1999—2014 年，西藏的二元经济结构逐步趋弱，第一产业的比较劳动生产率，第二、第三产业的劳动生产率以及二元反差指数均处于下降趋势。

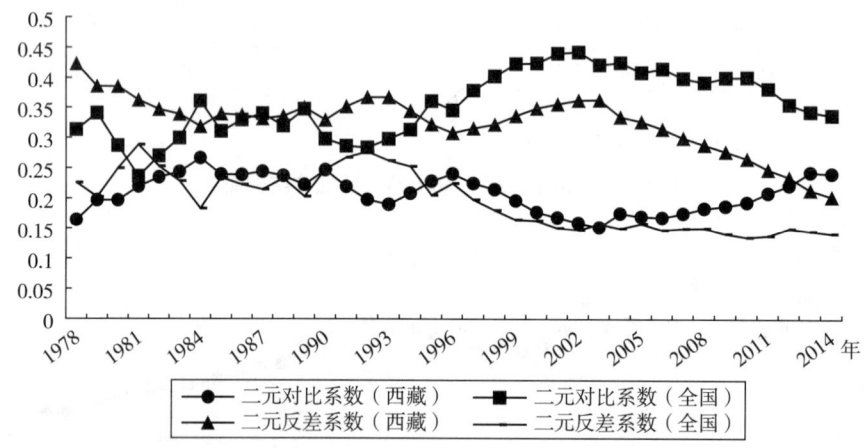

数据来源：《西藏统计年鉴》（1978—2014），《中国统计年鉴》（1978—2014）。

图 4-11　西藏和全国 1978—2014 年二元经济结构测度对比

1978—2014 年，西藏二元对比系数处于 0.13~0.29，低于全国的同期水平，更远低于发展中国家 0.31~0.45 的平均水平；同时，西藏的二元反差系数总体上一直高于全国水平，特别是 2004 年以来，二者差距有增大之势（见图 4-11）。且传统部门劳动生产率远低于现代部门劳动生产率，二元结构明显，与此同时，第二、第三产业比较劳动生产率总体呈下降趋势，表明非农业部门吸纳劳动力不断增强，但第一产业比较生产率也呈下降趋势，表明劳动力在产业间转移速度低于产业结构变动，就业结构转移严重滞后于产业结构变动，使二元结构更为突出，这就表明西藏整体二元经济并没有得到根本性的转换，对比全国平均水平，其二元经济结构性严重，强度显著。

4.3.6　西藏经济增长驱动力的特殊性分析

一般来说，一个地区的资源禀赋是地区经济增长的源驱动力。西藏地处青藏高原，具有天然资源禀赋的特殊性，主要表现在其所拥有的丰富资源与特色优势产业上。西藏是中国重要的战略资源储备基地，矿产资源十分丰富，拥有青稞、牦牛等高原特色农产品生产基地，农牧业产业化开发潜力巨大，也是中华民族特色文化保护地，藏传佛教文化浓郁，圣湖、雪山等自然观光资源丰富，文化、自然旅游资源富集。富集的各类特色自然、人文资源为西藏经济发展奠定了良好的资源禀赋基础。同时，在特色优势产业方面，西藏农牧产品、生物医药、文化资源、自然生态等特色资源极具产业化开发价值，独具优势的矿产资源、水电资源具有更加诱人的规模化开发前景。目前，西藏优势矿产资源主要以铜、铅锌、钼、锑等为主，优势水电资源主要分布在藏东南的雅鲁藏布江、怒江、澜沧江和金沙江干流，特别适合大规模开发和集中外送。随着西藏"一产上水平、二产抓重点、三产大发展"经济发展战略的加快实施，其特色优势产业必将发展壮大。

从总需求角度对经济总量进行核算，GDP 由投资、消费、政府购买及进出口构成，即经济总量 GDP 等于投资总额、消费总额、政府购买总额以及净出口总额的加总和。因此，从理论上讲，投资、消费、政府购买及进出口均为经济增长的驱动因素，但它们对经济增长的相对重要程度要视不同的经济体而异，一般对于我国这样投资驱动型经济体来说，投资对经济增长的作用最为重要，对于美国这样消费驱动型国家来说，消费对其经济增长的作用则最为重要。西藏自治区经济的发展一直是在中央统一部署下进行的，因此政府在西藏自治区经济增长过程中起到决定性作用，这具体表现在投资拉动和中央财政支撑是西藏经济发展的主要驱动力。

改革开放以来，投资是西藏经济增长的主要驱动力量，1978—2014 年，从 1978 年的 6.65 亿元增长到 920.83 亿元，增长 138 多倍，年平均增长 14.68%；全社会固定资产投资由 1.85 亿元增长至 1119.73 亿元，增长 605 倍，年均增长 19.47%，占地区生产总值比重由 27.82% 增长至 121.60%，远远高于全国平均水平；同期，消费由 2.45 亿元增长到 364.51 亿元，增长 148 倍，年均增长 14.91%，占地区生产总值比重由 36.84% 降至 39.58%；对外贸易方面的进出口虽增长十分迅速，但其占地区生产总值比重远低于投资占比。可见，改革开放以来，投资的增长速度不仅要快于经济总量的增长速度，且现已成为经济增长的主要拉动力量。投资成为西藏经济增长的主要驱动力量与西藏特殊的区情有很大关系，据统计，截至 2014 年底，乡村人口占总人口比重为 74.25%，西

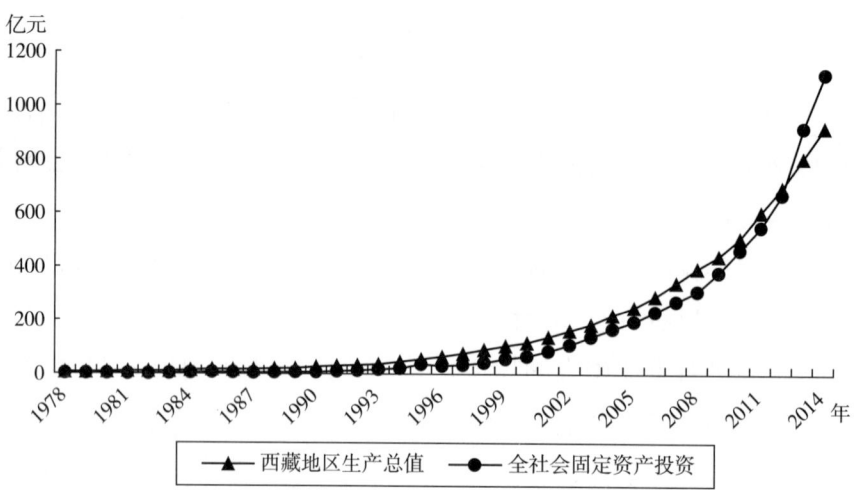

数据来源：《西藏统计年鉴》（1978—2014）。

图 4 – 12　改革开放以来西藏地区生产总值与投资发展时序

藏第一产业从业人员比例达 43.9%，又由于大部分农牧区市场经济落后，还处在半自然经济状态，甚至一些边远农牧区还处在自然经济状态，因此，在短期内，西藏区内的消费需求难以充分启动，经济只能靠投资需求来拉动。需指出的是，据统计，西藏和平解放以来，1951—2014 年，西藏自治区总计创造地区生产总值 6825.56 亿元，全社会固定资产投资累计 6010.52 亿元，累计平均占比 88.06%，而 2014 年的固定资产占地区生产总值比例为 121.60%，大于累计平均占比，投资率有上升趋势，而同时消费率有所回调，可见，投资对经济增长的作用随着时间的推移越来越重要。值得说明的是，1951—2012 年，国家投资累计 2222.76 亿元，占总投资的累计平均比例为 55.95%，而 2012 年与 2013 年的国家投资占比均小于累计平均占比，由此可知，随着西藏经济自生能力的提升，政府这只有形的手在其中的作用将越来越小，相对应市场这一只无形的手在其中的作用将越来越大，这是符合市场经济运行规律的。

一直以来，中央财政支援是西藏经济增长的源泉。据统计，1990—2014 年中央累计补助西藏财政收入 6326.67 亿元，占同期西藏财政总支出的 90.53%，期内年均增长 20.14%，高于全国财政收入同期年均增长 18.05%。如图 4 – 13 所示，1990 年以来，西藏地区生产总值与财政收入稳步增长，特别是在 2001 年第三次座谈会以后，地区生产总值与财政收入进入快速增长时期，且在 2009 年，财政收入与中央补助财政收入双双超过地区生产总值；2010 年第五次西藏座谈会以后，中央还规定 17 个对口支援省市财政收入的 1‰用于支持西藏经济建设和民生改善；2014 年，西藏地区生产总值实现 920.83 亿元，财政总收入高达 1199.62 亿元，其中中央补助为 1034.87 亿元，占总收入比例为 86.27%，可见，中央补助是西藏财政收入的主体，也是其经济增长的源泉所在。在财政支出方面，其与地区生产总值的变化关系与财政收入相类似，也是 2009 年超过地区生产总值，2014 年时西藏财政支出 1240.27 亿元，主要用于公共服务与社会管理、科教文卫、农林水利与环保、社会保障与就业、交通运输与国土资源等基础设施领域，在投资乘数的作用下，2014 年西藏全区社会消费品零售总额达 364.51 亿元。

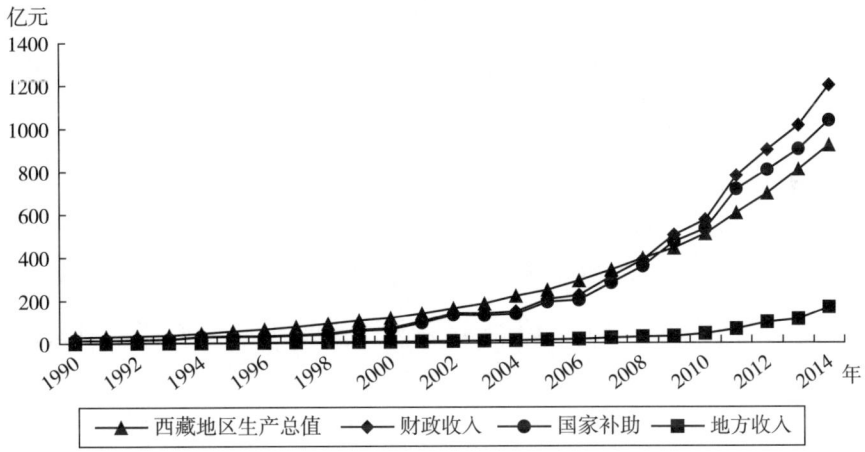

数据来源：《西藏统计年鉴》（1990—2014）。

图 4 – 13　1990 年以来西藏地区生产总值与财政收入发展时序

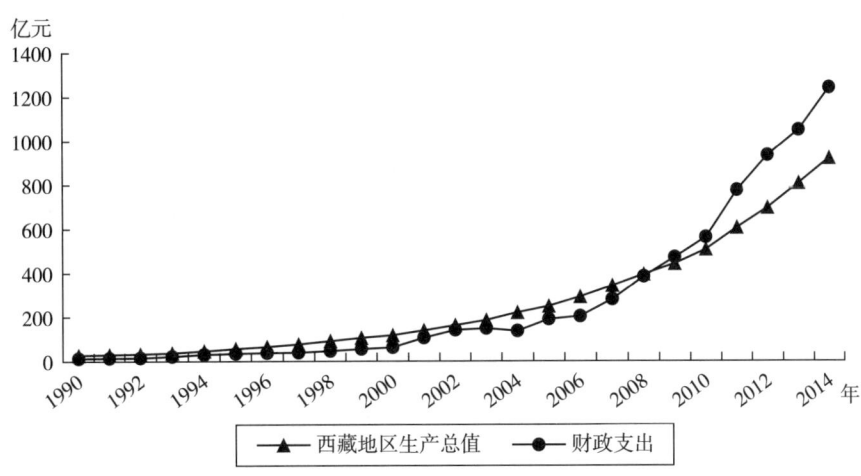

数据来源：《西藏统计年鉴》（1990—2014）。

图 4 – 14　1990 年以来西藏地区生产总值与财政支出发展时序

4.3.7 西藏经济发展外部性的特殊性分析

由于西藏的特殊性，西藏不可能像内陆省份一样专心致力于经济发展，必须付出较大的人力物力财力进行反分裂斗争，维持西藏稳定；从国家层面上看，中央政府也必须用大量资金支持西藏经济社会的稳定发展，这是因为西藏经济社会稳定对我们整个国家经济社会发展具有重要的正外部性，即西藏经济社会稳定有利于祖国边疆的安全、全国民族的团结以及国家的长治久安与可持续发展。

同时，西藏经济发展外部性的特殊性还体现在西藏财政支出与投资均大于地区生产总值的特殊情形。从理论上讲，对一个国家来说，在支出法下 GDP 包括消费、投资、政府支出以及净出口，其中投资又包括固定资本形成总额和存货增加两个方面，因此，一般情况下，国家层面的地区生产总值核算可以运用支出法公式进行核算，即 GDP = 消费 + 投资 + 政府支出 + 净出口（出口额 − 进口额），其中，固定资产投资、政府支出可以直接计入 GDP。可见，对一个国家来说，一定时期内的地区生产总值一定会大于固定资产投资或政府支出。但对于一个国家内的地区来讲，这种情形会有所不同，因为该地区与其他地区间的商品与服务流通也是一种"进出口"，该"进出口"必须连同国家间的进出口一并核算计入该地区的 GDP，因而在使用支出法对地区 GDP 进行核算时，公式将变为：地区生产总值 = 消费 + 投资 + 政府支出 + 地区间的净流出（流出 − 流入）+ 净出口；为更好地理解支出法公式内在的变化，在此举一案例，假设一国家内某地区投资 10 万元从其他地区买入固定资产，该 10 万元固定资产将通过固定资本形成项目计入地区 GDP，但它同时也属于地区外流入项目，必须从地区间的净流出中扣除，如此这 10 万元的投资便没有引起该地区生产总值增加，地区生产总值没有变化，从投入产出的角度讲，这笔 10 万元的投资便是无效投资，可见从理论上看，在某地区表现为地区商品与服务净流入的情况下，某地区有可能出现地区生产总值小于固定资产投资的情形，若出现这种情形也在一定程度上侧面反映了该地区投资效率低下。下面来看西藏的情形，例如 2012 年西藏地区生产总值为 695. 58 亿元，全社会固定资产投资总额为 709. 98 亿元，财政支出 933. 97 亿元，易见，西藏当前的投资与财政支出均大于地区生产总值。从支出法核算角度看，西藏 2011 年最终消费支出 373. 35 亿元、资本形成总额 542. 57 亿元、货物和服务净流出 − 310. 09 亿元。可见，西藏经济的货物和服务净流出表现为负值，就西藏的特殊现实来看，这种逆差主要是由于西藏的生产资料和生活用品大部分从内地购进（构成地区外流入项抵消投资与政府支出项），大量的固定资产投资与政府支出没有在西藏当地形成所致，这就解释了西藏区域为什么会出现固定资产投资、政府支出大于地区生产总值的特殊情况，大规模的固定资产投资与政府支出虽然在西藏国民经济核算时计入地区生产总值，但由于西藏不是封闭式经济体，大规模的投资与政府支出从内地购进生产资料导致了大规模商品与服务的地区外流入，这就抵消了西藏国民经济核算支出法下固定资产投资项与政府支出项的增加额，最终导致大规模固定资产投资与政府支出其实并未在西藏当地形成产出，由此可知，由于西藏大量的生产资料要从地区外买入，因此对于西藏的大规模投资会对邻边省份产生外溢性的正向外部性，会对相邻与相关省份的经济增长产生较大贡献。

可见，西藏货物和服务净流出为负是西藏财政支出与固定资产投资均大于地区生产总值特殊情形的直接原因，而西藏生产资料和生活用品大部分从内地购进是西藏货物和服务净流出为负的主要原因，另外，由外来经商务工人员及公职人员春节前回内地休假所导致的居民区外消费比重较大以及企业资金余额向总部上存等因素也是西藏货物和服务净流出为负值的重要原因。值得说明的是，西藏自治区这种较大逆差的实际意义在于为满足西藏区内经济建设、生产发展、人民生活的需要，内地向西藏输进了大量的物资和服务，是全国对西藏发展大力支持的体现。

4.4 西藏基础设施投资现状分析

4.4.1 基础设施投资总体现状分析

根据前文第二章对于基础设施投资的界定，在此将着重分析交通运输、邮电通信、能源供给、文化教育、科学研究、环境卫生以及社会福利业的投资情况。1985年以来，西藏基础设施建设取得较大进展，1985—2014年累计投资额达2650.60亿元，其中硬基础设施投资2270.01亿元，占比85.64%，软基础设施投资380.59亿元，占比14.36%。可见，一直以来，西藏硬基础设施投资占主体地位，软基础设施投资相对薄弱。在增长速度上，1985—2000年基础设施投资增长缓慢，但第四次西藏座谈会以后增长迅速，由2001年的37.34亿元增长至2014年的523.33亿元，增长14.02倍，年均增长22.52%（见图4-15）。

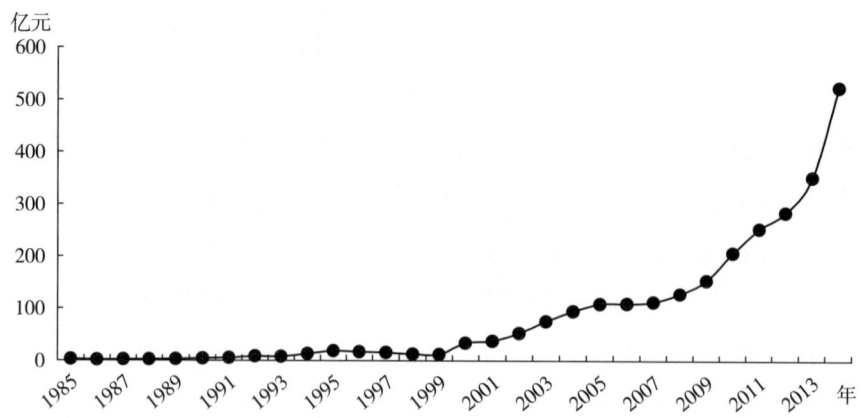

数据来源:《西藏统计年鉴》(1985—2014)。

图 4 - 15 1985 年以来西藏基础设施投资时序

从投资结构来看,1985—2014 年,对交通运输仓储与邮电通信业的投资最大,占比为50.41%,对电力、煤气及水的生产与供应业的投资占比其次,占比为31.20%,排名第三位的为教育行业投资,占比为 7.34%,而对科学研究、技术服务和地质勘查业的投资规模最小,占比仅为1.27%(见图 4 - 16)。

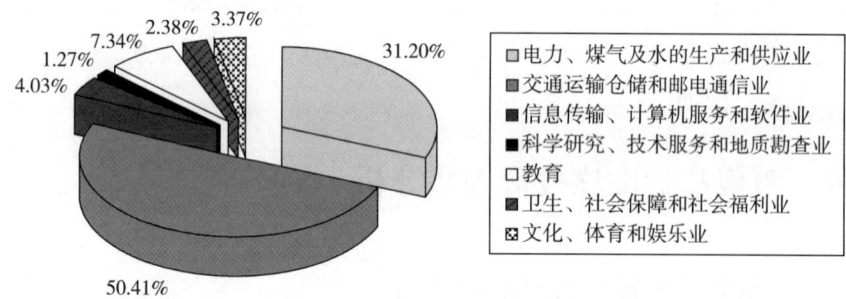

数据来源:《西藏统计年鉴》(1985—2014)。

图 4 - 16 1985 年以来西藏基础设施投资结构累计占比

4.4.2 "硬基础设施"现状分析

根据本章的界定,硬基础设施包括交通运输业、邮电通信业、能源供给业等,限于数据的可得性,此处将着重对交通运输仓储和邮电通信业、电力、煤气及水的生产和供应业进行存量与流量分析。

4.4.2.1 存量分析

1. 交通运输仓储和邮电通信业

截至 2014 年末，西藏自治区自 1985 年以来交通运输仓储和邮电通信业固定资产累计投资 1336.19 亿元，占全社会固定资产累计投资 22.34%。公路通车里程 75470 公里，公路养护 68042 公里，桥梁 7892 座，渡口 1 处。2014 年，全年实现客运总量 1934.55 万人次，其中公路运输完成 1408 万人次，铁路运输完成 211.41 万人次，航空运输完成 315.14 万人次。同时，全年货运量为 1144.02 万吨。同时，由于西藏的特殊性，西藏铁路货运量 508.71 万吨，公路 1871 万吨，两者处于全国最低水平。

截至 2014 年末，西藏自治区全区邮电局所总计为 281 个，邮路总长度 19018 公里，农村投递路线 104314 公里，局用交换机容量 1287000 门，邮政主要设备车辆 552 辆，2014 年全年实现邮电业务量为 470765 万元，其中，邮政业务量 16400 万元，电信业务量 454365 万元，函件 391 万件，包件 16 万件，报刊期发数为 48 万份。年末区内电话数总计 352000 户，其中，移动电话用户 2918000 户，农村电话数 6000 户。截至 2014 年末，全区电话与互联网普及率分别达 106 部/百人和 70.7%。

2. 电力、煤气及水的生产和供应业

截至 2014 年末，西藏自治区自 1985 年以来电力、煤气及水的生产和供应业固定资产累计投资 827.09 亿元，占全社会固定资产累计投资 13.83%。截至 2012 年末，西藏拥有电力、热力的生产和供应业企业总计 4 个，其工业总产值为 102035 万元，发电量达 26.22 亿千瓦时；拥有自来水生产和供应业企业 1 个，其工业总产值达 11535 万元。截止 2014 年末，西藏全区发电量达 32.22 亿千瓦时，全区县城供水普及率达 75%。

4.4.2.2 流量分析

1. 交通运输仓储和邮电通信业

1985—2014 年，交通运输仓储和邮电通信业固定资产投资增长迅速，由 1985 年的 0.86 亿元增长至 2014 年的 214.14 亿元，增长 249 倍，年均增长 20.95%。总体上看，由于投资政策导向的因素，西藏在 1999 年以前交通运输仓储和邮电通信业固定资产投资增长缓慢，而在其后增长迅速。具体来看，1985—1999 年，年均仅增长 8.8%。而 1999—2014 年，年均增长达 32.86%，特别是 2014 年交通运输仓储和邮电通信业固定资产投资规模迅猛增长，同比增长66.42%（见图4-17）。

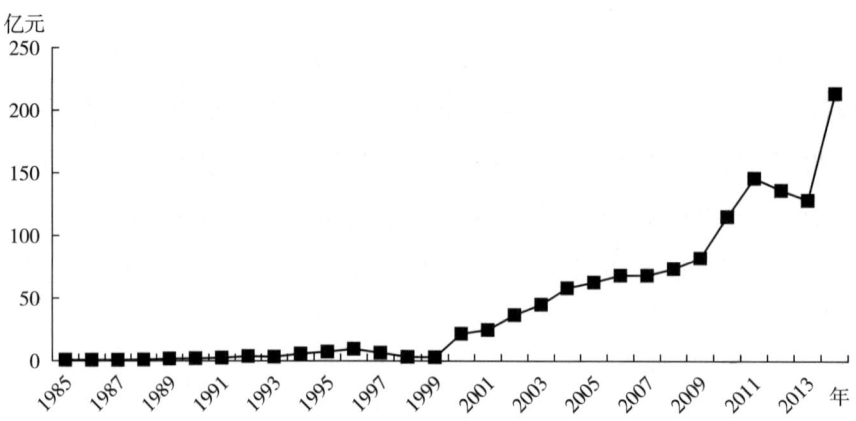

数据来源：《西藏统计年鉴》（1985—2014）。

图4-17　1985年以来西藏交通运输仓储和邮电通信业投资时序

2. 电力、煤气及水的生产和供应业

1985—2014年，电力、煤气及水的生产和供应业固定资产投资表现为前期增长缓慢，2006年以来增长迅速。总体上看，由1985年的0.75亿元增长至2014年的229.27亿元，增长305倍，年均增长21.81%（见图4-18）。具体来看，1985—2006年，年均仅增长14.4%；而2006—2014年，得益于相关政策的刺激，电力、煤气及水的生产和供应业固定资产投资一直保持高速增长态势，年均增长41.21%，2014年，电力、煤气及水的生产和供应业投资达229.27亿元，同比增长达50.62%。

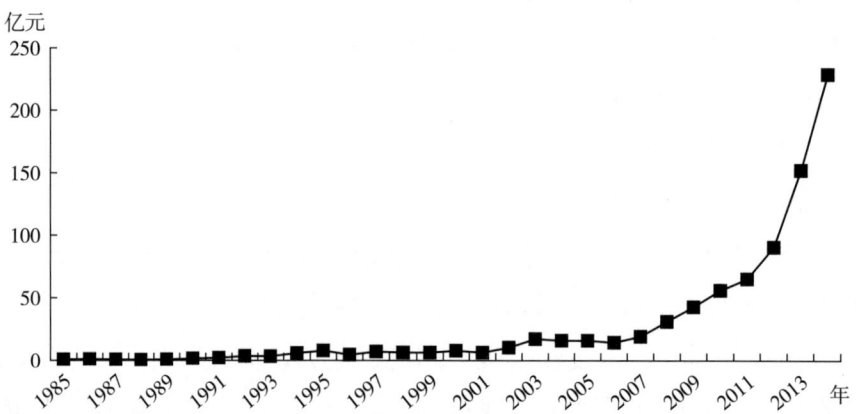

数据来源：《西藏统计年鉴》（1985—2014）。

图4-18　1985年以来西藏电力、煤气及水的生产和供应业投资时序

4.4.3 "软基础设施"现状分析

根据本书的界定,软基础设施包括文化教育、科学研究、环境卫生以及社会福利业等,此处将着重对教育、文化、体育和娱乐业,科学研究、技术服务和地质勘查业,卫生、社会保障和社会福利业进行存量与流量分析。

4.4.3.1 存量分析

1. 教育、文化、体育和娱乐业

截至 2014 年末,西藏自治区自 1985 年以来教育、文化、体育和娱乐业固定资产累计投资 284.02 亿元,占全社会固定资产累计投资 4.75%。截至 2014 年末,教育事业部门数达千所,普通高等学校 6 所,中等学校 134 所,普通中学 125 所,小学 829 所,幼儿园 722 所。从在校人数与在校教职工看,高等学校在校学生数 34902 人,中等专业学校在校学生数 196683 人,普通中学在校学生数 179964 人,小学在校 29.51 万人;同时,高等学校教职工 3640 人,中等学校 15771 人,小学 20287 人,幼儿园 3383 人,各类各级学校总计教师数 40396 人,平均每一教师负担学生数 15.05 个。

从招生与毕业人数看,2014 年,西藏全区高等学校招生 9579 人,中等学校招生 68182 人,小学招生 50885 人;高等教育院校年毕业生数总计 9399 人,其中研究生 290 人,普通本专科生 9109 人,中等职业学校毕业生 6294 人,高中毕业生 16182 人,初中毕业生 41873 人,小学毕业生 46306 人。总体上,全区初中毕业生升学率 60%,小学毕业生升学率 92.2%,小学学龄儿童入学率达99.64%;平均每万人中大学生 110 人,中专生 53 人,中学生 567 人,小学生929 人。

截至 2014 年末,西藏全区文化事业部门机构数为 408 个,其中艺术事业 82个,群众文化事业 320 个,图书馆事业 4 个,2014 年实现报纸出版 198276 千印张,杂志 2301 千册,图书 1302 千册。全区体育系统拥有专职教练员 38 人,社会体育指导员数达 3000 名,等级运动员数为 171 人,国际级裁判员 2 名;拥有体育场馆数量 3705 个,人均体育场地面积达 1.3 平方米。

截至 2014 年末,全区共建群众艺术馆 8 座,公共图书馆 4 座,博物馆 3座,县综合文化活动中心 74 座,乡镇综合文化站 692 座,拥有 1600 多个文化广场。同时,截至 2014 年末,全区共有电视台 2 座,广播电视台 6 座,广播电台 1 座,节目 4 套;广播、电视人口综合覆盖率分别达 94.78% 和 95.91%。

2. 科学研究、技术服务和地质勘查业

截至 2014 年末，西藏自治区自 1985 年以来科学研究、技术服务和地质勘查业固定资产累计投资 33.6 亿元，占全社会固定资产累计投资 0.56%。2014年，科学研究、技术服务和地质勘查业共计投资 11.38 亿元，同比增长 11.2%，其中，研究与实验发展经费支出为 1.46 亿元，占地区生产总值的 0.2%。截至 2014 年末，全区已建立自治区、地（市）、县（市、区）三级科研、推广机构184 个，国有科研机构 33 个；设立国家级与自治区级农业科技园区、重点实验室 33 个，拥有国家级高科技企业 27 家，科技型中小企业 44 家，国家级创新型企业与企业技术中心 5 家；拥有各类专业技术人员 6.58 万人，其中，高级专业技术人员 3637 人，中级专业技术人员 17733 人，初级专业技术人员 41280 人，其他类别专业技术人员 3148 人。同时，西藏气象系统共有 220 个自动气象站，其中有人值守气象站 39 个，无人值守气象站 181 个，天气雷达站 14 个，其中多普勒雷达站 4 个，数字化雷达站 10 个。

3. 卫生、社会保障和社会福利业

截至 2014 年末，西藏自治区自 1985 年以来卫生、社会保障和社会福利业固定资产累计投资 62.97 亿元，占全社会固定资产累计投资 1.05%。2014 年，全区参加各类社会保险的人数达 260.6 万人次，用于社会保障与就业的财政支出达 85.98 亿元，社会保险基金支出 32.6 亿元。截至 2014 年末，全区拥有卫生事业部门数 1432 所，其中医院及卫生院 790 所（医院 114 所、卫生院 676所），门诊部、所 489 个，疾病防控中心 82 个；拥有医院、卫生院床位数 12024张，每千人拥有床位数 3.79 张，卫生技术人员 12946 人，其中，执业医师、助理医师 5617 人，每千人卫生技术人员 4.11 人。

4.4.3.2　流量分析

1. 教育、文化、体育和娱乐业

1985—2014 年，教育、文化、体育和娱乐业固定资产投资经历了盘旋爬升态势。如图 4-19 所示，1985—2005 年，西藏教育、文化、体育和娱乐业固定资产投资平稳增长，由 1985 年的 0.7869 亿元增长至 2005 年的 14.2718 亿元，年均仅增长 15.6%；2005—2013 年，教育、文化、体育和娱乐业固定资产投资则是先下降后上升，且后进入高速增长通道。先是由 2005 年的 14.2718 亿元降至 2007 年的 9.7 亿元，尔后逐步快速增长，一直增长到 2013 年的 50.15 亿元，2007—2013 年增长 5.17 倍，增长速度达 31.5%。不过 2014 年教育、文化、体育和娱乐业固定资产投资仅为 46.01 亿元,同比下降 8.26%。

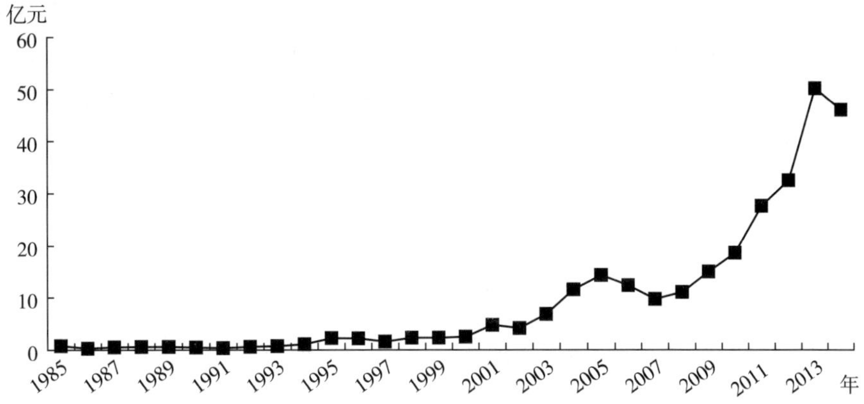

数据来源:《西藏统计年鉴》(1985—2014)。

图 4 - 19　1985 年以来西藏教育、文化、体育和娱乐业投资时序

2. 科学研究、技术服务和地质勘查业

1985—2014 年,科学研究、技术服务和地质勘查业固定资产投资发展变化较为复杂。如图 4 - 20 所示,2000 年以前,西藏科学研究、技术服务和地质勘查业固定资产投资发展变化较为平稳,由 1985 年的 0.1197 亿元增长至 2000 年的 0.4757 亿元,年均仅增长 9%;2000 年以后,科学研究、技术服务和地质勘查业固定资产投资波动幅度较大,但总体为螺旋上升趋势,2000—2012 年,年均增长 17.21%。这一期间波峰为 2012 年的 3.2 亿元,波谷为 2007 年的 0.4 亿元;2012 年以后呈现高速增长趋势,2014 年,科学研究、技术服务和地质勘查业固定资产投资 11.38 亿元,同比增长 34.99%。

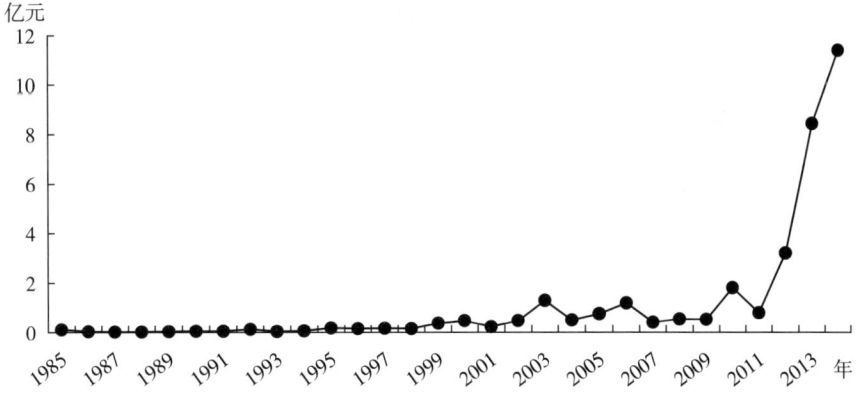

数据来源:《西藏统计年鉴》(1985—2014)。

图 4 - 20　1985 年以来西藏科学研究、技术服务和地质勘查业投资时序

3. 卫生、社会保障和社会福利业

1985—2014 年，卫生、社会保障和社会福利业固定资产投资表现为前期增长缓慢，近期 2008 年以来增长迅速，总体上由 1985 年的 0.3924 亿元增长至 2014 年的 15.64 亿元，增长 39.86 倍，年均增长 13.55%。如图 4-21 所示，整体上看，在 2005 年以前卫生、社会保障和社会福利业固定资产投资增长缓慢，而后有所回调，以后进入高速增长阶段。1985—2005 年，年均仅增长 8.5%，而 2005—2014 年，有所回调后高速增长，年均增长 18.56%，2005—2008 年投资的回调应属于投资增长的正常自然调整，2008 年投资的高速增长应是受国家应对国际金融危机经济刺激政策的影响，特别是 2014 年，卫生、社会保障和社会福利业投资高速增长，同比增长 1 倍多。

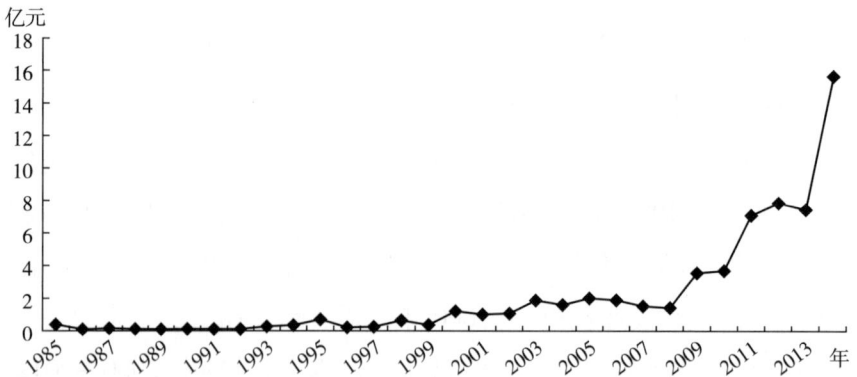

数据来源：《西藏统计年鉴》（1985—2014）。

图 4-21 1985 年以来西藏卫生、社会保障和社会福利业投资时序

4.5 西藏基础设施投资对经济增长的特殊性影响分析

4.5.1 西藏基础设施投资对经济增长影响的理论模型分析

此处从 Ramsey Cass Koop-mans 模型基本假设出发，并选取代表性家庭的效用函数，通过求家庭效用函数最大化得出西藏公共基础设施投资与经济增长率的关系。

假设家庭效用函数为如下形式：

$$u(c(t)) = \frac{c(t)^{1-\sigma}}{1-\sigma}$$

其中，$\sigma > 0$ 且 $\neq 1$，$c(t)$ 是家庭人均消费，假设 ρ 是时间贴现系数，家庭的

生产函数为 $y = f(k)$。

则代表性家庭一生家庭效用的现值为

$$\int_0^\infty u(c(t))e^{-\rho t}dt$$

从而，根据第三章理论分析部分可知，实现代表性家庭效用最大化的均衡条件如下：

$$\frac{\dot{c}(t)}{c(t)} = \left(\frac{1}{\sigma}\right)(f' - r)$$

由上式易知，若生产函数 $f(k)$ 是规模报酬不变的 $y = AK$ 函数，则经济系统平衡增长路径的经济增长率为

$$\gamma = \frac{\dot{c}(t)}{c(t)} = \left(\frac{1}{\sigma}\right)(A - \rho)$$

在不影响分析结果前提下，为使后文模型推倒简化，我们假定初始资本存量为 $k(0)$，$c(0) = k(0)(A - \rho)$，代表性家庭的劳动力投入为 $L(t) = 1$。

由于西藏是一个特殊的经济体，自和平解放以来，西藏一直是在中央政府的大力支持下逐步发展起来的，多年以来国家每年都会对西藏投入大量的财政补贴资金以发展西藏经济，甚至出现中央对西藏的国家补助大于其地区生产总值的情形，因此，此处西藏的生产函数采取把公共基础设施投资专门从资本分离出来的形式，以便考察公共基础设施投资对经济增长的影响。

假设西藏生产函数为 $Y = aK(t)^\alpha G(t)^{1-\alpha}$，其中 $G(t)$ 为公共基础设施投资；同时假设政府财政收入以所得税形式征集，记为 $T(t)$，并将征得的税收用于公共基础设施投资 $\dot{G}(t)$、公共消费 $Cp(t)$、一次性转移支付 $Tp(t)$ 和投资补贴 $\dot{K}(t)$，且设所得税率为 τ、转移支付比例 φ_1、公共消费比例为 φ_2、投资补贴比例为 θ，那么

$$T(t) = \tau aK(t)^\alpha G(t)^{1-\alpha}$$
$$Cp(t) = \varphi_2 T(t)$$
$$Tp(t) = \varphi_1 T(t)$$

从而，

$$Cp(t) = \varphi_2 \tau aK(t)^\alpha G(t)^{1-\alpha}$$
$$Tp(t) = \varphi_1 \tau aK(t)^\alpha G(t)^{1-\alpha}$$
$$i(t) = (1 - \varphi_1 - \varphi_2)\tau aK(t)^\alpha G(t)^{1-\alpha}$$

$$w(t) = (\varphi_1 + \varphi_2)aK(t)^{\alpha}G(t)^{1-\alpha}$$

若假设政府实行平衡预算，则有

$$T(t) = \dot{G}(t) + Cp(t) + Tp(t) + \theta\dot{K}(T) = \dot{G}(t) + \theta\dot{K}(t) + \varphi T(t)$$

其中，$\varphi = \varphi_1 + \varphi_2$

同时，家庭的预算约束如下：

$$C(t) + \dot{K}(t) = [w(t) + i(t)K(t)](1 - \tau) + \theta\dot{K}(t) + Tp(t)$$

因此，可得汉密尔顿函数如下：

$$H(*) = U(C) + \frac{\lambda[-C + (W + iK)(1 - \tau) + Tp]}{1 - \theta}$$

则由最优化条件 $\frac{\partial H}{\partial C} = 0$ 可得：$\gamma = U_c(c)(1 - \theta)$，同时可得

$$\dot{\gamma} = \gamma\rho - (\frac{1 - \tau}{1 - \theta})i$$

$$\dot{K} = \frac{-C + (W + i\dot{K})(1 - \tau) + Tp}{1 - \theta}$$

从而可得如下微分方程：

$$\frac{\dot{C}}{C} = \frac{1}{\sigma}[-\rho + (1 - \alpha)(\frac{1 - \tau}{1 - \theta})aK(t)^{\alpha}G(t)^{1-\alpha}]$$

$$\frac{\dot{K}}{K} = -\frac{C}{K}\frac{1}{1 - \theta} + \frac{1 - \tau(1 - \varphi_1)}{1 - \theta}aK(t)^{\alpha}G(t)^{1-\alpha}$$

因此，由以上方程我们可以得出以下结论，在通常情形下，公共基础设施投资可以直接促进经济增长，同时，公共投资可以通过直接资本形成增加资本存量，进而促进经济的平稳增长。下文我们将通过公共基础设施投资形成资本增加资本存量的渠道实证测算西藏基础设施投资的产出贡献。

4.5.2 西藏基础设施投资的产出贡献分析

Romer 认为，在长期内，技术进步是促进经济增长重要因素，一般来说，技术进步包涵技术创新与运用、经济社会经济制度的变迁等，而在短期内，资本与劳动两个生产要素是促进经济增长的重要因素，因此，理论上看，可以说资本、劳动和技术是影响经济增长的总供给方面的基本因素。本书研究的主题是西藏基础设施投资与经济增长的关系，结合前一节的理论模型分析，在理论

上可将影响经济增长的因素资本进一步划分为基础设施资本与非基础设施资本，因而影响经济增长的因素有技术进步、基础设施资本、非基础设施资本以及劳动力。一般地，劳动与资本是可以进行量化的，但技术进步因素往往是不可量化的，现有的诸多研究都是采取将其隐含在劳动与资本两个因素中的方法，本章此处也是采取这种方法。

生产函数是研究经济增长最基本的方法，在现有研究中已有较为广泛的使用，此处将基础设施资本作为一种生产要素纳入生产函数，以研究其对经济增长的影响，即研究其产出弹性问题。

1. 模型选择

根据柯布—道格拉斯生产函数：

$$Y = AK^{\alpha}L^{\beta}$$

其中，Y：产出；A：技术进步、制度等不可量化的因素；K：总资本；L：劳动力；α 为资本的产出弹性；β 为劳动力的产出弹性，且 $0 \leqslant \alpha \leqslant 1$，$0 \leqslant \beta \leqslant 1$；由于总资本 $K = K_1 + K_2$，其中，K_1 为基础设施资本，K_2 非基础设施资本，即基础设施资本作为生产要素纳入生产函数，因而上式变为

$$Y = AK_1^{\alpha}K_2^{\beta}L^{\gamma}$$

其中，$0 \leqslant \alpha \leqslant 1, 0 \leqslant \beta \leqslant 1, 0 \leqslant \gamma \leqslant 1$

对方程两边同时取对数得

$$\ln Y = \ln A + \alpha \ln K_1 + \beta \ln K_2 + \gamma \ln L$$

t 时刻，方程可表示成

$$\ln Y_t = \ln A + \alpha \ln K_{1t} + \beta \ln K_{2t} + \gamma \ln L_t$$

因此，上式为下面实证分析的理论模型，式中的 α 即为我们所关心的变量，即基础设施投资对于经济增长的贡献弹性。

2. 数据说明

由于受到数据可获得性的限制，本章此处选取的数据时间跨度为西藏1985—2013 年，数据类型为年度数据，其中，地区生产总值选取是采用支出法核算的地区生产总值（亿元），劳动力数量选用就业人员总数 L（万人）。

这里的资本存量利用投资流量数据与永续盘存法测算取得，限于数据的可得性，假定资本形成时间为 1985 年，即基础设施资本 K_1 是由前文所界定的所有基础设施固定资产投资总和测算而得。

测算时采用公式：$K_t = K_{t-1}(1 - \sigma) + I_t$，其中，$K_t$ 为第 t 年的基础设施资本

存量，σ 为固定资产折旧率，I_t 为第 t 年的基础设施投资；非基础设施投资 K_2 用全社会固定资产减去基础设施投资间接取得，测算公式与过程和基础设施资本相同。需要说明的是，固定资产折旧率 σ 根据现有研究，此处假定为 5%。此处的起始年份为 1985 年，初始年的资本存量借鉴 Hall 和 Jones 的做法。即采用公式计算：$K_{1985} = I_{1985} / (g_{1985-2013} + \sigma)$，其中 $g_{1985-2013}$ 为 1985 年至 2013 年的几何平均增长率。另外，GDP 数据采用 GDP 平减指数进行处理，基础设施投资 K_1 与非基础设施投资 K_2 也均采用 GDP 平减指数平滑，以消除物价变动的影响，关于用 GDP 平减指数消除基础设施投资物价影响将在第五章中予以说明。所有数据均来自西藏历年的统计年鉴。

同时，为了计量分析的需要，分别对处理后地区生产总值，资本存量 K_1，K_2，劳动力数量 L 四个变量进行自然对数化处理，分别记为 $\ln gdp$，$\ln K_1$，$\ln K_2$，$\ln_L$。应用的软件为 Eviews6.0，检验数据的平稳性结果如下：

表 4 - 3   变量平稳性检验结果

序列	ADF 检验值	1% 临界值	5% 临界值	10% 临界值	结论
$\ln gdp$	5.2174	-2.6534	-1.9539	-1.6095	不平稳
$\ln k_1$	1.1439	-2.6596	-1.9544	-1.6093	不平稳
$\ln k_2$	2.6802	-2.6534	-1.9538	-1.6095	不平稳
$\ln l$	1.6918	-2.6569	-1.9544	-1.6093	不平稳

由检验结果可知，$\ln gdp$，$\ln L$，$\ln K_1$，$\ln K_2$ 四个变量均不是平稳序列，按照计量经济学中常用方法，在此对四个变量进行一阶差分处理，检验结果如下：

表 4 - 4   变量平稳性检验结果

序列	ADF 检验值	1% 临界值	5% 临界值	10% 临界值	结论
$\ln gdp$	-2.1733	-2.6857	-1.9590	-1.6075	平稳
$\ln k_1$	-4.0769	-1.9544	-1.9544	-1.6093	平稳
$\ln k_2$	-5.8084	-2.6569	-1.9544	-1.6093	平稳
$\ln l$	-4.2099	-4.3560	-3.5950	-3.2334	平稳

由检验结果（表 4 - 4）可知，一阶差分处理后四个变量数据均是平稳的数据序列，这就说明了原序列 $\ln gdp$，$\ln L$，$\ln K_1$，$\ln K_2$ 为同阶单整数据序列，理论上可能存在着长期的均衡关系，即变量间存在着长期协整关系。

3. 模型估计

利用 Eviews6.0 软件对上文的模型进行 OLS 回归得：

$$\ln gdp = 2.1925 + 0.1555 \ln K_1 + 0.2619 \ln K_2 + 0.0252 \ln L$$

$$(3.1118)\quad(3.7474)\quad(4.4687)\quad(3.4685)$$

$$R^2 = 0.9618\qquad D.W = 1.8341\quad F = 201.6657$$

从上面得出的计量方程可以看出，方程整体的解释力很强，模型显著性很好，因为方程拟合优度高达96.18%，F检验值也远远大于零。从变量显著性检验的t检验结果来看，$\ln K_1$，$\ln K_2$与$\ln L$对GDP的影响均显著，因为它们相应的t值均通过了t检验；对方程的残差进行平稳性检验，结果表明残差序列是平稳序列，这就说明了$\ln gdp$，$\ln L$，$\ln K_1$，$\ln K_2$存在着长期的协整关系，上述所得的方程即为长期协整方程。因而可得结论如下：西藏基础设施资本、非基础设施资本以及劳动力数量对地区生产总值均具有显著性的影响，其中，基础设施资本每增长1个百分点，地区生产总值增加0.1555%，即基础设施产出弹性为0.1555；非基础设施资本每增长1个百分点，地区生产总值增加0.2619%；劳动力数量每增长1个百分点，地区生产总值增加0.0252%。从而可知，西藏经济的增长对非基础设施资本存量的变化反应敏感，对基础设施资本存量变化的反应其次，对劳动力的反应最为迟钝。在现有研究中，马栓友（2000）使用相同的生产函数法测算出我国基础设施产出弹性为0.55，朱珠（2007）也用生产函数法测算出江苏省基础设施的产出弹性为0.2543，可见，当前西藏基础设施的产出弹性明显低于全国水平与东部发达省份水平，这从侧面也折射出，经过中央对西藏长期的扶持，虽然西藏在交通、能源等方面的基础设施条件大大改善，但相对于全国与东部省份，基础设施投资的经济增长贡献还是相对不足，基础设施投资的质量有待提高。

4.5.3　基础设施投资对经济增长的特殊性影响分析

改革开放以来，西藏经济增长一直是由投资拉动的，特别是固定资产投资需求是拉动其经济增长的直接驱动力，这是由其特殊区情决定的，下面将基于效益指标与贡献指标进行分析。效益指标往往是衡量投入与产出的关系的指标，投资效益指标顾名思义是指投资支出与投资所得的比例关系，该类指标越大越好，该类指标包括投资效果系数与投资弹性系数；而贡献指标则是衡量部分对整体的贡献程度，该类指标一般存在一个最优值或最优区间，该类指标包括贡献率、拉动系数等。

4.5.3.1　基于效益指标的分析

投资效益是反应投资主体对投资效果的评价指标，用来说明投资效果的满意程度。下面着重从投资效果系数和投资弹性系数两个指标来分析西藏基础设施投资的效益情形。

1. 基于投资效果系数分析

投资效果系数是指一定时期内国内生产总值的增加额与该时期内固定资产投资总值的比例。这里的一定时期一般是指一个年度,该指标是反应投资情况效果的综合指标。该指标的公式如下:

$$投资效果系数 = \frac{\Delta GDP_i}{I_i}$$

其中,ΔGDP_i 是第 i 年的国内生产总值的增加值,I_i 为第 i 年的投资。

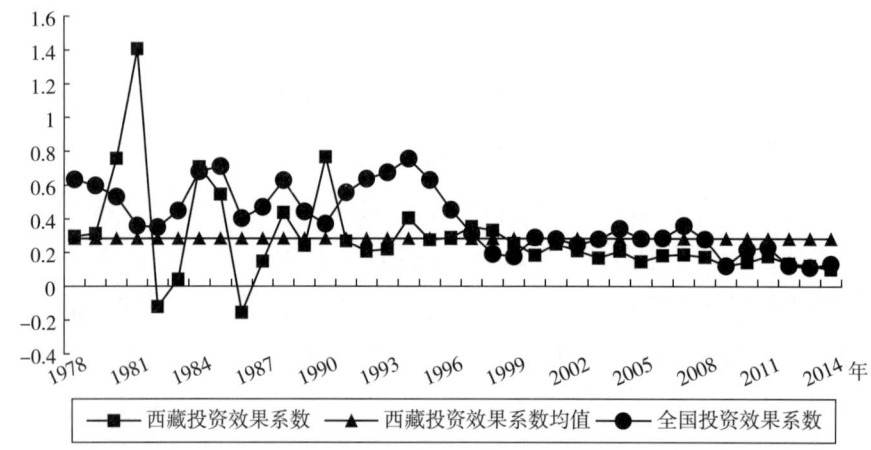

数据来源:《西藏统计年鉴》(1978—2014)。

图 4 – 22　1978 年以来西藏投资效果系数时序

改革开放以来,西藏自治区固定资产投资系数表现为前期波动较大,后期波动小的拖尾现象。从整体看,其呈下降态势,最高波峰出现在 1981 年为 1.41,最低波谷在 1986 年为 – 0.16,波动最大年份是 1982 年,投资系数由最高点跌至 – 0.12,1978—2014 年平均值为 0.28。分阶段看,改革开放至第一次西藏工作座谈会期间,投资系数一路上升;第一次西藏工作座谈会至第二次西藏工作座谈会期间,投资系数经历类 "Z" 形变化路径,先是上升到历史最高点,而后猛降为负值,然后又升至 1984 年的 0.71;第二次西藏工作座谈会至第三次西藏工作座谈会期间,投资系数波幅缩小,波峰为 1990 年的 0.77,波谷为 1986 年的 – 0.16,由于西藏当时发生的大规模骚乱逐步平息,1990 年以后基本维持在平均值附近;第三次西藏工作座谈会至第四次西藏工作座谈会期间,这一期间投资系数较为平稳，只是在平均值附近上下微幅波动；第四次西藏工作座谈会至第五次西藏工作座谈会期间，投资系数呈明显下降趋势，且均处于历史平均水平以下，由2001年0.25一直降至2010年的0.14；2010年以来，投资系数微幅波动，2014年为0.10。

可见，总体上看，1978—1997年，虽然西藏投资效果系数波动较大，但其平均水平一直小于各年全国水平，而在1998—2014年，除少数年份外，各年全国投资效果系数水平均小于西藏平均投资效果系数（见图4-22）；同时，1978—1992年，由于中央对西藏支持力度的加大，投资规模逐年呈现不确定性增长，导致固定资产投资的效果波动较大，而在1992以后，随着中央政府对西藏支持力度的常规化，西藏固定资产投资的效果波动较小，趋于稳定，但呈缓慢下降趋势，如2014年西藏每单位固定资产投资仅带动GDP增长0.10，比1992年下降0.10。分阶段看，由于每次西藏工作座谈会政策导向不同，使得诸次西藏工作座谈会期间固定资产投资的效果呈现差异化的特点。

2. 基于投资弹性系数分析

投资弹性系数是指国内生产总值（GDP）的变化速度与固定资产投资的变化速度之比，它反映了固定资产投资（I）每变动1%而对国内生产总值的影响程度。其计算公式如下：

$$投资弹性系数 = \frac{\Delta GDP_t / GDP_{t-1}}{\Delta I_t / I_{t-1}}$$

总体上看，西藏自治区投资弹性系数除1987年等几个特殊的年份外整体波动幅度较小，其大多数年份波动水平小于全国波动水平（如图4-23所示）。1978—2014年投资弹性系数均值为0.40，即投资每增加一个百分点，GDP增加0.40个百分点。1987年投资弹性为负的原因是那一年由于西藏大规模骚乱引起投资规模微降。投资弹性系数为负的年份总计有五个，特别是在第一次西藏工作座谈会以后三年投资弹性系数连续为负，说明这一期间投资对经济增长起到抑制作用，但这种抑制作用是一直减少的，一直到1983年变为对经济增长的促进作用。总计高于平均值的有25个年份，可见，西藏自治区投资弹性系数多数年份大于0.40，特别是2001年以来，投资弹性平均系数为0.75，远大于历史平均水平，即地区生产总值对投资的反应越来越敏感，或者说投资对经济增长的作用越来越明显。

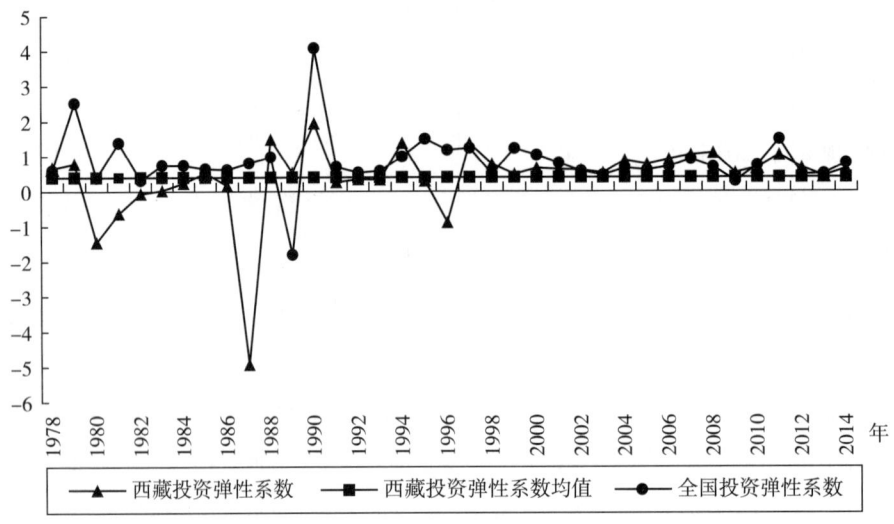

数据来源：《西藏统计年鉴》（1978—2014）。

图 4 - 23 1978 年以来西藏投资弹性系数时序

4.5.3.2 基于贡献指标的分析

贡献指标主要是用以说明部分对于整体的贡献程度，在此主要用以说明投资对经济增长的贡献程度。下面主要用贡献率与拉动系数两个指标分析固定资产投资对经济增长的贡献程度。

1. 基于贡献率分析

投资贡献率是指投资在经济增长中所占的比重，这主要用以衡量投资自身作为 GDP 需求因素构成部分的直接贡献程度，该指标衡量单位 GDP 增量所需投资增量的多寡程度。计算公式如下：

$$投资贡献率 = \frac{\Delta I_t}{GDP_t}$$

西藏自治区投资贡献率的变动特征是前期波动大，后期波动小。同时可以看出，除个别年份外，西藏自治区投资贡献率均大于全国投资贡献率（如图 4 - 24 所示）。特别是在 1987 年以前，投资贡献率波动较大，波峰达 5.38（1983 年），波谷为 - 1.74（1982 年），这也是历史考察样本的波峰与波谷，1982 年、1983 年的投资贡献率之所以波动幅度如此之大，是因为 1982 年经济总量规模有所下降。需要指出的是，1987—1989 年西藏连续三年大规模骚乱导致其投资贡献率均为负值。样本考察期内，投资贡献率平均值为 0.87，即单位地区生产总值增量需要 0.87 单位的投资予以支撑，或者说投资对地区生产总值

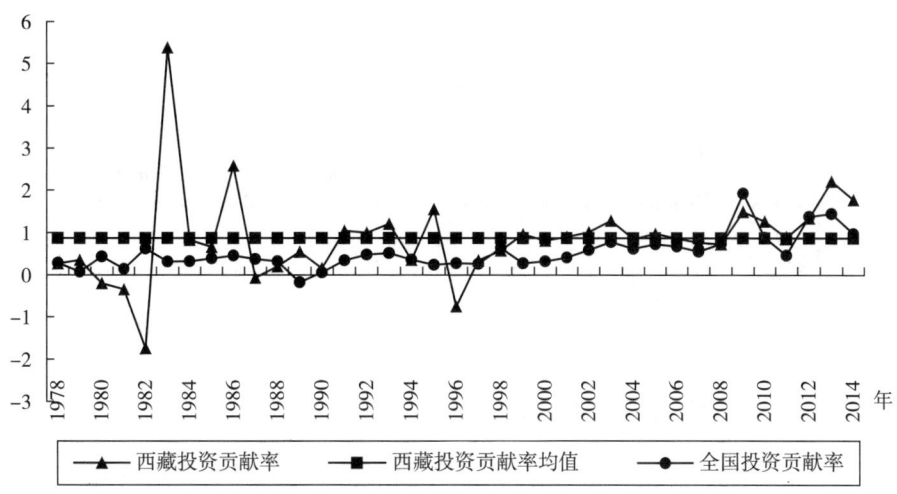

数据来源：《西藏统计年鉴》(1978—2014)。

图 4-24 1978 年以来西藏投资贡献率时序

的平均贡献为 87%。在国家应对金融危机的经济刺激政策的效应下，西藏投资贡献率在 2009 年达 1.49。第五次西藏工作座谈会以来，西藏投资贡献率有上升趋势，2013 年贡献率达 2.21，同比增长 64.89%，而随着我国经济进入新常态，2014 年同比有所下降，投资贡献率为 1.78。

2. 基于拉动系数分析

从总需求的角度看，GDP 构成包括投资、消费、净出口，即经济总量 GDP 等于投资总额、消费总额以及净出口总额的总和。如下式：

$$GDP = CS + I + CT$$

其中，GDP 为经济总量，CS 为消费，I 为投资，CT 为净出口。

上式差分可得，$\Delta GDP = \Delta CS + \Delta I + \Delta CT$

$$\frac{\Delta GDP_t}{GDP_{t-1}} = \frac{\Delta CS_t}{GDP_{t-1}} + \frac{\Delta I_t}{GDP_{t-1}} + \frac{\Delta CT_t}{GDP_{t-1}}$$

从而，投资对于经济增长的拉动贡献为 $\Delta I_t/GDP_{t-1}$，即为拉动系数，也就是说经济增长率由投资拉动的贡献系数为 $\Delta I_t/GDP_{t-1}$。

1978—2014 年，西藏投资对经济增长的拉动系数总体呈波动爬升态势，历史平均值为 11%，且其拉动系数波动率远大于全国的波动水平（如图 4-25 所示）。出现负值的年份有 1980 年、1981 年、1986 年、1987 年和 1996 年，这主要是因为这些年份投资规模出现下降。分阶段看，第一次西藏工作座谈会至第二次西藏工作座谈会期间，投资拉动系数逐步上升，由 1980 年的 -4% 升至

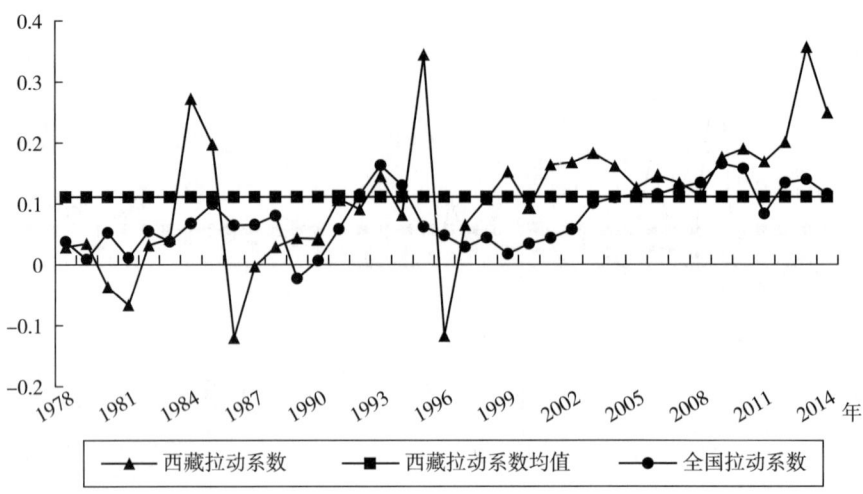

数据来源:《西藏统计年鉴》(1978—2014)。

图 4 – 25 1978 年以来西藏拉动系数时序

1984 年的 27%，这是第一次西藏工作座谈会政策效应显著的体现；第二次西藏工作座谈会至第三次西藏工作座谈会期间，投资拉动系数波动较大，最大值在 1984 年为 27%，最低点在 1986 年为 – 12%，且在 1986 年以后第二次西藏工作座谈会政策措施逐步见效而进入稳步上升阶段；第三次西藏工作座谈会至第四次西藏工作座谈会期间，这一期间投资拉动系数波幅更大，出现历史近高点 34%（1995 年），历史最低点 – 12%（1996 年），这主要是因为在 1995 年西藏投资总量规模出现微降；第四次西藏工作座谈会至第五次西藏工作座谈会期间，投资拉动系数波动较小，平均值为 16%，大于历史平均水平；2011 年以来，随着第五次西藏工作座谈会与西部大开发的相关政策措施到位，投资拉动系数呈上升趋势，2013 年投资拉动系数达到历史最高点 35.65%，但 2014 年投资拉动系数回落为 24.92%。

5 西藏基础设施投资与经济增长的长期均衡分析

本章基于西藏 1985—2014 年数据，实证分析了西藏基础设施投资与经济增长的长期均衡关系。通过对西藏经济增长与基础设施投资建立长期均衡方程分析表明，基础设施投资每增加 1 个百分点，将拉动经济总量增长 0.678 个百分点；建立的误差修正模型表明，西藏基础设施投资效率不高。可见，今后西藏应注重加大基础设施投资特色优势产业方向的力度，优化投资结构，提高基础设施投资效率。格兰杰因果分析表明西藏经济增长是硬基础设施投资与软基础设施投资的增长的原因，反之则不然，与误差修正模型研究结论一致。同时，测算出西藏基础设施投资占地区生产总值的最优比为 15.36%，表明 1985 年以来西藏基础设施投资规模大多数年份高于最优投资规模，说明多年来西藏基础设施投资的相对规模过大，今后宜减少基础设施投资的相对规模，注重基础设施投资的针对性，优化投资结构，充分激发特色优势产业的增长潜力，促进西藏自治区经济的跨越式发展与可持续发展。

5.1 西藏基础设施投资与经济增长的基本分析

根据前文对于基础设施投资的界定，限于数据的可得性，在此选定交通运输、邮电通信、能源供给、信息传输、计算机服务和软件业，文化教育、科学研究、技术服务和地质勘查业，环境卫生以及社会福利业的投资作为基础设施投资，其中"硬基础设施"投资包括邮电通信行业、电力行业、煤气行业、仓储行业、交通运输行业以及水行业的生产和供应的固定资产投资，"软基础设施"投资包括文化教育、科学研究、环境卫生以及社会福利业的固定资产投资。

2014 年，西藏经济总量地区生产总值为 920.83 亿元，同比增长 14.01%，而全社会投资为 1119.73 亿元，占经济总量的 121.6%；在基础设施投资方面，2014 年基础设施投资总额为 523.82.65 亿元，同比增长 49.07%，其中硬基础投资 450.3 亿元，同比增长 57.99%，软基础设施投资 73.03 亿元，同比增长 10.62%。可见，近期基础设施投资增速远高于经济增长速度，特别是硬基础设施投资增速高于经济增长速度43个百分点，而软基础设施投资总量较小，仅占基础设施总投资的13.95%，近期增长速度也较缓慢，增速也低于经济增长速度。

就基础设施投资的构成看，2014年，硬基础设施电力、煤气及水的生产和供应业投资同比增长达50.62%，而且信息传输、计算机服务和软件业投资与交通运输仓储和邮电通信业投资同比均增长66.42%，可见，信息传输、计算机服务和软件业投资与交通运输仓储和邮电通信业投资规模的大幅上升是硬基础设施投资增速较高的主要原因；软基础设施投资方面，投资增长速度最快是卫生、社会保障和社会福利业的投资，同比增长1倍，而文化、体育和娱乐业投资规模出现下降。

5.2 西藏基础设施投资与经济增长的时序分析

1985—2014年，西藏经济与基础设施投资增长较快。西藏经济总量由17.76亿元增长至920.83亿元，增长138多倍，年平均增长14.68%。基础设施投资额由2.91亿元增长至523.33亿元，年平均增长19.61%，其中硬基础设施投资由1.61亿元增长至450.3亿元，年均增长21.44%；软基础设施投资由1.3亿元增长至73.03亿元，年均增长14.9%（见图5-1）。可见，1985年以来，经济增速明显低于基础设施投资的增速，尤其是硬基础设施投资增速，其差距达4.93个百分点。对比前一节经济增长与基础设施投资的近期分析可发现，基础设施投资增长速度有增大之势，尤其是硬基础设施增长速度近期远远高于经济增长速度，而软基础设施增长速度有减缓趋势，近期低于经济增长速度。

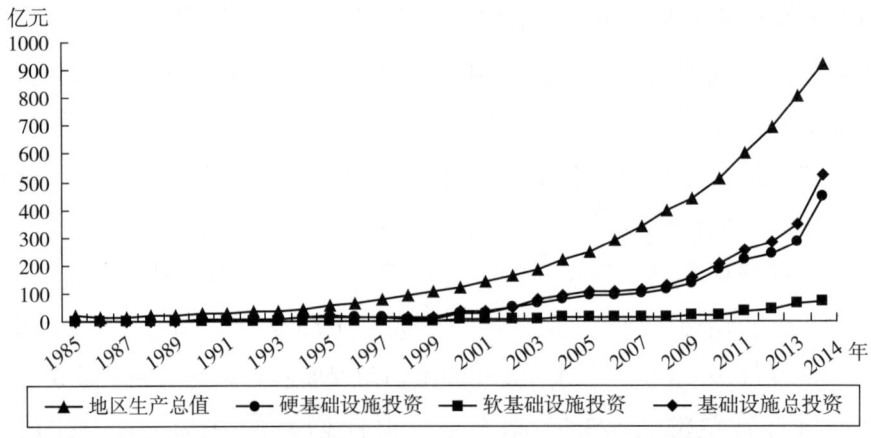

数据来源：《西藏统计年鉴》（1985—2014）。

图5-1　1985年以来西藏经济增长与基础设施投资时序

从增长速度上看，1985—2014 年，西藏基础设施投资的波动性较经济增长的波动性大。1985—2014 年，西藏经济增长增速的最大值为 29.82%（1985 年），最小值为 -4.67%（1986 年），波幅为 34.49%，平均值为 15.24%；而基础设施投资增长的最大值为 173.61%（2000 年），最小值为 -27.13%（1986 年），波幅为 200.74%，平均值为 22.14%。就基础设施投资的构成看，硬基础设施投资的波动最大，高于基础设施总投资的波动程度，软基础设施投资的波动性相对比较平稳，低于基础设施总投资的波动程度，但高于经济增长的波动程度。1985—2014 年，西藏硬基础设施投资增速的最大值为 219.06%（2000 年），最小值为 -28.63%（1998 年），波幅为 247.69%，平均值为 25.91%；而软基础设施投资增长的最大值为 105.62%（1995 年），最小值为 65.59%（1986 年），波幅为 171.21%，平均值为 19.78%（见图 5 - 2）。

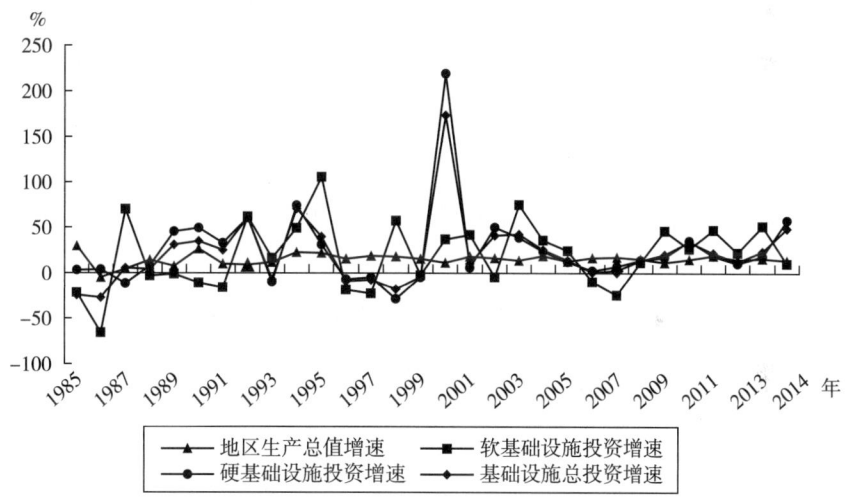

数据来源：《西藏统计年鉴》（1985—2014）。

图 5 - 2 1985 年以来西藏经济增长与基础设施投资增速时序

5.3 西藏基础设施投资与经济增长的协整分析

5.3.1 协整的定义

协整分析一般针对的是时间序列数据，若两个或一组时间序列变量具有长期稳定的比例关系，就称它们之间具有协整关系。协整关系的严格定义如下：

如果时间序列 $X_{1t}, X_{2t}, \cdots, X_{nt}$，都是 m 阶单整的，即表示为 $I(m)$，存在一个

向量 $\theta = (\theta_1, \theta_2, \cdots, \theta_n)$，有 $\theta X'_t \sim CI(m-b)$，这里的 $X_t = (X_{1t}, X_{2t}, \cdots, X_{nt})$，且 $m \geq b \geq 0$，称时间序列 $X_{1t}, X_{2t}, \cdots, X_{nt}$ 是 (m, b) 阶协整，一般记为 $X_t \sim CI(m, b)$，称 θ 为协整向量。协整分析对时间序列有一定要求，从定义可以看，时间序列必须为平稳序列，或非平稳序列，但它们必须是同阶单整，这样才能对它们进行协整分析。

5.3.2 协整检验

当前，协整检验主要有两种方法，一种是 E—G 两步检验法，另一种是 Johanson 检验法，一般来讲，E—G 两步检验法是对单方程两个变量协整检验，而 Johanson 检验法是基于 VAR 方法的动态多方程估计，对多变量的检验。此处，我们主要对西藏经济增长与基础设施投资两个变量协整检验，因此我们应用 E—G 两步法进行检验。E—G 两步法相对比较简单，是由 Engle 和 Granger 在 1978 年提出的，第一步，将一个变量对另一个变量进行回归分析，得到一个回归方程；第二步，对该方程的残差进行检验，残差若是平稳则说明两个变量间存在协整关系。严格表述如下：

假设两同阶单整的时间序列 X，Y，首先用 Y 对 X 进行回归，即估计如下方程：

$$Y = a + bX + u$$

估计得的方程为 $\hat{Y} = \hat{a} + \hat{b}\hat{X} + \hat{u}$，也即

$$\hat{u} = \hat{Y} - \hat{a} - \hat{b}\hat{X} \tag{5-1}$$

若 $\hat{u} \sim I(0)$，则 X 与 Y 存在协整关系，且 $(1, \hat{b})$ 为协整向量，式 (5-1) 为协整方程。

5.3.3 协整分析

5.3.3.1 数据准备

由于数据可获得性的限制，此处选取的数据是西藏 1985—2013 年的年度数据，其中地区生产总值选取是支出法下的地区生产总值（亿元），基础设施投资 a 选择交通运输、邮电通信、能源供给、信息传输、计算机服务和软件业、文化教育、科学研究、环境卫生以及社会福利业历年的固定资产投资总和。地区生产总值采用 GDP 平减指数进行平滑处理，基础设施投资 a 也采用 GDP 平减

指数平滑。所有数据均来自西藏历年的统计年鉴。

关于基础设施投资以及第 4 章中的基础设施投资 K_1 与非基础设施投资 K_2 也采用 GDP 平减指数消除物价变动的影响在此予以说明。理论上讲，基础设施投资 K_1 与非基础设施投资 K_2 应采用固定资产价格指数平滑，但由于西藏自治区的特殊性，该指数具有不可得性，因此我们无法获取固定资产价格指数相关数据。当前，消除物价变动的指数还有消费者物价指数以及生产者价格指数，但它们在此对基础设施投资数据进行平滑均不合适，因为消费者物价指数指不同时期消费者为购买一篮子商品所支付成本的价格变动指数，其中一篮子商品往往指食品、燃油和衣服等一些消费者日常生活的必需品，且这一篮子商品的选取范围与各商品的权重确定均是人为主观决定，用它来消除通货膨胀的影响本身就具有自身局限性，因此用该指数来平滑基础设施投资数据是不合适的；生产者价格指数是指不同时期生产者为购买生产要素所付成本价格变动指数，它反映的是生产环节价格变化的指数，可见，用它来平滑基础设施投资数据也是不合适的，而 GDP 平减指数可以反映一定区域内所有商品与服务的价格变动，因此用它来消除物价的影响是相对比较适宜的。

而在统计年鉴中也没有 GDP 平减指数数据，此处采用如下公式计算 GDP 平减指数：

$$Df = \frac{GDP_i}{GDP_i index} \times \frac{GDP_{1985} index}{GDP_{1985}}$$

其中 Df 为 GDP 平减指数，GDP_i 为第 i 年的名义地区生产总值，$GDP_i index$ 为第 i 年的 GDP 指数，$GDP_{1985} index$ 为地区生产总值在 1985 年的指数，设为 100，GDP_{1985} 为地区生产总值在 1985 的名义值。在得出 GDP 平减指数以后，实际地区生产总值则计算如下：

$$实际地区生产总值 = \frac{名义地区生产总值}{GDP\ 平减指数}$$

同样，

$$实际基础设施投资 = \frac{名义基础设施投资}{GDP\ 平减指数}$$

5.3.3.2　数据平稳性检验

为使数据满足计量的需要，避免数据的剧烈波动，分别对地区生产总值与基础设施投资取自然对数，记为 lngdp，lna。在此采用 ADF 单位根检验法对两列时间序列进行单位根检验。

ADF 检验主要是通过检验如下三个模型来完成的：

模型一：$\Delta Y_t = \alpha Y_{t-1} + \sum_{i=1}^{p-1} \beta_i \Delta Y_{t-i} + \varepsilon_t$

模型二：$\Delta Y_t = \rho + \alpha Y_{t-1} + \sum_{i=1}^{p-1} \beta_i \Delta Y_{t-i} + \varepsilon_t$

模型三：$\Delta Y_t = \rho + \theta t + \alpha Y_{t-1} + \sum_{i=1}^{p-1} \beta_i \Delta Y_{t-i} + \varepsilon_t$

检验的步骤为：首先，检验模型三，若不能拒绝原假设，则接受原假设，即存在单位根，数据序列不平稳；其次，检验模型二，若不能拒绝原假设，则认为数据序列存在单位根，非平稳；最后，检验模型一，若不能拒绝原假设，数据则存在单位根，是非平稳序列。

应用 Eviews6.0 软件，ADF 检验结果如表 5 - 1 所示。

表 5 - 1　　　　　　　　　各变量的平稳性检验结果

序列	ADF 检验值	1% 临界值	5% 临界值	10% 临界值	结论
lngdp	4.6973	- 2.6569	- 1.9544	- 1.6093	不平稳
ln$a$	2.2848	- 2.6534	- 1.9538	- 1.6095	不平稳

可以看出，lngdp，ln$a$ 均为非平稳序列，分别对它们进行一阶差分处理，再进行单位根检验，结果见表 5 - 2。

表 5 - 2　　　　　　　　　各变量的平稳性检验结果

序列	ADF 检验值	1% 临界值	5% 临界值	10% 临界值	结论
Dlngdp	- 10.800	- 4.4407	- 3.6328	- 3.2546	平稳
Dln$a$	- 4.0309	- 2.6569	- 1.9544	- 1.6093	平稳

可见，进行一阶差分后的 lngdp 与 ln$a$ 是平稳序列，也就是说 lngdp 与 ln$a$ 两个变量是同阶单整的序列，满足进行协整分析的条件，也表明二者可能存在协整关系。

5.3.3.3　协整分析

在此，应用 E—G 两步法对两变量进行协整检验，首先直接采用普通最小二乘法来估计 lngdp 与 ln$a$ 的长期均衡方程，估计结果见方程（5 - 2）。

$$\text{lng}dp = 2.2250 + 0.6780\text{ln}a \qquad (5 - 2)$$

$$(27.1171) \quad (23.5453)$$

$$R^2 = 0.955202, F = 554.3841$$

从上述的长期均衡方程（5 - 2）来看，方程整体的显著性明显，从各项系

数的 t 值看，各项系数在 5% 的显著性水平下均通过了显著性检验。长期均衡方程的经济意义在于，若两者协整关系成立的话，那么基础设施投资每增加 1 个百分点，将拉动经济总量增长 0.678 个百分点。

其次，对上述协整方程的残差进行单位根检验，检验结果如下：

表 5 – 3 残差变量的平稳性检验结果

			t – Statistic	Prob. *
Augmented Dickey – Fuller test statistic			– 2.491723	0.0148
Test critical values:	1% level		– 2.653401	
	5% level		– 1.953858	
	10% level		– 1.609571	

可见，残差序列在 5% 的显著性水平可以拒绝原假设，即为平稳序列。由此断定，$\lg dp$ 与 $\ln a$ 具有长期的协整关系，即西藏自治区的经济增长和基础设施投资之间存在着长期稳定的协整关系，其协整方程即为式 (5 – 2)，即 H_{10} 得以验证，西藏基础设施投资可以促进其经济增长。

5.4 误差修正模型

5.4.1 误差修正模型介绍

误差修正模型由 Davidson，Hendry，Srba 以及 Yeo 在 1978 年最早提出其基本形式，当时被称为 DHSY 模型，它的基本形式为

$$\Delta y_t = \alpha_0 + \alpha_1 \Delta x_t + \gamma ecm_{t-1} + \varepsilon_t \tag{5 – 3}$$

式 (5 – 3) 中，ecm 为误差修正项，下面我们推导其公式形式。

其实，DHSY 模型可由自回归分布滞后模型导出，自回归分布滞后模型 ADL (1，1) 形式如下：

$$y_t = \alpha_0 + \alpha_1 x_t + \alpha_2 + y_{t-1} + \alpha_3 x_{t-1} + \varepsilon_t \tag{5 – 4}$$

对式 (5 – 4) 进行整理，得

$$\Delta y_t = \alpha_0 + \alpha_1 \Delta x_t - (1 - \alpha_2) \left[y_{t-1} - \frac{\alpha_1 + \alpha_3}{1 - \alpha_2} x_{t-1} \right] + \varepsilon_t \tag{5 – 5}$$

式 (5 – 5) 即为误差修正模型的整体形式，其中 $y_{t-1} - \dfrac{\alpha_1 + \alpha_3}{1 - \alpha_2} x_{t-1}$ 为误差修正项，即为式 (5 – 3) 中的 ecm。

式 (5 – 5) 的经济意义在于：它解释了因变量 Δy_t 的短期波动由那些因素

决定的，从式（5-5）可以看出，Δy_t 的短期波动受三方面的影响，第一是受自变量的短期波动 Δx_t 的影响，其中 α_1 可以用来衡量其影响程度；第二是受误差修正项 ecm 的影响，$(1-\alpha_2)$ 可用以衡量 ecm 对 Δy_t 影响程度；第三是受随机项 ε_t 的影响，这个影响因素往往不重要，在研究中可忽略。

若 y_t 与 x_t 存在长期均衡的协整关系，即 $\bar{y} = \beta\bar{x}$，对比误差修正项 ecm 的表达形式，$y_{t-1} - \dfrac{\alpha_1 + \alpha_3}{1 - \alpha_2} x_{t-1}$ 也可写成 $\bar{y}\dfrac{\alpha_1 + \alpha_3}{1 - \alpha_2}\bar{x}$，其中 $\dfrac{\alpha_1 + \alpha_3}{1 - \alpha_2}$ 为协整系数，由此可知，ecm 反映的是变量在短期波动中偏离长期均衡水平的程度，也称为均衡误差，均衡误差可对 y_t 进行控制，这是因为一般来说，α_2 的绝对值小于1，因而 $\gamma = -(1-\alpha_2) < 0$，因此由式（5-5）可知，当 $y_{t-1} > \dfrac{\alpha_1 + \alpha_3}{1 - \alpha_2} x_{t-1}$，$ecm_{t-1} > 0$，则 $\gamma ecm_{t-1} < 0$ 使 Δy_t 减少，反之，使 Δy_t 增加。

5.4.2 西藏经济增长与基础设施投资的误差修正模型分析

本小节将对西藏经济增长与基础设施投资建立反映长期均衡与短期波动关系的误差修正模型，并对模型进行分析。在前文对西藏经济增长与基础设施投资协整分析的基础上，建立误差修正模型如下：

$$\Delta\ln gdp = 0.2944 + 0.0842\Delta\ln a - 0.0939 ecm \qquad (5-6)$$
$$(2.532) \quad (3.59) \quad (-2.17)$$
$$\text{Ad. justed } R^2 = 0.58, F = 7.452$$

可见，模型的整体显著性良好，在5%的显著性水平下，各个系数也均通过 t 检验，下面将从基础设施投资对经济增长的拉动效率与误差修正项两个角度分析西藏基础设施投资与经济增长的关系。

拉动效率指标是由刘颖（2006）提出的，它是指拉动力系数与基础设施投资占 GDP 比重的比值[①]，其中拉动力系数是式（5-4）中 $\Delta\ln a$ 前的系数。若拉动效率指标大于1，拉动力系数超过了基础设施投资占 GDP 的比值，则表明基础设施投资在样本期内投资资金效率是高的，相反，若该指标小于1，拉动力系数小于基础设施投资占 GDP 的比值，则表明基础设施投资在样本期内投资资金效率是不高的。1985—2014 年，基础设施投资占地区生产总值的平均占比为

---

① 刘颖，王昊. 辽宁省基础设施投资对经济增长的计量分析 [J]. 全国商情·经济理论研究，2006（6）：18-20.

28.52%，因此，西藏的拉动效率指标为0.2952，拉动力系数小于基础设施投资占地区生产总值的比值，可见，西藏基础设施投资在考察样本期内投资资金效率不高，由此可知，今后西藏应更加注重基础设施投资的针对性，提高基础设施投资资金效率，优化投资结构，充分激发特色优势产业的增长潜力。

ECM项系数的正负反映了变量对偏离长期均衡的调整方向，而系数的大小则反映了对偏离长期均衡的调整力度，式（5－4）的ECM项的系数为－0.0939，可见，调整的方向为负向调整，调整的力度不大。调整的过程如下：若在t时刻，$\lg dp > 2.2250 + 0.6780 \ln a$，则$ecm > 0$，但误差调整项为负，从而使得$\Delta \lg dp$减少，因此在t＋1时刻$\lg dp$增长就会变慢；若在$t$时刻，$\lg dp < 2.2250 + 0.6780 \ln a$，则$ecm < 0$，但误差调整项为正，从而使得$\Delta \lg dp$增加，因此在t＋1时刻$\lg dp$增长就会加快。可见，这一过程展现了$ecm$对因变量的控制作用。

5.5 西藏基础设施投资与经济增长的因果分析

5.5.1 格兰杰因果检验介绍

格兰杰因果检验是探究一个序列是不是另外一个序列的产生原因的方法，假设两个序列，记为a，b。若a序列是b序列的格兰杰原因，那么必须满足如下两个条件：第一，a序列应有助于预测b序列，即把a序列加入b序列的解释序列中，b序列的被解释程度应提高；第二，b序列不应该有助于预测a序列，这是因为若b也有助于预测a，那么就有可能存在一种情况，即可能其他一些因素是引起序列a变化的原因，也是引起序列b变化的原因。数学严格表达式如下：

$$b_t = \alpha_0 + \alpha_1 b_{t-1} + \cdots + \alpha_k b_{t-k} + \beta_1 a_{t-1} + \cdots + \beta_k u_{t-k}$$

$$a_t = \alpha_0 + \alpha_1 a_{t-1} + \cdots + \alpha_k a_{t-k} + \beta_1 b_{t-1} + \cdots + \beta_k b_{t-k}$$

其中，k为最大滞后阶数，待检验的原假设为序列a不是序列b的格兰杰成因，即

$$\beta_1 = \beta_2 = \cdots = \beta_k = 0$$

若检验的结果为拒绝原假设，则表明序列a是序列b的格兰杰成因，若不能拒绝原假设，则接受原假设，即序列a不是序列b的格兰杰成因。

5.5.2 西藏经济增长与基础设施投资的格兰杰因果分析

数据采集期间为1985—2013年，经济增长选用地区生产总值，基础设施投资记为 a，硬基础设施投资记为 $a1$，软基础设施投资记为 $a2$，地区生产总值运用 GDP 平减指数进行平滑，基础设施投资、硬基础设施投资、软基础设施投资由于固定资产价格指数不可得，所以也采用 GDP 平减指数进行处理，以剔除价格因素的影响。为避免数据的剧烈波动，对所有变量取自然对数。经检验，各变量是平稳序列且存在协整关系，满足计量分析的要求，因此此处可以运用格兰杰因果检验的方法检验西藏基础设施投资与经济增长的因果关系。检验结果见表5－4。

表5－4　　　　　　　　　　　格兰杰检验结果

原假设：	F 值	概率	结论
lngdp does not Granger Cause ln$a$	2.93141	0.0754	拒绝原假设
ln$a$ does not Granger Cause lngdp	1.53351	0.2390	接受原假设
ln$a1$ does not Granger Cause ln$a2$	3.23886	0.0594	拒绝原假设
ln$a2$ does not Granger Cause ln$a1$	0.11671	0.8904	接受原假设
lngdp does not Granger Cause ln$a1$	3.49530	0.0489	拒绝原假设
ln$a1$ does not Granger Cause lngdp	1.39831	0.2691	接受原假设
lngdp does not Granger Cause ln$a2$	4.42159	0.0250	拒绝原假设
ln$a2$ does not Granger Cause lngdp	1.55097	0.2354	接受原假设

由表5－4分析的结果可知，变量 lngdp（经济增长指标）与变量 ln$a$（基础设施投资指标）之间存在单向格兰杰因果关系，也就是说，经济增长指标 lngdp 是基础设施投资指标 ln$a$ 波动的原因，基础设施投资指标 ln$a$ 不是经济增长指标 lngdp 波动的原因，换句话说，西藏经济的增长带动了当地基础设施投资的增长，而基础设施投资不是经济增长的原因，这与上一小节西藏基础设施投资效率不高的结论相一致，即因为西藏基础设施投资效率不高，因此导致其不足以成为经济增长统计意义的格兰杰原因。同时，计量结果也显示，西藏经济增长是硬基础设施投资与软基础设施投资增长的原因，而硬基础设施投资与软基础设施投资均不是经济增长的格兰杰原因。因此，可以说，西藏经济的增长带动了当地基础设施投资的增长，其中，既包括硬基础设施投资又包括软基础设施投资增长。此外，硬基础设施投资与软基础设施投资两者关系的计量结果表明，硬基础设施投资与软基础设施投资之间存在单向格兰杰原因，具体来说，就是

硬基础设施投资的增长可以带动软基础设施投资的增长。

5.6 西藏基础设施投资与经济增长：基于最优规模估计

5.6.1 基于最优规模估计的理论模型分析

选择巴罗模型来研究基础设施投资与经济增长关系，假设不存在拥挤效应以及规模不变，生产函数为

$$y = \Phi(K, \omega) = K\Phi\left(\frac{\omega}{k}, 1\right)$$

在此，我们仍然选用 1928 年美国数学家柯布及经济学家道格拉斯提出的生产函数形式，即

$$Y = AK^{\alpha}L^{\beta} \tag{5-7}$$

其中，Y 表示产出；A 表示技术进步、制度等不可量化的因素；K 表示资本；L 表示劳动力；α 为资本的产出弹性，$0 \leqslant \alpha \leqslant 1$；$\beta$ 为劳动力的产出弹性 $0 \leqslant \beta \leqslant 1$。

则根据第 3 章的结论，可建立如下模型：

$$y = \Phi(K, a) = A \cdot \left(\frac{a}{k}\right)^{\Psi} \tag{5-8}$$

式（5 - 8）中，y 为人均产出，k 为人均总资本，A 为参数变量，一般用于衡量技术、制度等不可量化因素，a 为人均基础设施投资。

因此可将式（5 - 8）写成对数形式，两边取对数得

$$\ln y = \ln A + \Psi \ln\left(\frac{a}{k}\right) \tag{5-9}$$

易知，式（5 - 9）中的 Ψ 即为产出对于基础投资的弹性，根据第 3 章理论分析部分得出的结论：当 $\Omega < \Psi$ 时，增加 Ω 可使经济增长率上升；当 $\Omega > \Psi$ 时，增加 Ω 可使经济增长率下降；当 $\Omega = \Psi$ 时，可使经济增长率达到最大，得出基础设施投资与经济增长的关系如下：当基础设施投资与总产出的比值 Ω 小于产出对于其的弹性 Ψ 时，对于基础设施投资可以促进经济增长率的增加；当基础设施投资与总产出的比值 Ω 大于产出对于其的弹性 Ψ 时，增加基础设施的投资会抑制经济增长，使经济增长率下降；而当基础设施投资与总产出的比值 Ω 与产出对于其的弹性 Ψ 相等时，此时基础设施投资水平最佳，经济增长率达到最大。也就是说，只有当 $\Omega = \Psi$ 时，基础设施投资达到最优规模。此部分将以上述结论为基础，对西藏基础设施投资与经济增长关系进行实证分析，并求

出西藏自治区基础设施投资的最优规模，即求出西藏基础设施投资占地区生产
总值的最佳比重。

5.6.2   西藏基础设施投资产出弹性的历史考察

此处利用 1985 年以来的西藏经济总量地区生产总值与基础设施投资的环比
增长率数据计算西藏基础设施投资的产出弹性（见图 5 - 3）。自 1985 年以来，
西藏基础设施投资的产出弹性除 2006 年、2007 年两个异常点之外，弹性波动幅
度比较小。2006 年基础设施弹性异常大的原因是由于那年经济增长率为
16.86%，而基础设施投资仅增长了 0.65%，2007 年弹性较大的原因也是经济
增长速度远远大于基础设施投资增速。排除两个异常点、最高点以及最低点之
后，基础设施投资产出弹性的均值为 17.66%，且波幅较小。

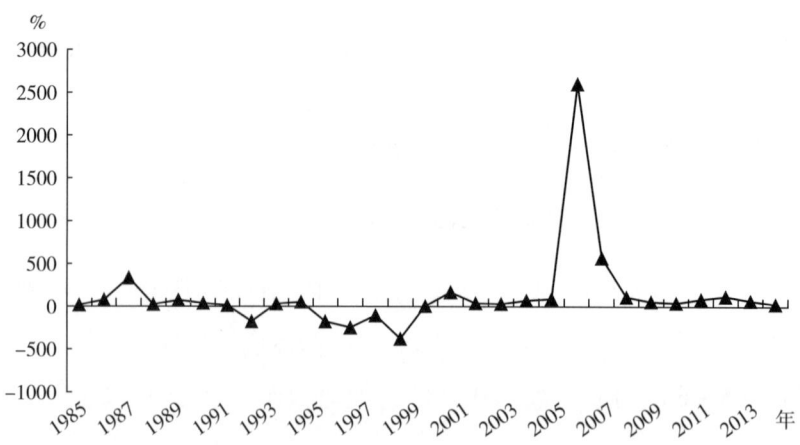

数据来源：《西藏统计年鉴》（1985—2014）。

图 5 - 3   1985 年以来西藏基础设施投资的产出弹性时序

西藏基础设施的产出弹性有五个年份为负，其他年份为正（见图 5 - 3）。
说明在大部分年份，西藏基础设施投资对经济增长促进作用明显，少数年份对
经济增长的促进作用不明显，甚至是抑制作用。特别在 2006 年，基础设施投资
的产出弹性达 2603.90%，2007 年达 570.86%，这两年对经济增长的促进作用
十分凸显；基础设施投资产出弹性最小是 1999 年的 - 377.32%，对经济增长是
抑制作用。但总体上看，西藏基础设施投资的产出弹性平均为 17.66%，整体上
对经济增长的促进作用明显。

根据前文分析的结论，当基础设施投资占地区生产总值的比重与经济增长

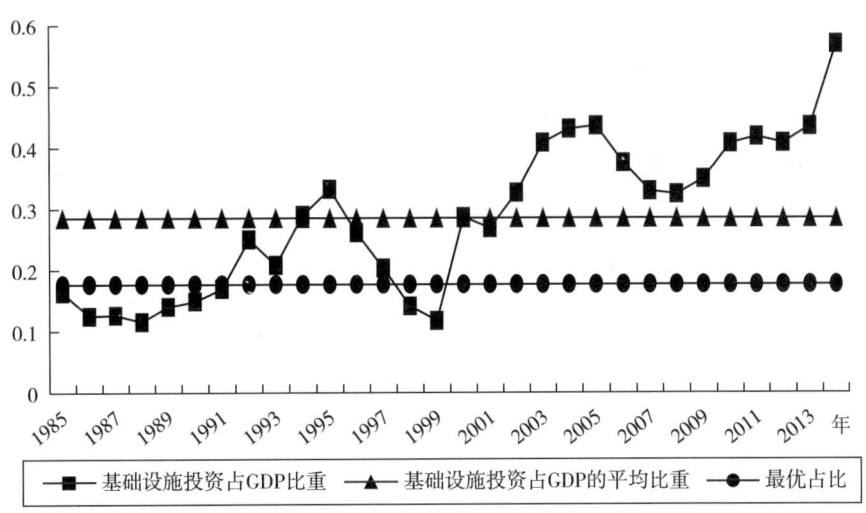

数据来源：《西藏统计年鉴》(1985—2014)。

图 5 – 4　1985 年以来西藏基础设施投资占比时序

对基础设施投资的弹性相等时，经济整体增长率达到最大，此时，基础设施投资占地区生产总值的比重最优，基础设施投资的规模也是最佳相对规模。而我们之所以将历年来基础设施投资产出弹性的平均值解释为最优规模是因为这些年基础设施投资的产出弹性波动不大（剔除两个异常点后），在一定程度可以理解为产出弹性不变。由图 5 – 4 可知，1985 年以来，西藏基础设施投资的总体平均规模（占地区生产总值比重）为 28.52%，高于最优投资规模 17.66%，说明多年来西藏基础设施投资的相对规模一直过大，今后宜减少基础设施投资的相对规模，而应提高基础设施投资的效率与质量。

5.6.3　西藏基础设施投资的最优规模估计

5.6.3.1　数据说明

由于西藏相关数据可得性的限制，在此笔者将从总需求入手求得基础设施投资的产出弹性，从而得出基础设施投资的最优相对规模。从总需求角度看，GDP 由投资（I）、消费（C）、政府购买（G）及净出口（NX）构成，即经济总量 GDP 主要由投资总额、消费总额、政府购买总额以及净出口总额组成，其中消费总额（一般指国内消费）与净出口（国外消费）可统称为消费（cc），投资总额（I）等于基础设施投资（a）与非基础设施投资（fa）两者的加总。然而，由于西藏的特殊性，在 1997 年以前，西藏对外贸易主要是进口，总体表现为净进口，因此，此处将消费总额与净出口合并为消费统计，并对所有数据取自然对数，以满足后文计量目的与计量要求的需要。因此有

$$\ln GDP = \alpha \ln a + \beta \ln fa + \gamma \ln cc + \theta \ln G + \varepsilon \qquad (5-10)$$

可见，α，β，γ，θ 分别为基础设施投资、非基础设施投资、消费以及政府购买的产出弹性。

此处，经济总量选用指标以支出法下的 GDP 为代表，投资总额选用指标为全社会固定资产投资（I），基础设施投资（a）选用前文界定的交通运输、邮电通信、能源供给、文化教育、科学研究、环境卫生以及社会福利业的固定资产投资，因而非基础设施投资（fa）就等于全社会固定资产投资减去基础设施投资，消费（cc）总额选用指标为社会消费品零售总额与净进口总额的合并统计，政府购买（G）选用西藏政府的财政支出，所有数据均采用 GDP 平减指数消除物价变动的影响。所有数据均来自西藏历年的统计年鉴。为避免数据的剧烈波动，对所有数据取自然对数，记为 $\ln gdp$，$\ln a$，$\ln fa$，$\ln cc$，$\ln G$。

首先，检验数据的平稳性结果如下：

表 5-5　　　　　　　　　　变量平稳性检验结果

序列	ADF 检验值	1% 临界值	5% 临界值	10% 临界值	结论
$\ln gdp$	4.6973	-2.6569	-1.9544	-1.6093	不平稳
$\ln a$	2.2848	-2.6534	-1.9538	-1.6095	不平稳
$\ln fa$	3.9681	-2.6569	-1.9544	-1.6093	不平稳
$\ln cc$	1.3688	-2.6569	-1.9544	-1.6093	不平稳
$\ln G$	4.9421	-2.6534	-1.9538	-1.6095	不平稳

由检验结果可知，$\ln gdp$，$\ln a$，$\ln fa$，$\ln cc$，$\ln G$ 五个变量均不是平稳序列，在此对各变量进行一阶差分处理，检验结果如下：

表 5-6　　　　　　　　　　变量平稳性检验结果

序列	ADF 检验值	1% 临界值	5% 临界值	10% 临界值	结论
$D\ln gdp$	-10.800	-4.4407	-3.6328	-3.2546	平稳
$D\ln a$	-4.0309	-2.6569	-1.9544	-1.6093	平稳
$D\ln fa$	-2.2735	-2.6607	-1.9550	-1.6090	平稳
$D\ln cc$	-7.4235	-2.6569	-1.9544	-1.6093	平稳
$D\ln G$	-2.6441	-2.6569	-1.9544	-1.6093	平稳

由检验结果可知，处理后各变量数据在 5% 的显著性水平下均通过了 ADF 检验，均是平稳的数据序列，这就说明了原序列 $\ln gdp$，$\ln a$，$\ln fa$，$\ln cc$，$\ln G$ 为

同一阶单整的数据序列，可能存在协整关系，可以进行如下回归分析。

5.6.3.2 模型估计

利用 Eviews6.0 软件，应用最小二乘 OLS 估计方法回归结果如下：

$$\ln gdp = 1.8092 + 0.1733\ln a + 0.2940\ln fa + 0.0429\ln cc + 0.2182\ln G$$

$$(16.5940) \quad (3.1299) \quad (4.4121) \quad (1.1277) \quad (2.4110) \quad (5-11)$$

$$R^2 = 0.9931 \quad D.W = 1.6025 \quad F = 829.93$$

从上面得出计量方程（5-11）可以看出，方程的拟合优度达 99.31%，方程整体的解释力很强，F 检验值远远大于 0，说明模型显著性很好。但从 t 检验的结果看，$\ln cc$ 没有通过检验，因此将 $\ln cc$ 从方程剔除，再次回归如下：

$$\ln gdp = 1.8270 + 0.1536\ln a + 0.3189\ln fa + 0.2449\ln G$$

$$(16.8393) \quad (2.9069) \quad (5.0406) \quad (2.7883) \quad (5-12)$$

$$R^2 = 0.9927 \quad D.W = 1.9025 \quad F = 1093.76$$

上述方程（5-12）的拟合优度依然很高，达 99.27%，方程整体的解释力很强，F 检验值远远大于 0，说明模型显著性很好，所有变量均在 5% 的显著性水平通过了 t 检验。根据方程可知，基础设施投资的产出弹性为 15.36%，非基础设施投资的产出弹性为 31.89%，政府支出的产出弹性为 24.49%。可见，非基础设施投资对经济增长的弹性最大，其次为政府支出，最小的为基础设施投资。换句话说，经济增长对非基础设施投资反应最为敏感，而对基础设施投资最不敏感。

5.6.3.3 最优规模分析

根据式（5-12）可知，基础设施投资的产出弹性为 15.36%，也即西藏基础设施投资占地区生产总值的最优占比为 15.36%。如图 5-5 所示，1985 年以来，西藏基础设施投资规模大多数年份高于最优投资规模，说明多年来西藏基础设施投资的相对规模过大，今后宜减少基础设施投资的相对规模。具体来看，1985—2014 年，只有 1986 年、1987 年、1988 年、1989 年、1998 年和 1999 年六年基础设施投资的规模低于最优规模，其他年份均大于最优规模，特别是在 2000 年开始的新一轮投资的带动下，基础设施投资占地区生产总值的比重直线上升，一直上升到 2005 年近高点 43.53%，其后有所回落，到 2008 年达阶段性低点 32.40%（仍然远高于最优规模），尔后在国家 4 万亿经济刺激政策的作用下，西藏基础设施投资规模又进入上升阶段，2013 年又达到 43.46%，2014 年，西藏基础设施投资占地区生产总值的比重到达最高点为 56.83%，高于最优占比

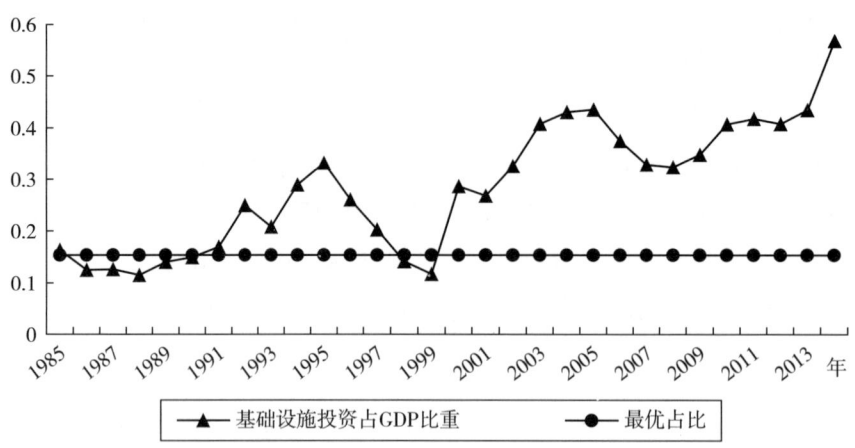

数据来源：《西藏统计年鉴》（1985—2014）。

图 5 - 5　1985 年以来西藏基础设施投资占比时序

41.47 个百分点。因此，对于西藏这种政府主导型的经济态来说，今后政府在西藏基础设施投资方面应转变策略，不应继续加大基础设施投资的相对规模，相反应减少其相对规模，在继续增加基础设施投资时应注重两个方面的问题，其一，必须注重总量控制，不断减少基础设施投资占 GDP 的比例，努力使基础设施投资达到最优规模；其二，务必要提高基础设施投资的针对性，优化投资结构，未来西藏自治区的经济增长极在于特色优势产业，因此基础设施投资的方向必须紧紧围绕发展与壮大特色优势产业，充分激发特色优势产业的增长潜力，促进西藏经济跨越式发展与可持续发展。

5.7　实证结论小结

第一，通过对西藏经济增长与基础设施投资的长期均衡方程分析可知，各项系数均通过了显著性检验，且西藏经济增长与基础设施投资的协整关系成立，即基础设施投资每增加 1 个百分点，将拉动经济总量增长 0.678 个百分点。同时，对西藏经济增长与基础设施投资建立反映长期均衡与短期波动关系的误差修正模型，研究结果表明，西藏基础设施投资资金效率是不高的，因此，可以肯定，西藏的基础设施投资明显有效地促进了当地的经济增长，但存在基础设施投资资金效率不高问题。

第二，对西藏基础设施投资与经济增长进行格兰杰因果分析，结果表明，经济增长指标是基础设施投资指标波动的原因，西藏经济增长是硬基础设施投资与软基础设施投资增长的原因。因此，可以说，西藏经济的增长带动了当地基础设施投资的增长，其中包括硬基础设施投资与软基础设施投资的增长，硬基础设施投资可以促进软基础设施投资的增长。该结论对于我们的启示是，西藏在经济增长的同时也带动了当地基础设施投资的增长，对于硬基础设施投资可以有效带动软基础设施的投资，这是因为对于交通运输、邮电通信等硬基础设施投资，可以为社会生产提供便利的服务，从而可以提高生产要素资本的生产能力，促进经济快速发展，而随着经济快速发展，经济系统客观上就会产生对于人才的需求，从而引致对于教育、科学研究等软基础设施的投资。

第三，西藏基础设施投资与经济增长的最优规模估计结果表明，1985 年以来西藏基础设施投资规模大多数年份高于最优投资规模，说明多年来西藏基础设施投资的相对规模过大，今后宜减少基础设施投资的相对规模。因此，西藏今后在继续增加基础设施投资时应注重两个方面的问题，其一，必须注重总量控制，不断减少基础设施投资占 GDP 的比例，以使基础设施投资达到最优相对规模；其二，必须注重基础设施投资的针对性，优化投资结构，未来西藏自治区的经济增长极在于特色优势产业，因此基础设施投资的方向必须紧紧围绕发展与壮大特色优势产业，充分激发特色优势产业的增长潜力，促进西藏自治区经济的跨越式发展与可持续发展。

6 西藏基础设施投资与产业发展：基于 VAR 模型的实证分析

本章建立 VAR 模型分析西藏基础设施投资与产业发展之间的关系。脉冲响应与方差分解分析均表明，基础设施投资可以长期持续地促进第一、第二、第三产业发展；从基础设施投资的类型看，硬基础设施投资对三大产业的影响效应具有非对称性，硬基础设施投资只能在短期内促进第一产业的发展，长期内促进作用微弱，但可以长期地支持第二、第三产业发展；软基础设施投资对三大产业的影响也是不一致的，在短期内，对第一、第二产业具有较大的负向冲击，长期冲击比较微弱，对第三产业是在短期有较大的正向冲击，而在长期变为负向冲击，可能与软基础设施的经济效应当前还未显现有关；上述脉冲响应结果与方差分解的结果是一致的。对基础设施投资与产业结构变迁进行格兰杰因果分析表明，西藏软基础设施投资促进了当地产业结构的优化，而产业结构的不断优化又带动了当地基础设施投资，特别是带动了硬基础设施投资的发展。

6.1 西藏基础设施投资与产业发展的基本分析

根据前文对于基础设施投资的界定，在此选定交通运输、邮电通信、能源供给、信息传输、计算机服务和软件业，文化教育、科学研究、技术服务和地质勘查业，环境卫生以及社会福利业的投资作为基础设施投资，其中硬基础设施投资包括交通运输仓储和邮电通信业，电力、煤气及水的生产和供应业的固定资产投资，软基础设施投资包括文化教育、科学研究、环境卫生以及社会福利业的固定资产投资。限于数据的可得性，下面将基于 1985—2014 年的样本数据，从基础设施投资与产业发展、基础设施明细构成与产业发展两个方面进行分析。

6.1.1 基础设施投资与产业发展

1985 年以来，西藏基础设施投资增长快速，从 1985 年的 2.91 亿元增长到

2014 年的 523.33 亿元，增长 179.8 倍，年均增长 19.6%；同期，西藏三次产业也取得较快发展，其中，1985—2014 年第一产业由 8.87 亿元增至 91.57 亿元，增长 10.3 倍，年均增长 8.38%，第二产业同期由 3.08 亿元增长到 336.84 亿元，增长 109.36 倍，年均增长 17.57%，第三产业由 5.81 亿元增长至 2014 年的 492.42 亿元，增长 84.75 倍，年均增长 16.54%，可见，三次产业中，第一产业增长最慢，第二产业增长速度最快，第三产业增长居中，而基础设施投资增长速度均快于三次产业的增长速度。如图 6 - 1 所示，总体上看，1985—2014 年，西藏基础设施投资与三次产业的发展大致要分为两个阶段，即 1985—1999 年与 1999—2014 年。直观上看，1985—1999 年，西藏基础设施投资与三次产业的增长速度较慢，1999—2014 年这一阶段西藏基础设施投资与三次产业的增速均大幅提升。具体来看，1985—1999 年，西藏当地的基础设施投资的年均增长率仅为 10.10%，第一产业年均增长率为 9.42%，第二产业年均增长率为 14.62%，第三产业年均增长率为 15.09%；而 1999—2014 年，基础设施投资年均增长率为 28.38%，第一产业年均增长率为 6.77%，第二产业年均增长率为 19.3%，第三产业年均增长率为 16.81%。对比两个阶段可知，除第一产业增长率在第二阶段有所下降以外，基础设施投资增长率、第二产业增长率与第三产业增长率在第二阶段水平均高于第一阶段。

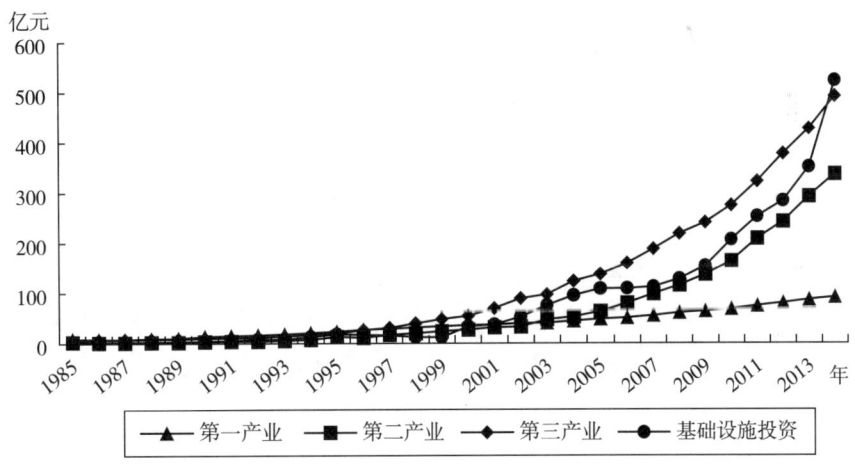

数据来源：《西藏统计年鉴》（1985—2014）。

图 6 - 1 1985 年以来西藏基础设施投资与产业发展时序

需要指出的是，1999 年以来，基础设施投资与三次产业均进入上升通道，特别第三产业率先发展，当前规模最大，且高于基础设施投资规模。在基础设施投资方面，2014 年基础设施投资总额为 523.33 亿元，同比增长 49.08%，其中硬基础设施投资 450.3 亿元，同比增长 57.99%，占比 86.05%；软基础设施投资 73.03 亿元，同比增长 10.6%，占比 13.95%。

在此我们构造基础设施投资产业比指标来分析基础设施投资与产业发展之间的关系，基础设施投资产业比是指产业产值与基础设施投资的比例，该指标可以用以衡量基础设施投资对于产业相对重要程度，该指标值越大，表明每单位基础设施投资支撑的产业产值越大，或者说对于该产业的发展越重要。公式如下：

$$基础设施投资产业比 = \frac{第\,i\,产业产值}{基础设施投资}, 其中, i = 1, 2, 3$$

1985 年以来，西藏三次产业的基础设施投资产业比总体是曲折下降的形态（见图 6 - 2），按基础设施投资产业比大小排序，在前期是自大到小的"一三二"式，而当前则是自大到小的"三二一"式，这主要是因为在前期西藏自治区经济增长的主要驱动力在农业，农业产值也较大，因此表现为第一产业的基础设施投资产业比较大，而随着西藏近二十几年的发展，第三产业现已成为其经济发展的支柱产业，产业产值较大，因而当前第三产业的基础设施投资产业比较大。相对来说，西藏自治区的农业发展缓慢，如在 1985 年第一产业占地区生产总值比重为 50%，而 2014 年第一产业占地区生产总值比重仅为 9.9%，因此，当前第一产业的基础设施投资产业比为最小。

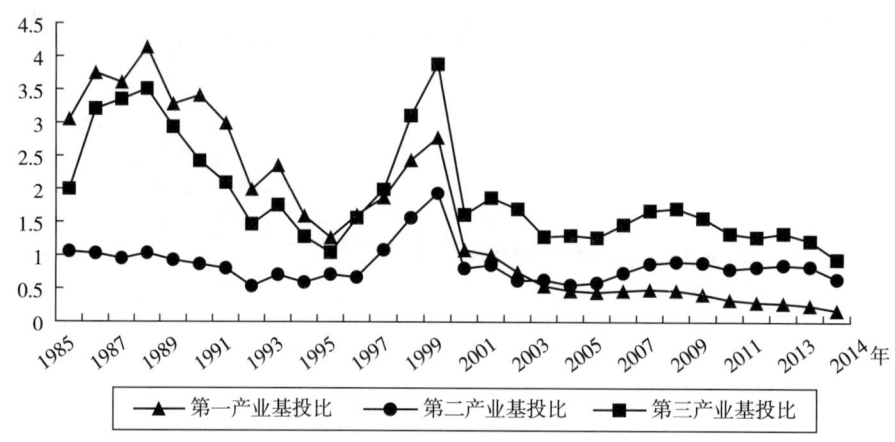

数据来源：《西藏统计年鉴》（1985—2014）。

图 6 - 2　1985 年以来西藏基础设施投资产业比时序

6.1.2 各类基础设施投资与产业发展

从基础设施投资的分类来说，1985—2014 年，硬基础设施投资总额由 1.61 亿元增长到 450.3 亿元，增长 173.72 倍，年均增长 19.46%；同时，软基础设施投资总额由 1.30 亿元增长到 73.03 亿元，增长 56.18 倍，年均增长 14.9%。可见，硬基础设施投资的增长速度要高于三次产业的增长率，而软基础设施投资增长速度仅高于第一产业的增长速度，低于第二、第三产业的增长速度。与基础设施投资和三次产业关系类似，总体上看，1985—2014 年，西藏硬、软基础设施投资与三次产业的发展也大致要分为两个阶段，即 1985—1999 年阶段与 1999—2014 年阶段。直观上看，1985—1999 年阶段，西藏基础设施投资与三次产业的增长速度较慢，1999—2014 年这一阶段基础设施投资与三次产业增长速度快速上升。但需要说明的是，软基础设施投资相对来讲增长一直较慢，不过当前也处于上升通道之中。

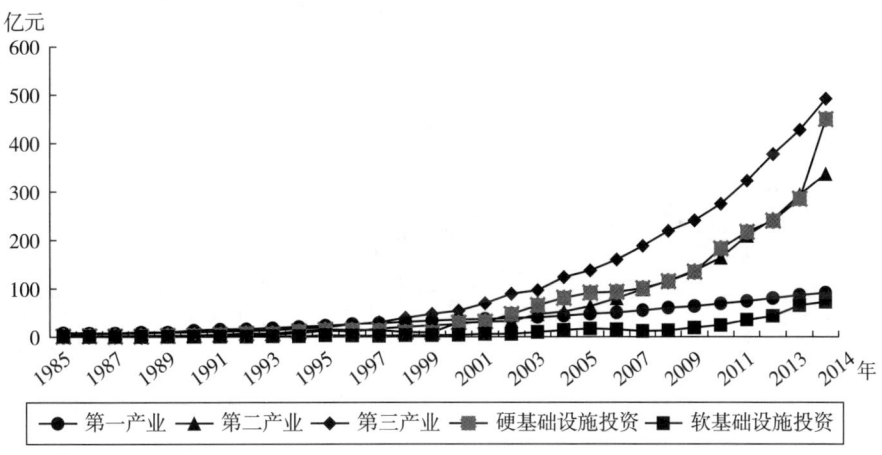

数据来源：《西藏统计年鉴》(1985—2014)。

图 6 - 3　1985 年以来西藏各类基础设施投资与产业发展时序

从基础设施投资产业比指标上看，硬基础设施投资产业比时序变化与基础设施产业比时序变化很相似，总体上是曲折下降的形态，按基础设施投资产业比大小排序，在前期是自大到小的"一三二"式，而当前则是自大到小的"三二一"式，且中间在 1999 年前后有一段强势回升形态（见图 6 - 4）；而软基础设施投资产业比则变化相对平缓，但总体还是前期自大到小的"一三二"式，当前则是自大到小的"三二一"式（见图 6 - 5），2008 年国际金融危机以来，软基础设施投资呈现出明显的缓慢下降形态。2014 年，第一产业基础设施投资产业比为 1.25，同比下降 4.66%，第二产业基础设施投资产业比为 4.61，第三产业基础设施投资产业比为 6.74，同比有所回升。

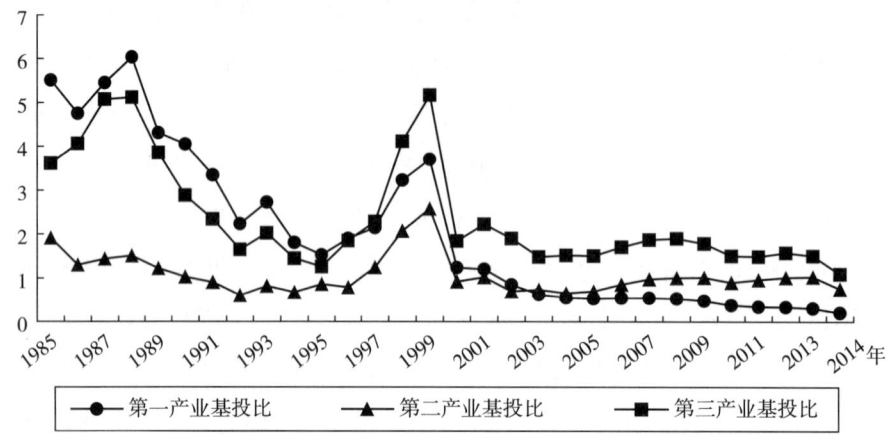

数据来源：《西藏统计年鉴》（1985—2014）。

图 6 – 4　1985 年以来西藏硬基础设施投资产业比时序

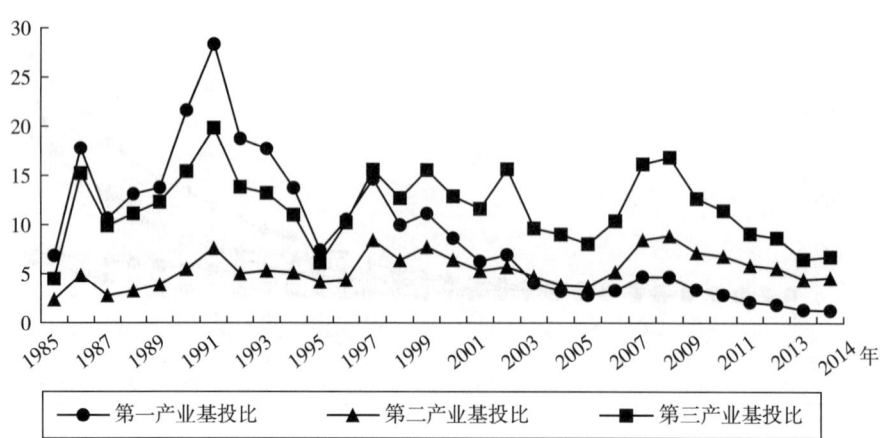

数据来源：《西藏统计年鉴》（1985—2014）。

图 6 – 5　1985 年以来西藏软基础设施投资产业比时序

6.2　西藏基础设施投资与产业发展的实证分析

6.2.1　模型介绍及数据准备

6.2.1.1　模型介绍

向量自回归模型（VAR）一般用于描述多个变量（多数是时间序列）之间

的变动关系，它其实是向量自回归移动平均模型的简化形式。模型的一般形式如下：

设 n 维序列 $X_{1t},X_{2t},\cdots,X_{nt}$ 建立 n 维的 p 阶向量自回归模型：

$$X_t = \alpha + \varphi_1 X_{t-1} + \cdots + \varphi_p X_{t-p} + \varepsilon_t$$

若模型存在外生变量（Y），则上式变为

$$X_t = \alpha + \varphi_1 X_{t-1} + \cdots + \varphi_p X_{t-p} + \aleph_1 Y_t + \cdots + \aleph_r Y_{t-r} + \varepsilon_t$$

在上式中，X_t 为 n 维的内生变量序列，$\varphi_i(i=1,2,\cdots,p)$ 是 $n \times n$ 维参数矩阵，Y_t 为外生变量序列，$\varphi_1 \cdots \varphi_p$ 与 $\aleph_1 \cdots \aleph_r$ 均为待估计的参数，ε_t 为随机误差项。模型中的 ε_t 可以为同期相关，但不能具有自相关性或者与解释变量相关。

VAR 模型滞后阶数主要依据 LR 检验统计量、最终预测误差 FPE、AIC 信息准则、SC 信息准则以及 HQ 信息准则确定。

LR 检验统计量为：$LR = 2(\hat{1}_u - \hat{1}_r) \sim X^2(k)$，其中，$\hat{1}_u$ 为观测样本下无约束模型的最大似然估计，$\hat{1}_r$ 为观测样本下有约束模型的最大似然估计，k 为卡方分布的自由度，和约束条件个数相等。LR 检验统计量越大，说明约束模型越不显著。

$$最终预测误差\ FPE(p) = \hat{\sigma}_p^2\left(\frac{n+k}{n-k}\right)$$

其中，$\hat{\sigma}_p^2$ 为残差的方差估计，n 为样本量，k 为待估计的参数个数。

$$AIC = -21/n - 2k/n$$

$$SC = -\frac{21}{n} + k\log n/n$$

$$HQ = -\frac{21}{n} + 2k\log[\log(n)]/n$$

其中，$k = m(rd + pm)$，n 为观测值个数，

$$1 = -\frac{nm}{2}(1 + \log 2\pi) - \frac{n}{2}\log[\det(\sum_t \hat{\varepsilon}_t\hat{\varepsilon}_t/n)]$$

VAR 模型的平稳性检验是通过对每个变量建立 AR(P) 特征多项式，然后估计出系数，即求解出特征多项式根的倒数，VAR 模型平稳性检验的标准是 AR(P) 特征多项式的所有根均在单位圆外，即所有单位根的倒数都在单位圆内。

6.2.1.2 数据准备

由于西藏数据可获得性的限制，此处选取的数据时间跨度为 1985—2013

年，第一产业产值、第二产业产值与第三产业产值选取支出法下的核算值（亿元），根据前文的界定，基础设施投资 a 选择交通运输、邮电通信、能源供给、信息传输、计算机服务和软件业，文化教育、科学研究、环境卫生以及社会福利业历年的固定资产投资总和，硬基础设施投资 $a1$ 选取交通运输、邮电通信、能源供给、信息传输、计算机服务和软件业的固定资产投资之和，软基础设施投资 $a2$ 选取文化教育、科学研究、环境卫生以及社会福利业的固定资产投资之和，所有数据均利用 GDP 平减指数进行平滑处理，以消除物价变动的影响。所有数据均来自西藏历年的统计年鉴（1984—2014）。

为避免数据的剧烈波动，分别对第一产业产值、第二产业产值、第三产业产值、基础设施投资、硬基础设施投资、软基础设施投资取自然对然，依次记为 $\lg gdp1$，$\lg gdp2$，$\lg gdp3$，$\ln a$，$\ln a1$，$\ln a2$。

6.2.2 VAR 模型构建及估计

6.2.2.1 产业发展与基础设施总投资的 VAR 模型

此处建立三次产业发展与基础设施总投资的 VAR 模型，选取的变量有 $\lg gdp1$，$\lg gdp2$，$\lg gdp3$，$\ln a$。

利用 Eviews6.0，确定最大滞后阶数。VAR 模型的滞后阶数判断结果如下：

表 6 – 1   **VAR 模型滞后阶数判断结果**

Lag	LogL	LR	FPE	AIC	SC	HQ
0	2.655457	NA	1.31e – 05	0.107563	0.302584	0.161654
1	119.6616	187.2099	4.14e – 09	– 7.972930	– 6.997829 *	– 7.702478
2	133.4951	17.70688	5.51e – 09	– 7.799610	– 6.044428	– 7.312797
3	164.6027	29.86326 *	2.26e – 09 *	– 9.008214 *	– 6.472953	– 8.305040 *

根据表 6 – 1，VAR 模型的 LR 检验统计量、最终预测误差 FPE、AIC 信息准则、SC 信息准则以及 HQ 信息准则的结果可知，有一半准则选择出来的滞后阶数为 3，因此可将 VAR 模型的滞后阶数确定为 3。

按前文 VAR 模型的平稳性检验方法，对各变量平稳性检验如下：

图 6 – 6 的检验结果显示，AR 特征根无一落在单位圆之外，这就表明 VAR 模型满足平稳性条件。

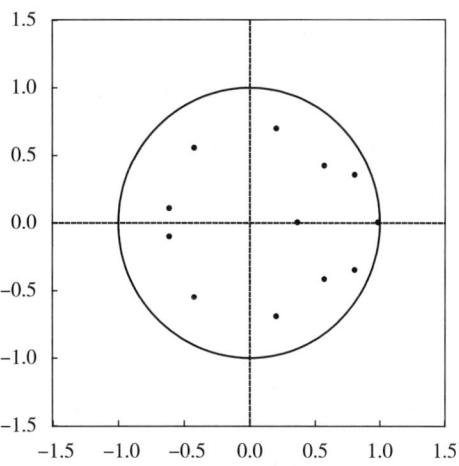

图 6 - 6　AR 特征多项式根的倒数分布

利用 Eviews6. 0 对 VAR 模型进行估计得

$$Y_t = \begin{bmatrix} 0.59 & 2.20 & -0.02 & 1.25 \\ 0.10 & 1.94 & 0.47 & 1.31 \\ 0.01 & -0.12 & 0.20 & 0.56 \\ 0.00 & 0.88 & 0.35 & 0.41 \end{bmatrix} \times Y_{t-1} +$$

$$\begin{bmatrix} -0.03 & -0.54 & -1.18 & -1.08 \\ -0.19 & -0.85 & -0.52 & -1.53 \\ 0.09 & 0.15 & -0.14 & 0.09 \\ -0.02 & -0.23 & -0.29 & -0.97 \end{bmatrix} \times Y_{t-2} + \begin{bmatrix} -0.20 & -0.02 & 0.13 & 1.26 \\ 0.27 & -0.26 & 0.06 & 0.65 \\ -0.09 & 0.43 & 0.02 & 0.08 \\ 0.03 & 0.09 & 0.06 & 0.50 \end{bmatrix} \times$$

$$Y_{t-3} + \begin{bmatrix} -4.72 \\ -2.18 \\ -0.48 \\ 0.66 \end{bmatrix}$$

其中，$Y = \begin{bmatrix} \ln a \ln g dp1 \ln dp2 \ln g dp3 \end{bmatrix}'$

表 6 - 2	VAR 模型各方程的检验结果			
滞后阶数	3			
R - squared	0. 974102	0. 997283	0. 999080	0. 997555
Sum sq. resids	0. 907221	0. 089290	0. 022577	0. 007470
S. E. equation	0. 274958	0. 086260	0. 043376	0. 024949
F - statistic	37. 61271	367. 0488	1085. 692	408. 0383

续表

滞后阶数	3			
Log likelihood	5. 979603	34. 96079	52. 14765	65. 97394
Akaike AIC	0.561632	− 1.756863	− 3.131812	− 4.237915
Schwarz SC	1.195447	− 1.123048	− 2.497996	− 3.604100
Mean dependent	2.757803	2.552878	3.313792	2.802307
S. D. dependent	1.208137	1.170170	1.011074	0.356800

根据表 6 - 2 可知，VAR 模型各方程的拟合优度均较高，可见各个方程的显著性较好。其他方程显著性评价指标也均显示各个方程显著性较高。根据决定性残差协方差、对数似然函数值、AIC 信息量值以及 SC 信息量的检验评价值可知，VAR 模型的整体显著性较高，这就为后文进行的脉冲响应分析与方差分解分析奠定了基础。

6.2.2.2　产业发展与各类基础设施投资的 VAR 模型

此处建立三次产业发展与各类基础设施投资（包括硬基础设施投资与软基础设施投资）的 VAR 模型，选取的变量有 $\ln gdp1$，$\ln gdp2$，$\ln gdp3$，$\ln a1$，$\ln a2$。

利用 Eviews6.0，确定 VAR 模型的最大滞后阶数。VAR 模型的滞后阶数判断结果如下：

表 6 - 3　　　　　　　　　VAR 模型滞后阶数判断结果

Lag	$Log L$	LR	FPE	AIC	SC	HQ
0	1.824975	NA	8.87e − 07	0.254002	0.497777	0.321615
1	127.2869	190.7021	3.01e − 10	− 7.782948	− 6.320297	− 7.377271
2	155.6185	31.73144	3.03e − 10	− 8.049480	− 5.367953	− 7.305738
3	209.6707	38.91756 *	7.01e − 11 *	− 10.37365 *	− 6.473251 *	− 9.291848 *

根据表 6 - 3，VAR 模型的 LR 检验统计量、最终预测误差 FPE、AIC 信息准则、SC 信息准则以及 HQ 信息准则的结果可知，大多数准则选择出来的滞后阶数为 3，所以，可以将 VAR 模型的滞后阶数确定为 3。

按前文 VAR 模型的平稳性检验方法，对各变量平稳性检验如下：

图 6 - 7 的检验结果显示，AR 特征根的倒数无一落在单位圆之外，这就表明 VAR 模型满足平稳性条件。

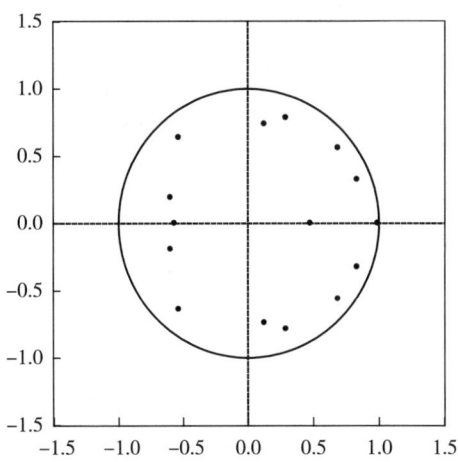

图 6 - 7   AR 特征多项式根的倒数分布

VAR 模型估计结果：

$$Y_t = \begin{bmatrix} 0.79 & 0.36 & 0.46 & 0.00 & -0.01 \\ 1.19 & 0.24 & 1.34 & 0.04 & 0.10 \\ -0.19 & 0.23 & 0.35 & 0.03 & 0.00 \\ -1.47 & 0.13 & 1.12 & 0.62 & -0.28 \\ -4.35 & -0.45 & 0.33 & 0.38 & 0.52 \end{bmatrix} \times Y_{t-1}$$

$$+ \begin{bmatrix} -0.22 & -0.23 & -0.90 & -0.01 & -0.02 \\ -0.04 & -0.04 & -0.65 & -0.13 & -0.19 \\ 0.19 & -0.26 & -0.02 & 0.02 & 0.11 \\ 1.13 & 0.15 & 1.28 & 0.05 & 0.02 \\ 4.00 & 1.11 & 3.50 & -0.27 & -0.43 \end{bmatrix} \times Y_{t-2}$$

$$+ \begin{bmatrix} 0.04 & 0.04 & 0.39 & 0.02 & 0.00 \\ -1.08 & 0.23 & -0.13 & 0.29 & -0.08 \\ 0.68 & 0.07 & 0.32 & -0.04 & -0.06 \\ -0.94 & -0.10 & -0.81 & -0.03 & -0.73 \\ -1.96 & 0.04 & -3.03 & 0.50 & -0.69 \end{bmatrix} \times Y_{t-3} + \begin{bmatrix} 0.85 \\ -0.97 \\ -0.70 \\ -0.50 \\ 1.66 \end{bmatrix}$$

其中，$Y = [\ln gdp1 \ \ln gdp2 \ \ln gdp3 \ \ln a1 \ \ln a2]'$

表 6 - 4   VAR 模型各方程的检验结果

滞后阶数	3				
R - squared	0.997734	0.998280	0.999287	0.982701	0.991956
Adj. R - squared	0.993956	0.995413	0.998099	0.953869	0.978549
Sum sq. resids	0.006925	0.056532	0.017486	0.641616	0.235493
S. E. equation	0.027739	0.079255	0.044079	0.267003	0.161759
F - statistic	264.1257	348.1935	841.2446	34.08380	73.98947
Log likelihood	66.92033	40.67441	55.34174	10.30955	22.83839
Akaike AIC	- 4.073626	- 1.973953	- 3.147339	0.455236	- 0.547072
Schwarz SC	- 3.293545	- 1.193873	- 2.367259	1.235316	0.233009
Mean dependent	2.802307	2.552878	3.313792	2.589482	0.833628
S. D. dependent	0.356800	1.170170	1.011074	1.243139	1.104452

根据表 6 - 4 可知，VAR 模型各方程的显著性较高。最后，根据决定性残差协方差、对数似然函数值、AIC 信息量值以及 SC 信息量的检验评价值可知，所选择的滞后阶数为 3 的 VAR 模型整体显著性较好。

6.3 西藏基础设施投资对产业发展影响：脉冲响应分析

6.3.1 基础设施总投资对产业发展的脉冲响应分析

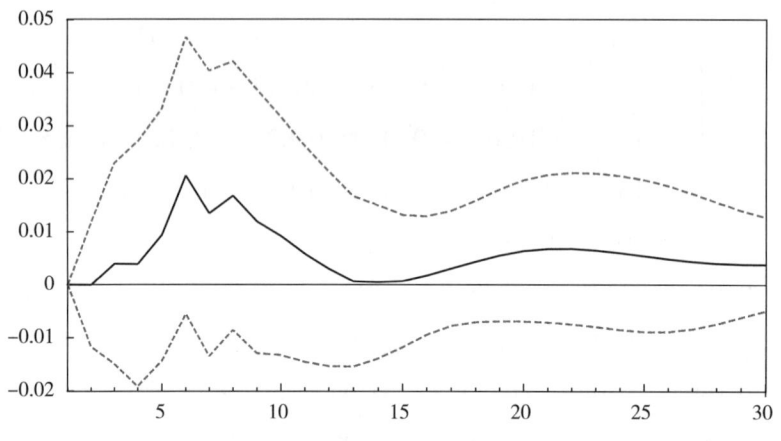

图 6 - 8 第一产业对基础设施总投资的脉冲响应

由图 6 - 8 可知，给定基础设施总投资一个单位标准差冲击，刚开始时对第一产业没有影响（第 1 期时没有冲击），其后产生正向冲击，且不断增大，一直到第 6 期时达到正向冲击最大，尔后正向冲击不断减小，在第 13 期达到最小，不过仍是正向冲击，维持两期最小冲击从第 16 期开始，正向冲击又开始增加，在第 20 期左右达到阶段高点，以后逐渐减弱，在第 30 期左右趋于稳定。可见，基础设施投资对于第一产业影响的短期效应不明显（第 1 期冲击为零），但中期影响较为显著（第 6 期时冲击最大），且对于第一产业的冲击是正向的。

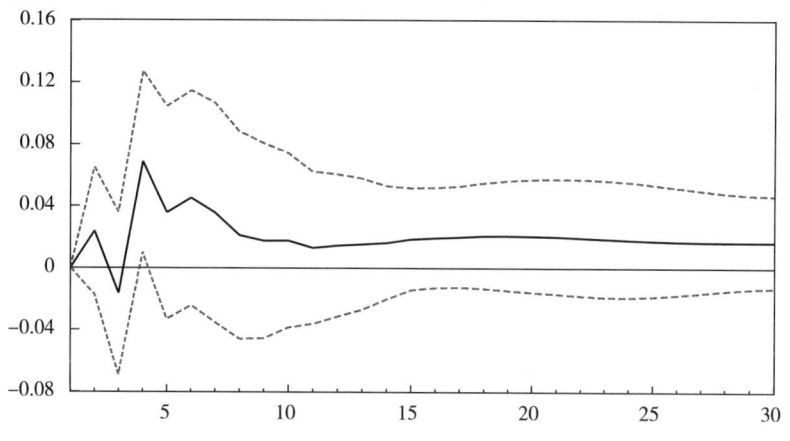

图 6 - 9 第二产业对基础设施总投资的脉冲响应

由图 6 - 9 可知，基础设施投资对第二产业的短长期影响效应存在不一致性，且很快趋于稳定。具体来看，给定基础设施总投资一个单位标准差冲击，刚开始时对第二产业是正向冲击（第 1、第 2 期均为正向冲击），第 3 期时冲击效应转为负向冲击，而在第 4 期又骤变为很大的正向冲击，尔后这种正冲击效应不断减小，在第 10 期前后开始趋向稳定。这可以说明，基础设施投资对第二产业的影响具有复杂性，总体上看，短期内为正向影响，但其间掺杂着负向冲击影响，长期内趋于稳定，且为正向冲击影响。

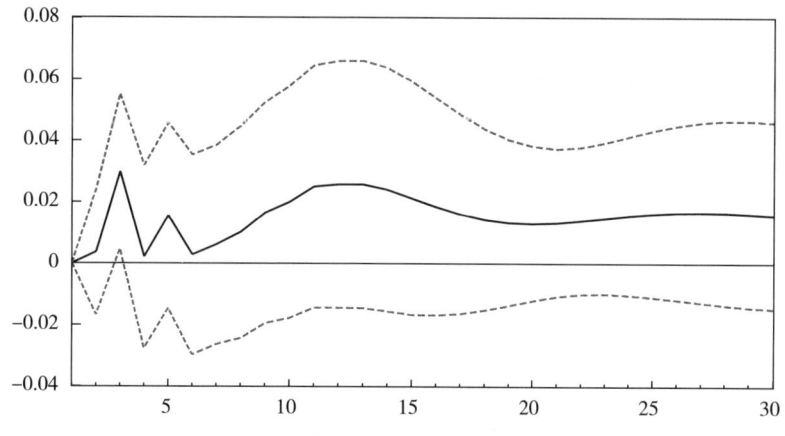

图 6 - 10 第三产业对基础设施总投资的脉冲响应

由图 6 - 10 可知，无论在长期还是短期，基础设施投资对第三产业的影响效应均为正向效应。具体来看，给定基础设施总投资一个单位标准差冲击，初期时对第三产业的正向冲击快速上升（第 1 ~ 3 期依次增加），在第 3 期时冲击效应达到最大，其后进入螺旋下降阶段，在第 6 期时达到最小，尔后正向冲击效应又平稳上升，在第 13 期左右达到阶段最大值，然后正向冲击不断下降，在第 20 左右趋于稳定。可见，在短期，基础设施投资对于第三产业的冲击程度大小不一，但均为正向影响，但对第三产业滞后影响的长期效应较为显著，长期正向冲击效应较大。

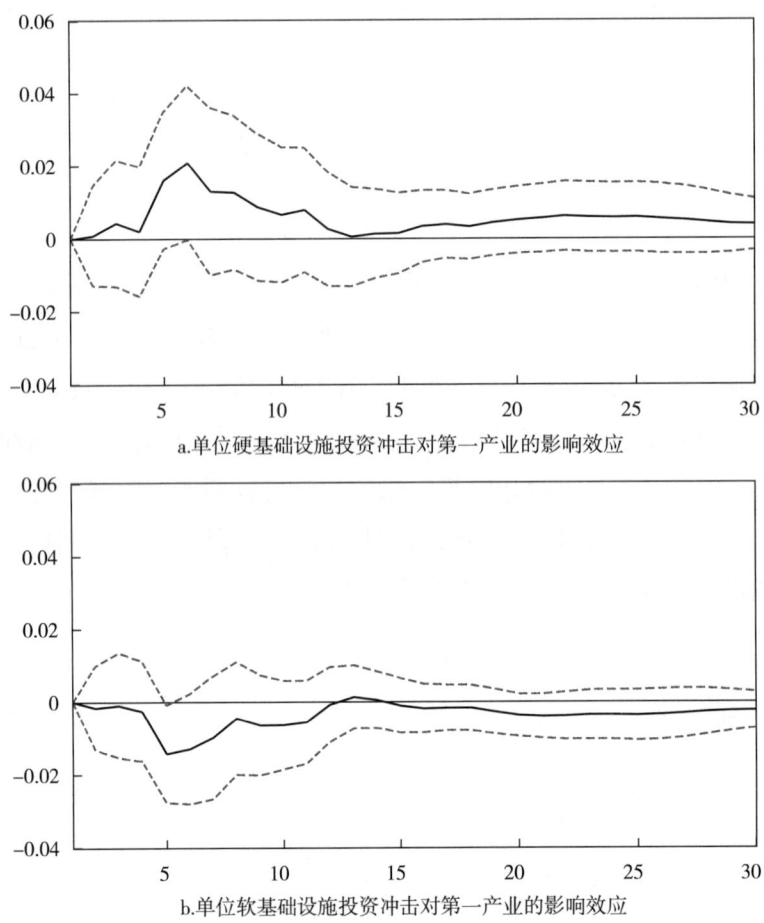

a.单位硬基础设施投资冲击对第一产业的影响效应

b.单位软基础设施投资冲击对第一产业的影响效应

图 6 - 11　第一产业对各类基础设施投资的脉冲响应

6.3.2　各类基础设施投资对产业发展的脉冲响应分析

在硬基础设施投资对第一产业冲击影响方面，给定硬基础设施投资一个单位标准差冲击后，第 1 期冲击影响非常微弱，其后正向冲击增加，在第 4 期有稍下调之外，冲击效应不断上升，在第 6 期时正向冲击效应达到最大，尔后，冲击不断减小，在第 14 期左右达到最小，这种正向冲击效应其后又有微弱上升，到第 30 期左右达到稳定；在软基础设施投资对第一产业冲击影响方面，给定软基础设施投资一个单位标准差冲击后，第 1 期产生微弱的负向冲击，且这种负向冲击不断增大，在第 5 期时达到最大值，其后负向冲击效应不断减小，且在第 14 期左右转为微弱的正影响，尔后又变为负向冲击（但冲击程度不大），在负向冲击稍增大一段时间后，在第 20 期趋于稳定。可见，硬基础设施投资对第一产业的影响是在短期为较大的正向冲击，长期冲击微弱；软基础设施投资对第一产业的影响是在短期为较大的负向冲击，长期冲击比较微弱。可见，否定假设 H_{40} 以及假设 H_{70}。

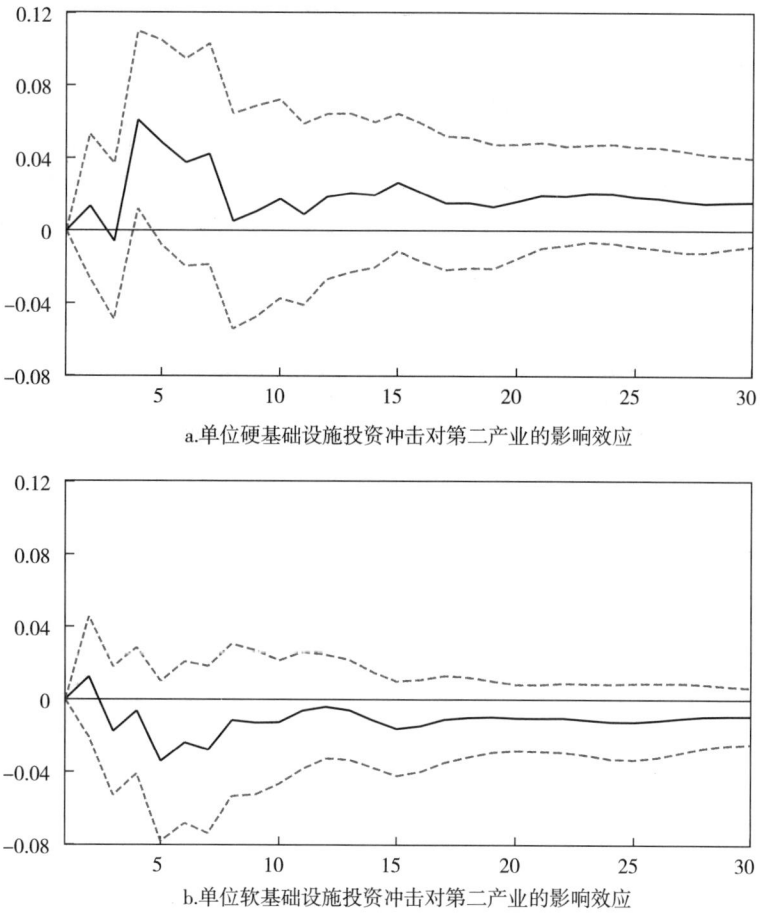

a.单位硬基础设施投资冲击对第二产业的影响效应

b.单位软基础设施投资冲击对第二产业的影响效应

图 6 - 12　第二产业对各类基础设施投资的脉冲响应

在硬基础设施投资对第二产业冲击影响方面，给定硬基础设施投资一个单位标准差冲击后，正向冲击增加，在第 3 期转为负向冲击，其后正向冲击效应不断上升，在第 4 期时正向冲击效应达到最大，而后冲击效应不断减小，在第 8 期左右趋于稳定，长期维持正向冲击；在软基础设施投资对第二产业冲击影响方面，给定软基础设施投资一个单位标准差冲击后，第 1 期产生正向冲击，其后正向冲击不断减小，第 2 期变为负向，在第 5 期负向冲击效应达到最大，其后负向冲击有所减小，在第 13 期左右负向冲击达到最小，而后负向冲击在有所增大之后趋于稳定。可见，硬基础设施投资对第二产业的影响是在短期为较大的正向冲击，长期内维持较大的正向冲击；软基础设施投资对第二产业的影响是在短期为较大的负向冲击，长期内为负向冲击，但冲击程度比较微弱。可见，假设 H_{50} 得以验证，而否定了假设 H_{80} 。

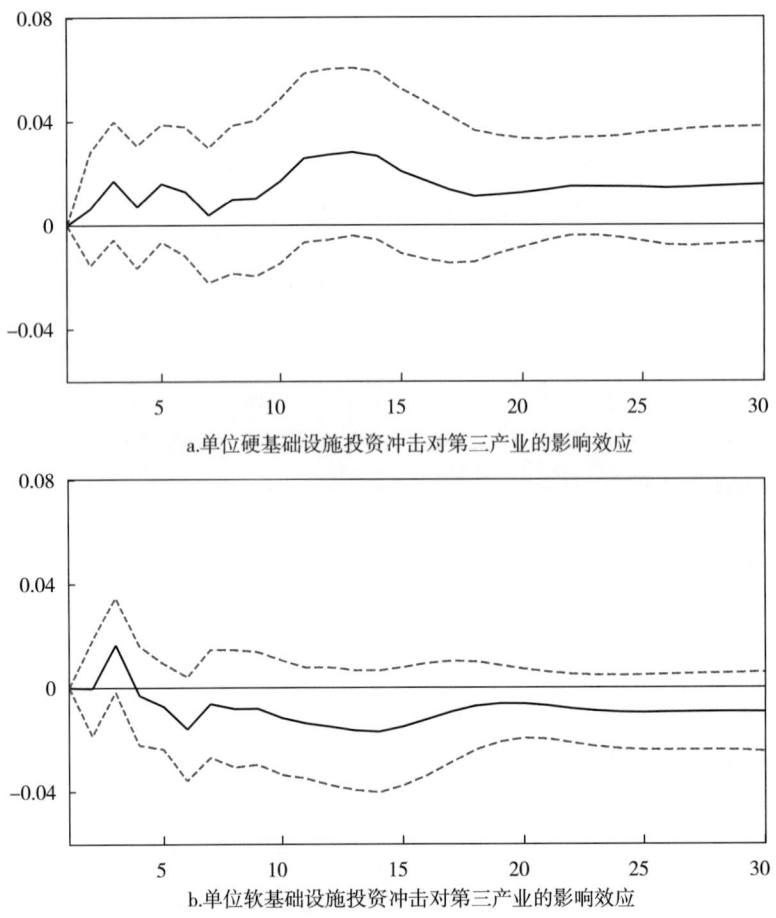

a.单位硬基础设施投资冲击对第三产业的影响效应

b.单位软基础设施投资冲击对第三产业的影响效应

图 6 - 13　第三产业对各类基础设施投资的脉冲响应

在硬基础设施投资对第三产业冲击影响方面，给定硬基础设施投资一个单位标准差冲击后，正向冲击不断增加，在第 3 期达到最大，其后一直到第 10 期正向冲击效应平稳波动（即波幅较小），尔后正向冲击不断上升，在第 15 期时正向冲击效应达到最大，尔后冲击效应不断减小，在第 20 期左右趋于稳定，长期维持较大的正向冲击；在软基础设施投资对第三产业冲击影响方面，给定软基础设施投资一个单位标准差冲击后，第 1 期时冲击微弱，然后正向冲击不断增加，在第 3 期达到最大，其后冲击效应不断减小，在第 4 期转为负向冲击，在第 6 期负向冲击最大，尔后负向冲击在有所减小后又不断增大，在第 15 期负向冲击最大，其后负向冲击有所减小，一直到第 20 期左右趋向稳定。可见，硬基础设施投资对第三产业的影响是，无论在短期还是在长期，均对第三产业有较大的正向冲击；软基础设施投资对第三产业的影响是在短期为较大的正向冲击，长期内为负向冲击。可见，假设 H_{60} 得以验证，同时在短期内假设 H_{90} 成立。

6.4 西藏基础设施投资对产业发展影响：方差分解分析

6.4.1 产业发展对于基础设施总投资的方差分解分析

表 6 - 5   lngdp1 的方差分解

期数	标准差	基础设施投资冲击	第二产业冲击	第三产业冲击	自身冲击
1	0.043376	3.644403	17.12279	5.999800	73.23300
2	0.054029	10.06968	31.11526	11.17930	47.63575
3	0.068678	17.03910	22.67008	7.438367	52.85245
4	0.075197	17.56057	17.52732	6.482509	58.42960
5	0.085514	22.10380	13.80302	8.703716	55.38946
6	0.093704	32.13967	10.95955	7.706852	49.19393
7	0.102701	34.89699	9.867249	6.954551	48.28121
8	0.112745	38.41056	9.152719	6.315267	46.12145
9	0.124398	39.31099	9.366777	5.999463	45.32277
10	0.136263	39.63653	9.664461	5.831034	44.86798
11	0.148271	39.67371	9.745264	5.847975	44.73305
12	0.158946	39.49534	9.736952	6.041858	44.72585
13	0.168107	39.24757	9.672647	6.283851	44.79593
14	0.175622	39.01761	9.601273	6.457788	44.92333
15	0.181618	38.77591	9.526612	6.557038	45.14044
16	0.186464	38.58589	9.438580	6.570395	45.40514
17	0.190551	38.50667	9.303840	6.499949	45.68954
18	0.194191	38.55982	9.111119	6.369099	45.95996

期数	标准差	基础设施投资冲击	第二产业冲击	第三产业冲击	自身冲击
19	0. 197649	38. 75139	8. 880116	6. 207821	46. 16068
20	0. 201101	39. 03505	8. 641099	6. 040262	46. 28359
21	0. 204649	39. 34204	8. 422717	5. 882078	46. 35317
22	0. 208344	39. 62725	8. 239215	5. 741662	46. 39188
23	0. 212175	39. 85874	8. 093141	5. 623474	46. 42464
24	0. 216093	40. 02730	7. 977191	5. 529077	46. 46643
25	0. 220023	40. 13985	7. 880644	5. 457355	46. 52215
26	0. 223883	40. 20641	7. 794985	5. 404951	46. 59365
27	0. 227604	40. 24051	7. 714510	5. 366257	46. 67872
28	0. 231141	40. 25553	7. 635984	5. 334660	46. 77383
29	0. 234472	40. 26249	7. 557586	5. 304311	46. 87562
30	0. 237599	40. 27056	7. 478168	5. 271040	46. 98024

由方差分析图可知，第一产业的波动率主要受自身冲击的影响，在第 1 期时解释力达 73. 23%，其次是受第二产业的冲击，刚开始时第二产业的解释力为 17. 12%，再次为第三产业对其的解释力，而基础设施投资在第 1 期时对第一产业的波动仅解释了 3. 64%，但第一产业自身冲击的解释力是逐步减弱的，基础设施投资对第一产业波动的解释力是逐渐上升的，第二、第三产业的解释则是先上升后下降，到第 30 期时自身冲击对第一产业的解释力达到最小，降为 46. 98%，基础设施投资对第一产业的冲击上升到 40. 27%，第二产业的解释力则在第 2 期时达到最大 31. 11%，尔后逐步下降，到第 30 期时降为 7. 48%，第三产业也是在第 2 期上升到 11. 18% 后下降，到第 30 期时为 5. 27%。可见，基础设施投资对第一产业的影响是深远的，随着时间的推移，其对第一产业波动的解释力是不断增加的（见表 6 - 5）。

表 6 - 6 lngdp2 的方差分解

期数	标准差	基础设施投资冲击	自身冲击	第三产业冲击	第一产业冲击
1	0. 274958	10. 92746	89. 07254	0. 000000	0. 000000
2	0. 327277	19. 77251	52. 65871	14. 76139	12. 80739
3	0. 347918	16. 09004	49. 87952	14. 58423	19. 44621
4	0. 353033	42. 02749	31. 49709	9. 574153	16. 90126
5	0. 358368	43. 25728	27. 13914	7. 981780	21. 62181
6	0. 361854	47. 42315	22. 76052	6. 753788	23. 06254
7	0. 364079	48. 61863	20. 33543	6. 123156	24. 92279
8	0. 366610	47. 71497	19. 41258	5. 783310	27. 08913

续表

期数	标准差	基础设施投资冲击	自身冲击	第三产业冲击	第一产业冲击
9	0.369765	47.27934	18.72270	5.547994	28.44997
10	0.375192	47.00953	18.07486	5.381277	29.53433
11	0.382556	46.51034	17.45626	5.369512	30.66389
12	0.390642	46.20564	16.82933	5.345766	31.61926
13	0.398038	45.93389	16.19994	5.259422	32.60674
14	0.404078	45.72134	15.57435	5.125315	33.57899
15	0.408705	45.66374	14.93423	4.960491	34.44153
16	0.412142	45.62800	14.31198	4.789259	35.27076
17	0.414693	45.61828	13.73084	4.619741	36.03114
18	0.416708	45.64949	13.19940	4.455687	36.69542
19	0.418444	45.68492	12.72548	4.306182	37.28342
20	0.420092	45.72265	12.30440	4.175189	37.79777
21	0.421790	45.75289	11.93068	4.062902	38.25352
22	0.423625	45.76093	11.59976	3.968138	38.67117
23	0.425644	45.75326	11.30306	3.887670	39.05601
24	0.427857	45.73219	11.03301	3.818599	39.41620
25	0.430238	45.69988	10.78343	3.758275	39.75841
26	0.432725	45.66209	10.54951	3.703592	40.08481
27	0.435242	45.62288	10.32811	3.651909	40.39710
28	0.437709	45.58608	10.11710	3.601512	40.69531
29	0.440067	45.55498	9.915111	3.551555	40.97835
30	0.442283	45.53053	9.721646	3.501933	41.24589

在短期内，第二产业的波动率主要受自身冲击的影响，在第 1 期时解释力达 89.07%，其次是受基础设施投资的冲击，但基础设施投资的冲击解释力不大，仅为 10.92%。总体上看，第二产业自身冲击解释力是不断下降的，到第 30 期时仅为 9.72%。第三产业对第二产业的解释力是先升后降，在第 2 期达到最大 14.76% 后不断下降，到第 30 期时仅为 3.5%。第一产业、基础设施投资对第二产业的冲击是一直上升的，第一产业刚开始对第二产业没有影响，而到第 30 期时解释力达 41.24%，基础设施投资对第二产业的解释力到第 30 期时达 45.53%。可见，基础设施投资对第二产业的影响也是深远的，随着时间的推移，其对第二产业波动的解释力是不断增加的（见表 6 - 6）。

表 6 – 7   lngdp3 的方差分解

期数	标准差	基础设施投资冲击	第二产业冲击	自身冲击	第一产业冲击
1	0.086260	1.222190	0.366371	98.41144	0.000000
2	0.116004	2.253315	12.64566	84.87627	0.224761
3	0.129091	24.46372	7.835734	66.01813	1.682417
4	0.162496	21.43877	6.669185	63.24448	8.647572
5	0.178480	26.06934	5.948923	53.29390	14.68784
6	0.194912	24.10009	5.104207	46.09909	24.69661
7	0.206622	23.88144	4.401045	38.86855	32.84896
8	0.213906	25.24283	3.833215	32.29611	38.62784
9	0.218834	28.01548	3.188229	26.53379	42.26250
10	0.223361	30.97710	2.675002	22.11424	44.23365
11	0.227358	34.27876	2.264145	18.68012	44.77698
12	0.231570	36.63980	2.040765	16.25708	45.06236
13	0.236026	38.41520	1.943335	14.53356	45.10790
14	0.240721	39.57323	1.923994	13.32367	45.17910
15	0.245826	40.20646	1.932158	12.48908	45.37230
16	0.251123	40.52621	1.928062	11.90854	45.63719
17	0.256412	40.64890	1.905673	11.48957	45.95586
18	0.261604	40.65792	1.864047	11.16679	46.31125
19	0.266578	40.62706	1.809998	10.88608	46.67686
20	0.271273	40.59258	1.751584	10.61191	47.04392
21	0.275674	40.58376	1.692268	10.32501	47.39896
22	0.279769	40.62267	1.633276	10.01995	47.72411
23	0.283594	40.71171	1.575704	9.702661	48.00992
24	0.287198	40.84503	1.521186	9.383638	48.25014
25	0.290629	41.00889	1.471718	9.073743	48.44565
26	0.293933	41.18520	1.428874	8.782030	48.60389
27	0.297149	41.35820	1.393023	8.514383	48.73440
28	0.300303	41.51589	1.363400	8.273507	48.84720
29	0.303412	41.65093	1.338501	8.059481	48.95108
30	0.306482	41.76126	1.316620	7.870285	49.05184

在短期内，第三产业的波动率也是主要受自身冲击的影响，在第 1 期时解释力达 98.41%，其次是受基础设施投资的冲击，但基础设施投资的冲击解释力微弱，仅为 1.22%。总体上看，第三产业自身冲击解释力也是不断下降的，到第 30 期时仅为 7.87%。第二产业对第三产业的解释力是先升后降，在第 2 期达

到最大 12.65% 后不断下降，到第 30 期时仅为 1.32%。第一产业、基础设施投资对第三产业的冲击是一直上升的，第一产业刚开始对第三产业没有影响，而到第 30 期时解释力达 49.05%，而基础设施投资对第三产业的解释力到第 30 期时达 41.76%。可见，基础设施投资对第三产业的影响是长期的，随着时间的推移，其对第三产业波动的解释力也是不断增加的（见表 6-7）。

可见，脉冲响应分析表明，基础设施投资对于第一、第二、第三产业的长期影响均为正向效应，说明基础设施投资可以长期持续地促进产业发展，这一结果与方差分解的结果是一致的，即基础设施投资对第一、第二、第三产业的影响是深远的，随着时间的推移，其对第一、第二、第三产业波动的解释力是不断增加的。从而，假设 H_{20} 得以验证，西藏基础设施投资可以促进其产业发展。

6.4.2 产业发展对于各类基础设施投资的方差分解分析

在短期内，第一产业的波动率只受自身冲击的影响，在第 1 期时解释力达 100%。总体上看，第一产业自身冲击的解释力也是不断下降的，到第 30 期时为 43.97%；第二产业与第三产业对第一产业的解释力是先升后降，其中第二产业在第 3 期达到最大 29.58% 后不断下降，到第 30 期时仅为 10.74%，第三产业在第 2 期达到最大 24.53% 后不断下降，到第 30 期时仅为 12.15%；硬基础设施投资与软基础设施投资对第一产业的影响是不断上升的，其中硬基础设施投资的解释力在第 30 期时为 22.52%，软基础设施投资的解释力到第 30 期时为 10.61%，可见，虽硬、软基础设施投资对第一产业的影响是长期的，但从影响程度上看，硬基础设施投资相对于软基础设施投资对第一产业波动的解释力要大得多（见表 6-8）。

表 6-8　　　　　　　　　　　lngdp1 的方差分解

期数	标准差	自身冲击	第二产业冲击	第三产业冲击	硬基础设施投资冲击	软基础设施投资冲击
1	0.027739	100.0000	0.000000	0.000000	0.000000	0.000000
2	0.038392	52.78170	22.44990	24.52900	0.054764	0.184626
3	0.043298	49.29417	29.58379	19.89590	1.031937	0.194201
4	0.047586	55.88010	24.69563	17.93618	1.031711	0.456383
5	0.054546	48.47746	21.02286	13.77893	9.507026	7.213727
6	0.063565	46.29429	15.81266	10.62679	17.84065	9.425615
7	0.067945	46.22412	14.44167	9.713606	19.28383	10.33677
8	0.070559	46.08840	13.68100	9.111975	21.12125	9.997379

续表

期数	标准差	自身冲击	第二产业冲击	第三产业冲击	硬基础设施投资冲击	软基础设施投资冲击
9	0.072010	45.78536	13.20594	8.883695	21.72514	10.39986
10	0.073235	45.38471	12.89826	9.082705	21.81605	10.81827
11	0.074185	44.74928	12.57040	9.166180	22.40079	11.11335
12	0.074580	44.92752	12.44741	9.327682	22.29051	11.00687
13	0.074750	44.82313	12.40254	9.593291	22.19392	10.98713
14	0.074915	44.64712	12.35218	9.928272	22.13016	10.94228
15	0.075188	44.41957	12.26320	10.42526	22.00855	10.88342
16	0.075588	44.16727	12.20873	10.82153	21.97452	10.82795
17	0.076086	44.08030	12.16840	11.06078	21.95484	10.73568
18	0.076630	44.09929	12.12968	11.31029	21.82652	10.63422
19	0.077277	44.02337	12.09256	11.51899	21.78132	10.58375
20	0.078072	44.02096	11.96502	11.64890	21.76714	10.59798
21	0.078958	44.07894	11.82132	11.70350	21.77658	10.61966
22	0.079851	44.11766	11.69079	11.68566	21.88800	10.61788
23	0.080656	44.18525	11.54538	11.68089	21.98297	10.60551
24	0.081380	44.17607	11.40401	11.70908	22.09729	10.61355
25	0.082061	44.11638	11.25585	11.74030	22.24641	10.64107
26	0.082679	44.08363	11.11328	11.78658	22.35472	10.66178
27	0.083218	44.05241	10.99603	11.84881	22.43880	10.66394
28	0.083680	44.03061	10.89852	11.92922	22.49030	10.65135
29	0.084084	44.01225	10.81559	12.03409	22.50498	10.63309
30	0.084463	43.97988	10.74405	12.14582	22.51555	10.61470

在短期内，第二产业的波动率主要受自身冲击的影响，在第 1 期时解释力为 72.63%，其次第一产业的解释力为 27.37%。总体上看，第二产业自身冲击的解释力也是不断下降的，到第 30 期时稳定在 11.79%；第一产业的解释力则是先下降后上升，在第 3 期时到达最小 18.17%，而后不断上升，在第 30 期时为 33.24%，而第三产业的解释力则是先上升后下降，在第 3 期到最大值 31.29% 后不断下降，到第 30 期时稳定在 18.37% 上下；硬基础设施投资与软基础设施投资对第二产业的影响是不断上升的，其中硬基础设施投资的解释力在第 30 期时稳定在 27.06%，软基础设施投资的解释力到第 30 期时稳定在 9.54%，可见，虽硬、软基础设施投资对第二产业的影响也是长期的，但硬基础设施投资对第二产业波动的解释力是软基础设施投资对第二产业波动的解释力的近三倍（见表 6-9）。

表 6 - 9   lngdp2 的方差分解

期数	标准差	第一产业冲击	自身冲击	第三产业冲击	硬基础设施投资冲击	软基础设施投资冲击
1	0.079255	27.36897	72.63103	0.000000	0.000000	0.000000
2	0.096176	19.16255	50.56837	26.67279	1.931077	1.665213
3	0.110007	18.17310	44.93522	31.28737	1.775367	3.828945
4	0.130314	18.38892	33.18696	22.30569	23.15224	2.966185
5	0.147039	19.21365	26.16686	17.89765	28.96442	7.757420
6	0.161411	21.78321	21.99276	18.15414	29.44523	8.624652
7	0.173126	21.09130	19.89589	17.37336	31.54534	10.09411
8	0.180047	25.45104	18.43933	17.11539	29.24548	9.748764
9	0.183689	26.64768	17.88676	17.17844	28.42993	9.857191
10	0.187475	27.65258	17.27736	16.99363	28.15644	9.919982
11	0.190566	28.62919	16.83025	17.36376	27.46869	9.708108
12	0.193281	28.51608	16.88269	17.48292	27.63562	9.482681
13	0.195961	28.62879	16.50691	17.54722	27.99840	9.318682
14	0.199141	28.63825	16.01722	17.90287	28.08269	9.358957
15	0.203578	28.43615	15.43534	17.97021	28.56788	9.590430
16	0.207797	29.01760	14.86753	17.99508	28.41493	9.704871
17	0.211234	29.71556	14.51570	18.09461	28.00674	9.667398
18	0.214216	30.23769	14.27573	18.13259	27.73663	9.617363
19	0.216994	30.79181	14.01113	18.23202	27.39191	9.573122
20	0.219799	31.11609	13.81171	18.29870	27.22612	9.547383
21	0.222750	31.37610	13.59377	18.25500	27.26027	9.514859
22	0.225634	31.64941	13.35298	18.23979	27.27760	9.480215
23	0.228550	31.78556	13.11742	18.23026	27.38300	9.483771
24	0.231500	31.95103	12.85043	18.21821	27.45371	9.526626
25	0.234340	32.18243	12.59615	18.22977	27.41689	9.574756
26	0.237000	32.42118	12.38286	18.22879	27.36544	9.601732
27	0.239394	32.69491	12.19943	18.24280	27.26540	9.597463
28	0.241555	32.92556	12.05053	18.28536	27.16015	9.578402
29	0.243616	33.09468	11.91841	18.32616	27.10072	9.560037
30	0.245647	33.24441	11.78528	18.36553	27.06015	9.544618

在短期内，第三产业的波动率主要受自身冲击的影响，在第 1 期时解释力为 87.88%，其次第二产业的解释力为 6.16%，最小的第一产业的解释力为 5.96%。总体上看，第三产业自身冲击的解释力也是不断下降的，到第 30 期时为 24.09%；第二产业的解释力则是先上升后下降，在第 2 期时达到最大

10.17%，尔后不断下降，在第 30 期时稳定在 5.34%，而第一产业的解释力整体上则是不断上升，到第 30 期时稳定在 38.69%；硬基础设施投资与软基础设施投资对第三产业的影响是不断上升的，其中硬基础设施投资的解释力在第 30 期时稳定在 22.45%，软基础设施投资的解释力到第 30 期时稳定在 9.43%，可见，虽然硬基础设施投资、软基础设施投资对第三产业的影响也是长期的，但硬基础设施投资对第三产业波动的解释力是软基础设施投资对第三产业波动解释力的两倍多（见表 6 - 10）。

表 6 - 10　　　　　　　　　lngdp3 的方差分解

期数	标准差	第一产业冲击	第二产业冲击	自身冲击	硬基础设施投资冲击	软基础设施投资冲击
1	0.044079	5.959009	6.159034	87.88196	0.000000	0.000000
2	0.050830	15.62029	10.16806	72.63834	1.571960	0.001347
3	0.057284	14.15596	8.567337	58.86994	10.16354	8.243224
4	0.060380	13.25669	7.731374	60.82430	10.52224	7.665397
5	0.069456	11.26171	6.156972	62.41364	13.30016	6.867521
6	0.078145	12.78495	5.754076	58.64287	13.22368	9.594428
7	0.087205	23.51507	5.682828	51.78524	10.80666	8.210199
8	0.094503	28.08829	7.615440	46.27567	10.29235	7.728241
9	0.101998	32.84075	8.047904	41.99591	9.861522	7.253913
10	0.109582	34.34211	8.720250	38.58595	10.94529	7.406402
11	0.118131	34.94257	8.706163	34.44315	14.20021	7.707899
12	0.126444	35.74583	8.035634	31.09493	17.00247	8.121136
13	0.134222	35.73160	7.416740	28.64619	19.49671	8.708761
14	0.141142	35.75646	6.818993	26.91572	21.20130	9.307533
15	0.146492	36.26802	6.371225	25.98079	21.69146	9.688511
16	0.150490	36.75114	6.097103	25.46068	21.85397	9.837114
17	0.153473	37.23041	5.914866	25.22821	21.80227	9.824249
18	0.155799	37.53997	5.809670	25.24809	21.66754	9.734727
19	0.157877	37.60910	5.765700	25.33183	21.66132	9.632060
20	0.159956	37.61713	5.718571	25.41770	21.71445	9.532150
21	0.162189	37.56425	5.677536	25.47951	21.82410	9.454610
22	0.164667	37.50004	5.634373	25.45935	21.99285	9.413386
23	0.167324	37.54182	5.578177	25.38683	22.09211	9.401058
24	0.170075	37.66308	5.534736	25.26206	22.13455	9.405578

期数	标准差	第一产业冲击	第二产业冲击	自身冲击	硬基础设施投资冲击	软基础设施投资冲击
25	0.172846	37.85987	5.499010	25.08348	22.14440	9.413243
26	0.175558	38.10339	5.468234	24.88804	22.12577	9.414560
27	0.178190	38.31513	5.447666	24.68194	22.14278	9.412484
28	0.180742	38.48713	5.421534	24.47304	22.20762	9.410684
29	0.183212	38.61354	5.386118	24.27747	22.30918	9.413696
30	0.185608	38.69165	5.342698	24.09486	22.44544	9.425348

6.5 基础设施投资与产业结构变迁

为探索基础设施投资与产业结构变动的关系，在此部分研究中采用 H—P 滤波的方法对相关数据进行处理，即用此方法对这些变量的趋势性成分与波动性成分进行科学分离，以明确地分析基础设施投资与产业结构变动之间的关系。笔者在此处采用的经济指标有：基础设施投资 A、硬基础设施投资 $A1$ 以及软基础设施投资规模 $A2$，产业结构指标在此选择现有研究中常用的产业结构高级化指标，即第三产业产值占国内生产总值的比重 S。数据的样本区间为 1985—2013 年，数据类型均为年度数据，样本数据均来源于历年的西藏统计年鉴。

HP 滤波法的简单工作原理介绍如下：

设 $\{Y_t\}$ 是包含趋势成分和波动成分的原始经济变量的时间序列，$\{Y_t^T\}$ 是分离后只含有原经济变量序列的趋势成分序列，$\{Y_t^c\}$ 是分离后只含有原经济变量序列的波动成分序列，则：

$$Y_t = Y_t^T + Y_t^c, t = 1, 2, \cdots, T$$

通常，将时间序列 $\{Y_t\}$ 中的趋势成分 $\{Y_t^T\}$ 定义为下面式子的最小化的解：

$$\min \sum_{t=1}^{T} \{ (Y_t - Y_t^T)^2 + \lambda [c(L) Y_t^T]^2 \} \qquad (6-1)$$

其中：$c(L)$ 是延迟算子多项式

$$c(L) = (L^{-1} - 1) - (1 - L) \qquad (6-2)$$

将式（6-2）代入式（6-1）中，则 HP 滤波的问题就转换为使下式损失函数最小的问题，即

$$\min \sum_{t=1}^{T} \{ (Y_t - Y_t^T)^2 + \lambda \sum_{t=1}^{T} [(Y_{t+1}^T - Y_t^T) - (Y_t^T - Y_{t-1}^T)]^2 \} \qquad (6-3)$$

到此，我们就可以通过求解上式而得到原序列 $\{Y_t\}$ 的趋势成分 $\{Y_t^T\}$

以及周期成分 $\{Y_t^c\}$。

在此笔者用此方法对 1985—2013 年的基础设施投资 A、硬基础设施投资 $A1$ 以及软基础设施投资规模 $A2$、第三产业产值占国内生产总值的比重 S 进行了分解，即分离出了趋势成分与波动性成分。同时为了满足计量分析的要求，对基础设施投资的各个变量 A、$A1$、$A2$ 取自然对数，记为 $\ln A$、$\ln A1$、$\ln A2$，考虑到此处笔者主要考察的是基础设施投资与产业结构变动的相关性问题，因此在此只需要它们的波动性成分，基础设施投资波动性成分记为 HPLNA，硬基础设施投资波动性成分记为 HPLNA1，软基础设施投资波动性成分 HPLNA2，产业结构的波动性成分记为 HPS，趋势性成分在此略去。

同时，应用格兰杰因果检验的方法来研究基础设施投资与产业结构变动的关系，对格兰杰因果方法介绍前文已述，在此不再赘述。笔者对这些变量进行平稳性检验，采用常用的 ADF 单位根检验方法对这些变量进行检验，结果显示这些变量均为平稳序列。因此，可以运用格兰杰因果检验的方法来进行各个基础设施投资的波动性成分（包括基础设施投资波动性成分 HPLNA、硬基础设施投资波动性成分 HPLNA1、软基础设施投资波动性成分 HPLNA2）与产业结构的波动性成分 HPS 的因果关系检验。

利用 Eviews6.0 软件对基础设施投资 A、硬基础设施投资 $A1$ 以及软基础设施投资规模 $A2$ 与第三产业产值占国内生产总值的比重 S 的格兰杰因果检验结果如下：

表 6 - 11　　　　　基础设施投资与产业结构的格兰杰因果检验结果

Null Hypothesis：	Obs	F − Statistic	Prob.
HPS does not Granger Cause HPLNA	26	4. 25520	0. 0281
HPLNA does not Granger Cause HPS		0. 58670	0. 5650
HPS does not Granger Cause HPLNA1	26	3. 75551	0. 0403
HPLNA1 does not Granger Cause HPS		0. 59811	0. 5589
HPS does not Granger Cause HPLNA2	26	2. 03429	0. 1558
HPLNA2 does not Granger Cause HPS		2. 66005	0. 0934

表 6 - 11 的分析结果显示，产业结构高级化指标的波动性成分 HPS 与基础设施投资的波动性成分 HPLNA 之间存在着单向格兰杰因果关系，具体来说是产业结构的高级化是引起基础设施投资波动的原因，即否定假设 H_{30}，接受 H_{31}。也就是说，西藏近年来产业结构的高级化进程带动了基础设施投资的发展，特别是带动了硬基础设施投资的发展，这一点从上表的格兰杰因果检验结果也可

以看出，产业结构的高级化是硬基础设施投资变动的原因，反之则不然，究其原因，这与西藏的特殊区情有关系。近年来西藏以旅游业为代表的第三产业发展迅速，导致产业结构高级化进程加快，以至于当地经济迈过工业化阶段直接进入高级阶段，在此过程中，以旅游业为代表的第三产业发展迅速必然带动交通、运输等硬基础设施投资规模快速增大，这就解释了产业结构高级化是硬基础设施投资变动的原因。在产业结构与软基础设施投资的关系方面，计量结果显示，它们存在着单向的因果关系，即软基础设施投资是产业结构高级化的格兰杰原因，反之不然，从而假设 H_{40} 得以验证。这一点是与西藏的经济发展情况相符的，软基础设施投资即是对教育、科学研究、卫生体育等方面的投资，对这几方面投资均是对第三产业的投资，必然会促进第三产业的增长，因此必然也会促进产业结构的高级化。综上得出如下结论：西藏软基础设施投资促进了当地产业结构的优化，而产业结构的不断高级化又带动了当地基础设施投资，特别是带动了硬基础设施投资的发展。

6.6 实证结论小结

建立西藏基础设施投资与产业发展的 VAR 模型，进行脉冲响应分析结果表明，基础设施投资对于第一、第二、第三产业的长期影响均为正向效应，说明基础设施投资可以长期持续地促进产业发展，这一结果与方差分解的结果是一致的，即基础设施投资对第一、第二、第三产业的影响是深远的，随着时间的推移，其对第一、第二、第三产业波动的解释力是不断增加的。

从基础设施投资的类型看，硬基础设施投资对三大产业的影响效应具有非对称性，硬基础设施投资只能在短期内促进第一产业的发展，长期内促进作用微弱，但可以长期支持第二、第三产业发展，这是因为硬基础设施投资主要投资于交通运输、通信等行业，从现实来看，这些行业本身就属于第二、第三产业，而且可以长期促进经济发展；软基础设施投资对三大产业的影响也是不一致的，在短期内，对第一、第二产业具有较大的负向冲击，长期冲击比较微弱，对第三产业在短期有较大的正向冲击，因为其投资的领域主要为第三产业领域，而长期内为负向冲击，可能与软基础设施的经济效应当前还未显现有关。可见，总体上看，硬基础设施投资对三大产业的长期影响效应均是正向的，而软基础设施投资在短期对第三产业为较大的正向效应。上述脉冲响应结果与方差分解的结果是一致的，硬、软基础设施投资对第一、第二、第三产业的影响是长期的，但硬基础设施投资对三次产业波动的解释力比软基础设施投资对三次产业波动的解释力要强。这主要是因为西藏总体经济发展水平较低，经济的发展主要是靠中央政府对西藏的总体供给模式，投资（主要是硬基础设施方面的投资）拉动和中央财政支撑是西藏经济发展的主要驱动力，在样本期内技术、人力资本等对经济产业发展的推动力作用还没有显现，因此表现为软基础设施投资仅对第三产业促进效应显著。

通过对基础设施投资与产业结构变迁进行格兰杰因果分析可知，西藏软基础设施投资促进了当地产业结构的优化，而产业结构的不断高级化又带动了当地基础设施投资，特别是带动了硬基础设施投资的发展。这是因为软基础设施投资主要是对教育、科学研究、卫生体育等方面的投资，对这几方面投资均是对第三产业的投资，因此必然会促进产业结构的高级化，又因近年来西藏旅游业发展迅速，必然引致对交通、运输等硬基础设施的投资需求，因此，相关硬基础设施投资必然会增加，从而表现为产业结构的高级化带动了当地基础设施的投资。

7 促进西藏地区基础设施投资与经济增长 良性发展的对策建议

7.1 西藏经济社会发展的战略选择

由前文的分析结论可知，西藏经济社会发展具有特殊性，其特殊性决定了必须要走"中国特色、西藏特点"的路子，下面将对"中国特色、西藏特点"的发展道路进行分析论述。

7.1.1 坚持"中国特色、西藏特点"的发展道路

中国特色的发展路子概括起来就是以马列主义为指导，坚持中国特色的社会主义道路，坚持中国特色社会主义基本政治制度和经济制度，坚持改革开放，推动现代化建设事业不断前进。西藏特点是中国特色的一个局部，其整体与局部的关系表现为西藏特点必须服从于国家发展战略的大局，在其未来发展道路上，也必须以中国特色社会主义理论体系为指导。此外，二者还表现为包含与被包含的关系，即中国特色包含西藏特点，西藏特点被包含在中国特色中。为实现西藏地区又好又快发展，须在党中央的领导下，将西藏实际与国家全局紧密联系，创造性地开展工作，努力探讨适合西藏特点的发展路子。

西藏自和平解放，通过民主改革、建立自治区并实行改革开放以来，其经济社会发展的成就举世瞩目，西藏也在发展中不断地探索着适合自身特点的发展道路。受历史条件约束，地处边疆的西藏作为一个自然经济为主导、社会层级较低的少数民族地区，其经济社会发展的起点很低，国家为支持西藏发展提供了大量援助，但多年的发展仍未使西藏走出发展滞后的境遇，呈现出非典型的二元经济结构状态。人口稀少且农牧区人口占比很大的西藏，其地处高原区域，环境承载能力脆弱，即便有着丰裕的自然资源禀赋但短期

内难以利用。从社会文化角度来看，西藏文明的进步是在上千年的封建农奴制以及浓郁的宗教文化传统基础上进行的，进程缓慢；从经济发展角度来看，西藏安于自给自足，但长期无法自足，商品经济发展缓慢，在改革开放后，计划经济向市场经济的变革使得西藏经济得以迅速发展。最为重要的是，从国家安全角度出发，西藏地处边陲，长期处于分裂势力的渗透与破坏中，同时面对境内外敌对势力的干扰破坏。因此，西藏又是一个巩固稳定边防、防止分裂任务非常繁重的地方。可以说，西藏所具有的上述特征、特殊性，在世界范围内都较为罕见，因此，西藏经济社会的发展必须在中央统一布局的前提下，紧密结合当地实际，奋力进取，坚定不移地长期坚持走中国特色西藏特点的道路。

7.1.2 充分认识西藏特点发展道路的深刻内涵

西藏特点的发展道路概括起来包括坚定稳边固本政策、坚持以民生的发展为重点、坚持自身的地域特色以及坚持走可持续发展道路这四个方面。

1. 坚定稳边固本政策是西藏特点发展道路的首要内涵。从西藏自身看，西藏地处我国西南边陲，与五个国家接壤，属少数民族聚居区，且在历史上长期处于黑暗封建农奴制、政教合一制度之下，这就决定了稳边固本是西藏经济社会发展的第一要务。自和平解放，尤其是通过民主改革建立自治区以来，中央对西藏发展一致秉持着稳边固本的首要策略，在社会结构变动中，始终将稳定我国西南边疆、筑牢反分裂基础以及巩固人民政权坚定不移作为西藏发展的深层内涵。一直以来，中央支持西藏发展的"总体供给模式"，无时不把稳边固本作为其首要目标，这在全国是独一无二的。可见，西藏经济社会发展是发展、稳定以及安全三位一体的系统性发展，是西藏特点发展道路的内涵之一。

2. 西藏特点的发展路子，始终坚持以民生为发展重点。从中国共产党领导西藏发展几十年的事实亦可证明此点，如和平解放时期订立的"十七条协议"，其重要内容突出表现为改善民生，且该点从西藏多年的发展中也可以看到。在西藏经济发展的过程中可以看出，中央对西藏所倾注的特殊关怀，无论是建立社保体系、向基层倾斜援藏工作，还是减免税收、安排财政支出，许多改善民生之举都比兄弟省区实施早得多。到目前为止，西藏已经建立的社会保障体系包括城镇职工基本养老保险、工伤保险、失业保险以及基本医疗保险等，西藏也建立了农村居民最低生活保障制度等，但由于西藏至今是全国最不发达的区域之一，改善民生仍然是西藏发展的重要任务，尤其是在灾民救助、五保供养等方面还要加强，在医疗、司法等救助制度方面需要与全国接轨。

3. 西藏特点的内涵是具有地域特色。西藏特点发展路子的地域内涵中，不可避免地存在如何构建新区域经济结构以及如何实现西藏现代化的两大命题。在跨越式发展战略的指引下，西藏制定了"四优"原则以及发展总要求，其中，"四优"原则是指"优势区域、优势产业、优势资源、优先发展"，而发展总要求是指"区域集中、质量提升、效益提高、规模做大"，通过整合各方资源，集中开发了藏地八大优势产业带，如藏东北牦牛、藏东南林下资源、藏猪、藏西北绒山羊、藏中优质粮油、藏药、藏鸡等畜牧业，同时做好"六通"工程，即水、讯、电、路、邮、广播电视这六大项目，再在基地建设与龙头企业的带领下，大力发展农牧特色产业，深化农畜产品的加工力度。同时，在产业发展战略方面，西藏提出"一产上水平、二产抓重点、三产大发展"的战略。在具体做法上，持续推进新农村建设，围绕农牧业增效、农牧民增收的中心任务，取得"一产上水平"的重大突破，包括大力加强农牧区基础设施建设，改善农村居民的生产生活条件；推进有西藏高原特色的现代农牧业体系建设，提高第一产业质量水平；构建农牧民持续增收的长效机制，提高农牧民生活水平；加快农村社会事业发展，推动农村经济全面协调发展。在"二产抓重点"方面，按照新型工业化道路的基本要求，建设完善西藏特色的工业经济体系，包括有选择地适度超前发展资金密集型基础工业；大力发展有突出资源优势的工业行业；有选择、有重点地培育发展高新技术产业。最后，宜以旅游业为龙头，大力发展西藏服务业，实现"三产大发展"的目标。而由资源的偏在性所决定的后发优势既是西藏特点的发展路子之一，也是西藏旅游业快速发展的原因之一。西藏独特的生态地理因素对全国及整个南亚乃至全世界的气候变化都有影响，可以说，西藏生态环境的偏在性也是其地域内涵的一个方面。在艰巨的发展任务面前，西藏未来的方向应该是以更大的力度进行改革开放，在调整经济结构的同时壮大其特色产业，坚决执行科教兴藏，走可持续发展的道路。

4. 西藏特点发展路子所蕴含的可持续发展内涵是西藏发展是包含在中国未来发展大命题中一个必不可少的方面。从目前来看，中国经济可持续发展的必选道路之一就是大力发展低碳经济，而这也是西藏特点发展路子的必然趋势。发展低碳经济可以保护和建设生态环境，对于西藏来说，可以从发展新能源、节能减排入手。另外，西藏的可持续发展除相关政策之外，应着重发展高新技术，创造或引进更清洁、更有效的技术，尽可能减少能源和其他自然资源的消耗。同时，继续拥护祖国的完整统一，坚决反对分离势力的破坏，努力增进各民族的团结一致，为构建和谐社会而努力，从而实现西藏经济的可持续发展。

7.1.3 西藏特点发展道路下的制度创新

一直以来，西藏经济都是在中央对西藏提供的总体供给模式支持下发展的，虽然其经济社会的各个方面取得了巨大成就，但是相对来说，其总体发展水平还是比较落后。笔者认为西藏当前市场化程度低、现代市场经济体制缺乏是其发展水平滞后的主要原因，且认为建立健全现代市场经济体制、实现"稳边固本、民生为重、地域特色、可持续发展"西藏特点的发展道路的有效路径便是制度创新。在西藏特点发展道路下的制度创新，就是要将现有的传统市场经济，连同部分自然经济转变为现代市场经济，建立符合西藏特点的富有活力的市场经济新体制。结合西藏当地实际，宜从如下几方面进行制度创新。

1. 加快所有制结构调整，推动市场经济体制建设。改革开放以后，东部地区的制度创新在全国名列前茅，其积极调整所有制结构，努力减少国有经济的占比，大力发展非公有制经济，后者现已成为东部地区经济的主体。当前，在所有制结构方面，西藏国有经济在所有制结构中所占比重较大，这是其经济发展滞后的一个重要原因。目前西藏非公有制经济发展面临两方面的体制性障碍，一方面是公有制的垄断地位所导致的"所有制垄断"，另一方面是非公有制受歧视而导致的"所有制歧视"，因此，西藏宜加大制度创新的力度，突破两大体制性障碍，进行所有制改革，对国有企业进行战略性改组，为非公有制经济发展创造适宜的经济社会环境，实现投资主体多元化，扩大对外开放程度吸引外资资本的注入，建立适应西藏经济状况的合理的所有制结构。

2. 改善区域投资环境，不断增强投资环境的吸引力。从西藏的现实来看，西藏当地的投资环境欠佳一直是影响西藏经济快速发展的一个重要因素。从投资环境的存在形式上看，可将其分为投资硬环境与投资软环境，投资硬环境主要是指当前基础设施服务能力的情形，而投资软环境则是指吸引投资的政策规章等。投资硬环境直接影响着西藏对现有资源的配置效率以及从外部获取资金和信息的能力，故对西藏经济发展有着不可小觑的促进作用。显然，西藏应加大基础设施建设力度，不断优化投资硬环境，但西藏当前的基础设施建设面临着由于投融资制度落后导致的资金缺乏的现实约束，因此，西藏宜创新投融资制度，深化投资体制改革，建立科学的投资运行机制，拓宽基础设施建设资金来源，广泛吸引各方资金，共同投资西藏基础设施建设，营造较好的经济发展硬环境。在软环境方面，西藏吸引投资的能力较弱，有学者对中央在地区投资所能带来的其他投资的比例进行了测算，东中西部大致为1:12、1:7、1:1.2，而西藏的这个比例则更低，2007年为1:0.35①，可见西藏投资软环境的现实恶劣情况，因此西藏应加大政策制度创新，不断优化投资软环境，增加当地投资环境的吸引能力。

3. 尽快转变政府职能，加快市场经济体制建设步伐。由于受计划经济影响，西藏政府部门当前还存在相当多的人认为政府是经济发展的主体。而造成这种政府角色错位、越位的定位不清楚问题的原因在于政府职能还未转变过来，政府行使的主要是管理职能，而非服务职能。建设现代市场经济体制要求政府行使服务的职务，仅扮演守夜人的作用，经济资源的配置主要是由市场这只无形的手自发地进行，只有在市场失灵的情况下才由政府出面调控经济资源。因此，西藏应进行制度创新，加快政府职能从管理型向服务型的转变，提高政府运行效率；同时，在市场制度建设方面，应理顺政府与企业的关系，不断使政府从经济发展的主体位置退出，促使微观的个体经济成为经济发展的主体，充分发挥企业在经济发展中的积极作用。

4. 坚持科教兴藏战略，促进西藏经济的跨越式发展。地理环境因素的特殊制约了西藏与内地经济的协同联动性发展，由此导致经济区域辐射效应以及西藏地区经济自我内生发展能力不足。为强化西藏经济内生发展能力，需要借助人才和科技的力量，而当前西藏地区却呈现出人力资源质量不高，科技难以转变为生产力的问题，造成这一问题的原因在于人力资源管理制度、教育制度以及科技管理制度的滞后。人力资源管理制度的滞后使得人力资源得不到有效的利用和开发，教育制度的滞后使得现有的教育投资模式、教育模式等不能适应西藏非典型二元经济结构特点的需要，科技管理制度的滞后表现为科研项目与经济建设的分离，不能有效促进经济的增长。因此，西藏应进行制度创新，建立科教兴藏体系，激活人才、教育、科技三大要素，并促进三者有效结合，促

---

① 孙勇. 西藏经济社会若干问题探讨——高山拾贝者的足迹 [M]. 西藏：中国藏学出版社，2009.

进西藏经济的快速增长。诚然，短期内，西藏无法改变投资拉动型经济的现状，故中央及其他省市的援助依然是必要且迫切的。笔者认为，从宏观角度出发，西藏应该以政府为主导，坚持科教兴藏，加大对科教的投资力度，实施优惠宽松的科教政策，强化现代教育，大力推进文教卫事业发展，提高人口素质，同时引进技术和人才，努力激活西藏经济的造血功能，建立经济增长的内生机制，促进西藏经济的跨越式发展与长治久安。

5. 充分发挥资源优势，实现西藏经济的可持续发展。西藏独特的地理环境决定了它的比较优势是矿产和能源等自然资源，而非资本、技术和劳动力等传统要素，但制约其经济发展的是该比较优势尚未转化为经济竞争优势，究其原因在于缺乏合理有效的利益分配制度与补偿制度。因此，西藏需要进行制度创新，探索出合理的资源开发和利用制度，充分利用其丰富的自然资源，将其资源优势转化为经济优势，强力拉动经济发展。同时，西藏自然环境特殊，生态环境极其脆弱，因此西藏既面临着依靠资源优势加快经济发展步伐的目标，又面临着合理开发资源以保护脆弱生态环境的目标，在这两个目标的双重约束下，西藏经济发展只能选择走可持续发展之路。因此，西藏只有进行制度创新，在致力于建立利用资源优势加快经济发展有效机制的同时，还要加快建立藏区生态环境保护建设的长效机制，加大对西藏脆弱环境的保护力度，避免掠夺式开发所导致的严峻后果，从而实现西藏区域经济、社会和生态环境三者的全面协调发展。

7.2 西藏地区基础设施投资的战略选择

前文研究表明，西藏基础设施投资与经济增长存在着长期均衡关系，即基础设施投资每增加 1 个百分点，将拉动经济总量增长 0.678 个百分点；通过建立 VAR 模型分析西藏基础设施投资与产业发展之间关系进行研究，结果表明，基础设施投资可以长期持续地促进第一、第二、第三产业的发展。可见，西藏应坚定不移地进行基础设施投资，促进其经济社会的发展。同时，前文研究表明，西藏基础设施投资效率不高，且多年来西藏基础设施投资的相对规模过大，一直高于最优投资规模，今后宜减少基础设施投资的相对规模，注重基础设施投资的针对性，加大基础设施投资特色优势产业方向的力度，充分激发特色优势产业的增长潜力，并且多元化基础设施投资的融资来源，应用公私结合模式优化融资结构，全面提高基础设施投资拉动经济增长的效率，最终促进西藏自治区经济的跨越式发展与可持续发展。

7.2.1 西藏地区基础设施投资的战略方向

西藏和平解放以来，随着中央对于西藏基础设施建设的不断投入，西藏的基础设施情况得到了很大的改善，当前已基本建成由公路、铁路、航空、管道组成的立体综合交通运输体系，由水电、地热电、风电、光电等构成的综合电力能源保障体系，且已初步形成由固定电话、移动电话、互联网等媒介组成的现代通信网络体系以及已初步建成城镇防洪、农田灌溉、人畜饮水水利设施保障体系。然而，当前西藏经济面临的重大课题是如何有效地增强自身的自生能力以实现跨越式发展，诚然，提升西藏经济自生能力的根本途径在于增强当地产业的自我发展能力。西藏的产业包括特色农牧产品加工业、优势矿产开采及加工业、藏医藏药产业、特色旅游业、特色饮品业等，这些特色优势产业都对相关基础设施条件存在着很高的要求，特别是优势矿业、农牧产品加工业、藏医藏药业、特色饮品业均是典型的高能耗产业，对电力、交通、通信设施等基础设施存在较强的依赖，即便是有"无烟工业"之称的旅游业对交通、通信设施等基础设施也存在着很高的要求。

可以预期，随着西藏特色优势产业发展步伐的逐步加快，产业经济规模的不断壮大，西藏现有基础设施（特别是能源设施）条件将很快难以满足产业经济持续快速发展的需要，现有基础设施的供给能力将很快构成新一轮经济增长的瓶颈约束因素，因而不利于西藏经济跨越式发展战略的顺利实现。因此，鉴于西藏经济自生能力建设对基础设施条件的严重依赖性，在产业经济发展进程中，必须继续加强基础设施建设工作，保持适度超前的基础设施服务能力，尤其是要加强交通通信等行业的建设，通过降低本地及与外地的经济交流成本，从而扩大本地区产品的市场范围，进而扩大产品规模，最终达到增进经济向外辐射效应的目的。

综上分析可知，未来西藏基础设施投资战略方向必然是特色优势产业依赖较强的硬基础设施领域，如电力、煤气及水的生产等能源基础设施领域、交通运输仓储和邮电通信等基础设施领域。同时，现阶段西藏特色产业存在着技术水平较低，从业人员专业素质低等问题，如西藏矿产业自身起步较晚，技术含量低，当前产品主要是原材料的输出，矿产品生产基本上没有加工阶段，因此也应紧紧围绕提高当地特色优势产业自我发展能力的中心主题，加强学习与自身技术创新，整合研发资源，致力于改革科技创新体制机制，加快构建以资源共享为目标的技术创新、成果转化和信息服务的科技创新平台，加大力度投资于科学研究、技术服务、教育等软基础设施领域，不断提高优势产业的科技含量，壮大优势产业内的高素质人才队伍，促进当地特色优势产业的产业链化、集约化以及高级化发展。

7.2.2 西藏地区基础设施投资的模式选择

一国或一地区的经济增长需要基础设施投资的支撑，而随着时间的推移，基础设施会由于折旧的存在供给服务能力变得低下，因此就需要不断地进行基础设施投资以及对现有基础设施进行维护与修复。因此，基础设施投资的模式选择就显得尤为重要。目前学术界探讨基础设施投资模式有两种：基础设施的公共投资模式与市场化投资模式。

采取政府公共投资模式的理论依据可以追溯到庇古理论，该理论认为基础设施投资应遵循"谁受益，谁投资"的根本原则，若企业存在外部不经济时，即当边际社会成本大于边际成本时，政府就对企业进行征税，利用征税的资金以公共投资的形式再投资于基础设施，从而使得外部不经济效应内部化；若企业存在外部经济时，即当边际社会成本小于边际成本时，政府就对企业进行财政补贴，使外部经济效应内部化。那么对于政府最优税收政策是什么呢？Barro和 Sala – I – Martin（1992）认为政府最优税收政策以税收对私人投资与家庭储蓄的润滑和刺激作用均得到最充分的发挥为原则，操作中应依据所投资基础设施的拥挤性而确定，若政府所提供的是非拥挤性、非竞争性以及非排他性的公共品化基础设施，政府则应采取一次总付税制，这是因为一次总付税制不会影响劳动供给、储蓄、投资，而所得税则会对家庭劳动—闲暇决策、储蓄—投资决策产生相当强的扭曲效应；若政府所提供的是拥挤性基础设施，政府则应采取所得税制，所得税制此时优于一次总付税制，这是因为所得税制可以在一定程度减少消费者对于基础设施的消费，从而可以减轻基础设施的拥挤性，同时，政府采取使用费式的所得税制可以宏观上增加政府财政收入，进而政府可以再循环地投资于基础设施，增加基础设施存量，长期保持与提高基础设施供给的服务能力[①]。

---

① Barro R J, Sala – I – Martin X. Public Finance in Models of Economic Growth [J]. Review of Economic Studies, 1992, 59: 645 – 661.

　　基础设施的市场化投资模式是指在市场机制的作用下，政府与私人共同或只有私人独方出资投资于基础设施领域的模式。该理论始于20世纪70年代，而真正的实践始于20世纪80年代，当时英国迫于多方面的需求以及为减轻政府财政压力，开创性地运用市场机制投资基础设施领域。这一模式的实施，效果较佳，很快被欧洲各国复制，西方诸国瞬时掀起了基础设施私有化的浪潮。市场化投资模式相对于政府公共投资的优势在于：市场化投资机制参与主体为私人投资，私人投资以利润最大化为目标，资源配置效率高，而政府公共投资往往扮演解决"市场失灵"的角色，以"公平"为目标，通常资源配置效率低于市场效率，公共投资的效果往往是得之公平，失之效率。基础设施具有特殊的属性，它往往具有公共产品的性质，也具有私人产品的性质，因此在基础设施投资市场化机制中必然会有政府与市场分工，政府一般提供类纯公共物品的基础设施，如社会公益性项目、具有非常大投资风险及投资回报期超长的基础设施项目；对于区域性的、具有私人物品性质的以及对微观经济个体具有较大影响的基础设施项目应当引入市场化私人资本参与的长效机制，以提高该基础设施领域的投资效率，促进区域经济的长期增长。

　　还有一些学者从交易成本的角度论述基础设施供给机制问题。该观点认为基础设施供给主体是政府还是私人取决于政府公共投资所产生的外生交易成本、市场化私人投资所产生的内生交易成本以及两者合作所产生的加权平均交易成本三者的比较，在一定外部环境不变的情况下，若政府公共投资所产生的外生交易成本小于市场化私人投资所产生的内生交易成本以及两者合作的交易成本，则采取政府公共投资的模式，若市场化私人投资所产生的内生交易成本小于政府公共投资所产生的外生交易成本以及两者合作的交易成本，则采取私人投资的模式，若两者合作的交易成本小于市场化私人投资所产生的内生交易成本、政府公共投资所产生的外生交易成本，则采取两者共同合作的投资模式（见图7-1）。

　　需要说明的是，由于现实基础设施投资影响因素复杂性，如合同违约、法律法规缺失、官员腐败等复杂问题的存在，私人基础设施投资的发展受到了制约，而现存的BOT模式与PPP模式等政府与市场合作模式就被解释了，即该种模式在现实中交易成本可能最小。

　　西藏当前基础设施投资属于典型的政府公共投资型模式。如2014年，按经济类型分，西藏全社会固定资产投资中，个体经济投资只占到3.4%，个体经

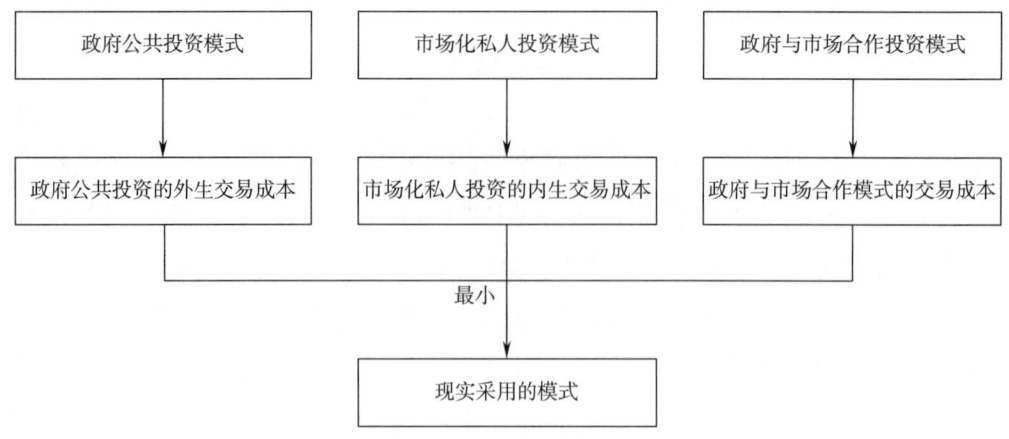

图 7 - 1　交易成本视角下的基础设施投资模式选择

济以及集体经济占全社会固定资产的比重也仅是 3.83%，而国有经济投资占到 68.81%，可见，西藏基础设施投资的大部分来源为国有资本，投资主体较为单一，民间资本很少参与，市场化程度较低。同时，按资金来源分，国家预算内资金占全社会固定资产投资总额的 60% 左右，可见，基础设施投资大部分的资金来源为国家预算，较少来自私人资本。同时，西藏的特殊性在于其财政收入的大部分来自国家补助，地方财政收入较少。如 2014 年，西藏财政收入总计 11996218 万元，其中国家补助收入为 10348682 万元，占比 86.27%，而地方财政收入仅为 1647536 万元，仅占总收入的 13.73%，可见，西藏财政对于中央的依赖非常强，这非常不利于西藏经济自生能力的提高。

　　西藏政府公共投资基础设施存在综合效益低，竞争力弱，投资效率低下等问题，早已不能满足当地经济与产业快速发展的需要，而且国家当前一直主张西藏经济必须注重提高自身的发展能力，以为实现跨越式发展打下良好基础，因此，西藏基础设施投资的模式必须转变，应不断减少对于中央支持的依赖性，走可持续的自我发展之路。在模式的选择上，笔者认为在短期，西藏应选择政府与市场合作的模式。由于西藏经济发展的特殊性，其短期内不可能脱离对于中央的依赖，因此这种模式必须是政府主导下的政府市场合作模式，即在政府的主导下，坚持市场经济，充分发挥市场对资源配置的基础性作用以及其自动调节经济的作用。而在长期，笔者认为必须建立、保持与增强基础设施供给服务能力的长效机制模式，以培养西藏经济产业自身的发展能力，这种模式即是随着西藏经济的发展与市场机制的不断深化，西藏所应当选择的市场主导下的政府市场合作的基础设施投资模式，甚至是市场化私人投资模式，允许并鼓励私人资本进入基础设施投资领域，促进竞争，提高资源配置效率。

7.3 西藏地区基础设施投资的结构优化

前文研究结论指出，西藏基础设施投资可以促进其经济增长，并可以长期持续地促进第一、第二、第三产业发展。从基础设施投资的类型看，总体上，硬基础设施投资对三大产业的长期影响效应均是正向的，而由于技术、人力资本等对西藏经济产业发展的推动力作用还没有显现，因此表现为软基础设施投资对三大产业的影响为负向。同时，研究表明，西藏软基础设施投资促进了当地产业结构的优化，而产业结构的不断高级化又带动了当地基础设施投资，特别是带动了硬基础设施投资的发展。因此，今后西藏宜不断致力于优化基础设施的投资结构，也要充分考虑基础设施的区位与产业分布因素。

西藏基础设施投资的结构优化主要应从如下三个方面入手，一是西藏基础设施投资的区位结构优化，二是西藏基础设施投资的内部结构优化，三是西藏基础设施投资的产业结构优化。

7.3.1 西藏基础设施投资的区位结构优化

对于公共投资模式下基础设施投资来说，在对某一区域进行基础设施投资时，应充分考虑该地区基础设施的整体布局以及各个子区域经济的均衡发展，这是政府的目标公平的要求，即对于基础设施投资宜考虑各地区的区域差异情况，政府应相对加大对于落后地区的基础设施投资力度，这是政府以公平为宗旨的结果。其实，政府对于落后地区基础设施投资力度的加大更为重要的现实意义在于为其经济赶超相对发达区域经济打基础，这一点已被许多实践所证实。如美国在西部大开发中，不断对交通基础设施进行投资，使得美国西部铁路附近地区经济快速发展起来，许多"铁路城镇"得以产生；陈诗一等（2008）对我国西部大开发中的基础设施投资进行了研究，研究结果也证明了这一点。

西藏地区基础设施投资区域分布极不均衡，表现为"一边倒"的分布特点。例如，2014 年，西藏省会城市拉萨基础设施投资占比最高，占总投资的40.67%，其他地区占比总和为59.33%，而那曲与阿里两个地区的基础设施投资占比均不到10%（见图7-2）。可见，西藏自治区的省会拉萨占用了大部分基础设施投资的资源，这与西藏各区域经济发展的不均衡有很大关系，因为经济发展水平与基础设施投资水平存在莫大的关系。同时，拉萨市的地区生产总

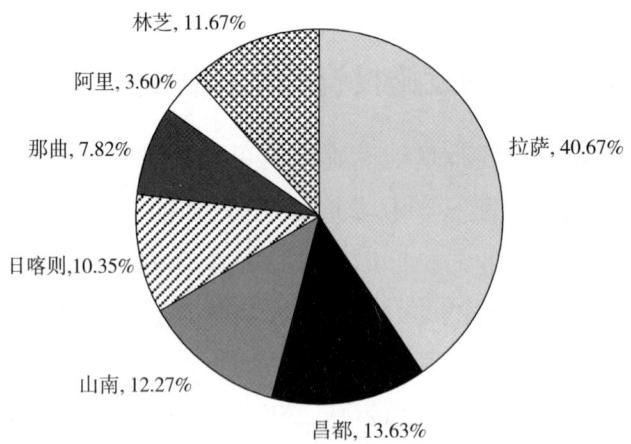

数据来源：《西藏统计年鉴》（2014）。

图7-2　2014年西藏各区域基础设施投资的情况

值占西藏全区地区生产总值的37.71%，而那曲与阿里两个地区的地区生产总值占比均不到10%（见图7-3）。可见，从基础设施投资占比与地区生产总值占比两个单一指标上看，西藏各区域的基础设施投资水平基本是与当地经济水平相匹配的，但政府作为公平的代言人与执行者，应适当加大对于那曲、阿里等相对落后地区的基础设施投资力度，前瞻地为其今后的经济发展与繁荣做好准备。

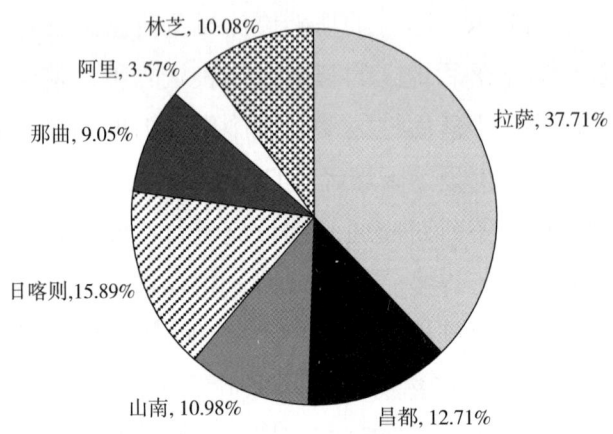

数据来源：《西藏统计年鉴》（2014）。

图7-3　2014年西藏各区域地区生产总值占比的情况

7.3.2 西藏基础设施投资的内部结构优化

基础设施投资内部结构，顾名思义，是指基础设施投资内部构成的硬基础设施投资和软基础设施投资的比例结构。在一定的经济环境下，基础设施投资的公共资源是受约束的，加大一种基础设施投资必然会挤占对于另一种基础设施的投资，究竟加大哪一种基础设施投资就取决于它的相对稀缺程度，或者是取决于它对经济增长促进作用的大小。也就是说，若硬基础设施相对于软基础设施稀缺，那么它对经济增长的促进作用就较大，反之亦然。通过前文对西藏基础设施投资与经济增长的实证研究可以看出，二者存在着长期均衡关系，在基础设施与产业发展关系实证方面得出，硬基础设施投资对于三次产业发展的影响是较大正向冲击影响，因此可以断定改革开放以来，硬基础设施相对于软基础设施比较稀缺，对经济增长的促进作用较大，因而可以肯定在过去的二十多年里中央不断加大对于西藏硬基础设施的投资无疑是正确的决策。2014 年，硬基础设施投资占比为 86.05%，而软基础设施投资占比为 13.95%，硬基础设施投资是软基础设施投资的 6.17 倍。然而，当前西藏经济亟待解决的首要问题是提升自身的自生能力，尽量减少对于中央的过度依赖，这就客观要求西藏必须培育当地的特色优势产业，必须研究新技术与培养大批专业人才注入产业，以提高产业的技术含量，实现特色优势产业的自我发展目标。对于教育、科学研究等软基础设施的投资正是研发新技术、培养专业人才的唯一路径，因此，可以说，硬基础设施投资是西藏现在与过去经济持续增长的发动机，而软基础设施投资是西藏未来经济长期增长的主要驱动力。需要指出的是，2014 年，按国民经济行业划分的全社会投资中，投资总额为 1119.73 亿元，投向教育的金额为 32.08 亿元，占比仅为 2.86%，投向科学研究和技术服务业的资金为 11.38 亿元，占比仅为 1.02%，教育与科学研究占比均大大低于全国水平。可见，当前西藏对于教育、科学研究等软基础设施的投资极少，宜在继续加大对硬基础设施投资保持西藏当前经济增长的同时，投资资源应适当向软基础设施领域倾斜，以不断培育西藏经济未来持续增长的技术源泉。

西藏基础设施投资内部结构的优化还表现在：以当前为时间分界点，应优先发展已呈现出瓶颈迹象的基础设施。从西藏总体上看，第三产业已成为经济增长的主要力量，然而目前的交通运输基础设施条件、旅游基础设施条件已经成为旅游业持续发展的瓶颈因素，因此必须加大对这方面基础设施的投资，以优化交通等基础设施条件，降低旅游成本，促进旅游业的持续稳定增长。从西藏内部区位上看，西藏当前还有如阿里等地区没有解决安全饮水、用电问题，水电基础设施是当地经济发展的瓶颈因素，对于这些地区宜优先发展水电基础设施，而对于拉萨这样的省会城市，水电基础设施已经相对完善，而此时教育、科学研究等基础设施可能是制约其经济开始新一轮增长的瓶颈因素，因此，当前拉萨应当加大对软基础设施的投资，而相对减少对于硬基础设施的投资。

7.3.3 西藏基础设施投资的产业结构优化

基础设施投资的产业结构是指基础设施投资的产业分布情况。理论上讲，一国或一地区基础设施投资的产业结构应当与其产业结构相匹配，即处于经济发展低级阶段的"一二三"式产业结构，基础设施投资的产业结构也应是"一二三"式，以满足三次产业对基础设施的客观需求；处于经济发展高级阶段的"三二一"式产业结构，基础设施投资的产业结构也应是"三二一"式。当前西藏经济的产业结构表现为"三二一"的高级形式（见图 7 - 4），第三产业占主体地位，占比为 53.48%，为经济增长的先导与主导。同时，基础设施投资的产业结构也表现为"三二一"的形式，但对比图 7 - 4 与图 7 - 5 可以发现，基础设施投资的第三产业占比大于产值结构的第三产业占比，可知，当前对第三产业的基础设施投资有不匹配迹象，今后宜适当加大对第一产业、第二产业基础设施投资力度，在对第三产业的投资上，应适当减少对第三产业的总体投资规模，而增加对于呈现瓶颈迹象的基础设施的投资，以提高基础设施投资的针对性、合理性以及科学性。需要指出，虽然当前西藏的基础设施建设取得了较大发展，但西藏目前农牧区的基础设施建设相当薄弱，基础设施投资宜重点向西藏农牧区倾斜，将基础设施建设作为西藏自治区新农村建设的先行军，为农牧区经济的长期稳定增长打好基础。

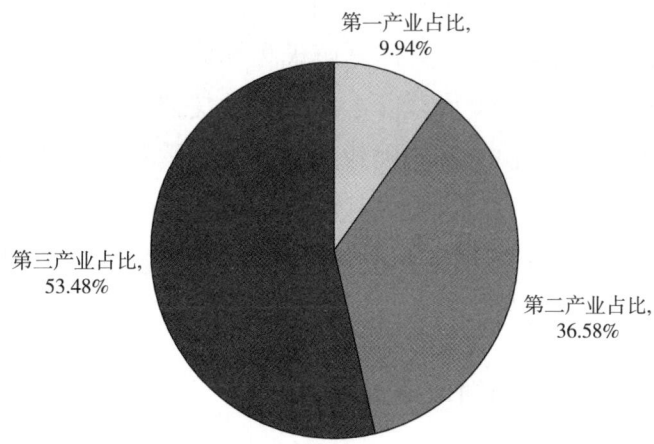

数据来源：《西藏统计年鉴》（2014）。

图 7 - 4　2014 年西藏经济的产业结构

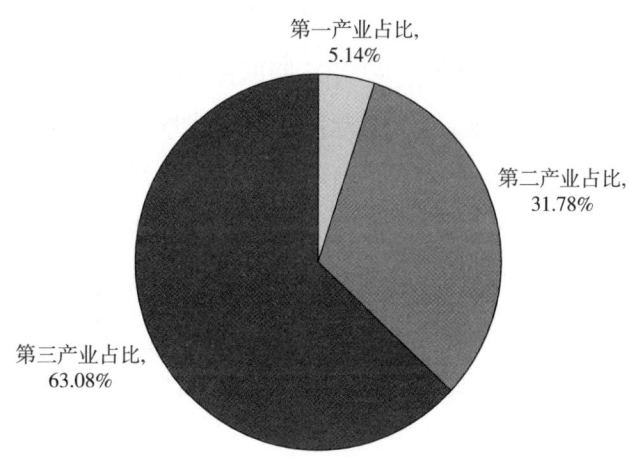

数据来源：《西藏统计年鉴》（2014）。

图 7 - 5　2014 年西藏基础设施投资的产业结构

7.4　相关配套政策措施

7.4.1　与时俱进转变国家援藏方略

长期以来，财政援藏作为最重要的国家援藏形式，其核心目标在于加快西藏基础设施建设，为西藏经济社会跨越式发展创造必要条件，同时为维护西藏社会局势长期稳定奠定基础。目前，西藏主要基础设施建设已取得长足进展，西藏基础设施瓶颈业已得到大大缓解，同时，西藏当前发展的阶段性目标已转变为在继续加强基础设施建设、改善保障民生和保护生态环境的同时，加快发展特色优势产业。因此，在此背景下，国家财政援藏政策的目标、模式、方式必须作出相应调整，应尽快把国家财政援藏政策的核心目标从现行的基础设施建设一元目标调整为基础设施建设与扶持产业成长二元目标，积极适应西藏当前经济社会发展的主流方向，主动适应西藏经济社会发展的长期目标，促进西藏经济社会的跨越式发展与长治久安。

7.4.2 积极调整国家财政援藏模式

当前，西藏正处在从加快发展向跨越式发展转变的关键时期，着力培育和发展特色优势产业，不断增强经济自生能力，成为有效推动西藏经济跨越式发展的战略方向和重要抓手。培育和发展特色优势产业需要持续扩大相关基础设施投资规模，基础设施建设资金的保障水平直接决定着西藏特色优势产业培育和发展工作的速度、质量和效益。尽管长期以来国家始终不遗余力地努力加大财政援藏工作力度，然而，随着西藏特色优势产业培育和发展步伐的逐步加快，现行财政援藏政策体系将越来越难以满足西藏产业经济发展的资金要求。因此，应把国家财政援藏模式从现行的直接投入型调整为直接投入与杠杆撬动两种手段并用；根据项目属性采取不相同的投融资渠道，公共资本范畴内的中央投入、援藏资金及财政资金用于建设非经营性基础设施项目，采取政府与市场相结合模式建设准经营性基础设施项目，对于公共物品属性的基础设施则完全采取政府融资模式，对于具有商业属性的经营性基础设施项目则采取市场融资模式。同时，把国家财政援藏政策的实施方式从现行的单干、无偿式调整为综合运用财政贴息、补助、补偿、奖励、税收减免等经济杠杆，充分运用 BOT（建设—运营—转让）、ABS（资产支持证券化方式）、TOT（移交—经营—移交）模式，以便最大限度地调动金融资本、产业资本、民间资本的投入积极性，积极紧跟西藏特色优势产业培育和发展步伐。

7.4.3 创新西藏基础设施建设投融资机制

财政援藏资金属于公共资本的范畴，一直存在资金使用效率低下的问题，因此，必须改革和完善现行财政援藏体制机制，深刻创新财政援藏资金使用方式，积极建设西藏区域资本市场，搭建多元化投融资平台，提升西藏企业的融资便利程度和经营管理水平，充分发挥财政援藏资金的乘数效应，为西藏相关特色优势产业的基础设施建设提供充足资金。同时，重视和逐步理顺财政援藏政策与产业经济成长、金融市场发展之间的有机联系，通过深度整合财政、金融援藏政策，大力发展产业引导基金，发挥财政援藏资金的乘数效应。依据基础设施不同特性采取不同融资方式，鼓励民间资本、外资等多元化投资主体，倡导市场化管理，变纯粹公益性投入为公益性、产业化多元共存，变主体性项目资金为贴息、补偿、奖助等引导性资金，努力构建起财政援藏资金引导银行信贷资金、资本市场资金、各类民间资金踊跃投资西藏特色优势产业基础设施项目的新型财政援藏体制机制，加快西藏特色优势资源开发，不断增强西藏经济自生能力。

7.4.4 适度超前建设硬基础设施

整体规划基础设施布局，以公路网为基础，以干线通道、铁路和航空运输为骨架，以管道、水运等为补充，以重要城镇为枢纽，建设通达、通畅、安全、环保的综合交通运输体系；坚持开发利用区内能源资源和输入区外优质能源并举，以水电为主，油气新能源互补，加强电网建设，形成稳定、清洁、安全、经济、可持续发展的综合能源体系；完善邮政设施布点，扩大覆盖面，提高普遍服务水平。统筹协调通信基础设施和信息化建设，加大整合力度，建设信息服务平台，推动信息资源共享，促进各类通信管线集约化建设，完善管理运营体系。在硬基础设施投融资方面，注重市场化思维，借助产业引导基金，并鼓励民间资本的进入，深入推进公私结合的 PPP 模式。

7.4.5 大力加强软基础设施建设

优先发展教育，加强人才队伍建设。以提高教学质量为中心，推进学前双语教育、巩固提高义务教育、加强普通高中教育、大力发展以实训为重点的职业技术教育、优化提升高等教育、高度重视特殊教育、拓展成人继续教育，全面实施素质教育，逐步提高教学保障标准，推进教育现代化，不断培养人才队伍。创新工作机制，制定积极的人才引进政策，不断引进藏区急需人才，逐步优化全区人才结构，整合研发资源，构建科技创新平台。围绕特色农牧业、高原生物产业、新能源、新材料、藏医药业、矿产资源开发、生态环境保护等重点领域，依托重大项目和企业，提高科技创新能力，增强科技进步对经济社会发展的支撑、引领作用。完善医疗体系，发展人口卫生事业，继续完善城乡医疗卫生机构设施和功能，加强医疗队伍建设，扶持藏医药发展，提高远程医疗能力和水平，健全公共卫生、基层优生优育和妇幼保健服务体系。推进三网融合，丰富基层文化事业，加强运行保障和管理，结合农牧区通电、通信等基础设施建设和电信网、广播电视网、互联网三网融合工程及技术，谋划好入点（现有公共文化设施）入户（居民家庭）的综合性文化服务，提高文化设施设备的使用效益，构建可持续的社会事业运管体制。同时，在软基础设施建设投融资方面，注重引入民间资本等，大力推进 PPP 模式在其中的应用。

8 结 论

西藏位于我国西南边疆青藏高原腹地，与多个国家接壤，属于政治、军事、生态敏感区域，少数民族聚居区，是脱胎于政教合一封建农奴制社会的经济欠发达省区，经济发展具有特殊性。本书综合运用发展经济学、制度经济学、计量经济学等相关前沿理论与方法，以西藏基础设施投资与经济增长的相互关系为依托，对西藏基础设施投资与经济增长的关系问题进行了战略性和前瞻性研究，主要得出如下结论：

1. 西藏基础设施投资与经济增长的特殊性方面。西藏基础设施投资与经济增长的特殊性主要表现在西藏区位的特殊性、产业结构演进的特殊性、非典型二元经济结构的特殊性、经济增长驱动力的特殊性以及西藏经济发展外部性的特殊性五个方面。具体看来，西藏区位的特殊性表现在其位于青藏高原上的自然地理特殊性、与多个国家接壤的地缘政治复杂的特殊性以及封建宗教多样的文化特殊性；产业结构演进的特殊性表现在西藏经济的产业结构由初级产业结构"一二三"式直接过渡到"三二一"式高级结构以及产业结构演变与相对应就业结构演变严重不匹配两方面的特殊性上；非典型二元经济结构的特殊性是指西藏的现代工业是在中央政府的扶持下建立发展起来的，而不像典型经济体那样现代工业是从农业中积累资本发展起来的，从而使西藏现代工业部门与传统农牧业部门差异巨大且彼此绝缘；经济增长驱动力的特殊性主要表现在西藏拥有丰富资源与特色优势产业的资源禀赋是其经济增长的源驱动力和投资拉动和中央财政支撑为西藏经济发展的主要驱动力两个方面；西藏经济发展外部性的特殊性主要是指西藏经济社会稳定发展有利于国家边疆安全、全国民族团结以及国家长治久安与可持续发展。

2. 西藏基础设施投资与经济增长长期均衡分析方面。第一，通过对西藏经济增长与基础设施投资的长期均衡方程分析可知，基础设施投资每增加 1 个百分点，将拉动经济总量增长 0.678 个百分点；同时，对西藏经济增长与基础设施投资建立反映长期均衡与短期波动关系的误差修正模型，研究结果表明，西藏基础设施投资效率不高，可见，今后西藏应注重加大基础设施投资特色优势产业方向的力度，优化投资结构，提高基础设施投资效率。第二，格兰杰因果分析表明西藏经济增长是硬基础设施投资与软基础设施投资的增长的原因，反之则不然，与误差修正模型研究结论一致。第三，西藏基础设施投资与经济增长的最优规模估计，结果表明1985年以来西藏基础设施投资规模大多数年份高于最优投资规模，说明多年来西藏基础设施投资的相对规模过大，今后宜减少基础设施投资的相对规模。因此，西藏今后在继续增加基础设施投资时应注重两个方面的问题，其一，必须注重总量控制，不断减少基础设施投资占地区生产总值的比例，以使基础设施投资达到最优相对规模；其二，必须注重基础设施投资的针对性，优化投资结构，未来西藏自治区的经济增长极在于特色优势产业，因此基础设施投资的方向必须紧紧围绕发展与壮大特色优势产业，充分激发特色优势产业的增长潜力，促进西藏自治区经济的跨越式发展与可持续发展。

3. 西藏基础设施投资与产业发展的实证分析方面。研究结果表明，基础设施投资可以长期持续地促进产业发展。从基础设施投资的类型看，硬基础设施投资对三大产业的影响效应具有非对称性，硬基础设施投资只能在短期内促进第一产业的发展，长期内促进作用微弱，但可以长期地支持第二、第三产业发展；软基础设施投资对三大产业的影响也是不一致的，在短期内，对第一、第二产业的影响是较大的负向冲击，长期冲击比较微弱，对第三产业的影响是在短期为较大的正向冲击，而在长期内为负向冲击。同时，对基础设施投资与产业结构变迁进行格兰杰因果分析结果表明，西藏软基础设施投资促进了当地产业结构的优化，而产业结构的高级化又带动了当地基础设施投资，特别是带动了硬基础设施投资的发展。

4. 促进西藏地区基础设施投资与经济增长良性发展的对策建议方面。明确了西藏经济社会发展的战略方向，即坚持走"中国特色、西藏特点"的发展道路，并结合西藏当地实际，提出进行制度创新促进西藏长治久安与可持续发展的道路，制度创新方面包括加快所有制结构调整、改善区域投资环境、加快政府职能从管理型向服务型的转变、坚持科教兴藏战略以及充分发挥先天资源优势；确定了西藏地区基础设施投资的战略方向是特色优势产业依赖性较强的硬基础设施领域，如电力、煤气及水的生产等能源基础设施领域、交通运输仓储和邮电通信等基础设施领域，并加强学习与技术创新，整合研发资源，致力于改革科技创新体制机制，加强软基础设施投资与建设，同时，西藏地区未来基础设施投资的模式是在短期内西藏应选择政府与市场合作的模式，而在长期内，则应当选择市场主导下的政府市场合作的基础设施投资模式，甚至是市场化私人投资模式，允许并鼓励私人资本进入基础设施投资领域，提高资源配置效率；指出了西藏基础设施投资的结构优化方向为西藏基础设施投资区位结构优化、内部结构优化以及产业结构优化；提出了相关配套政策措施，包括与时俱进转变国家援藏方略、调整国家财政援藏模式、创新西藏基础设施建设投融资机制、适度超前建设硬基础设施以及大力加强软基础设施建设。

参考文献

［1］白玛朗杰，孙勇．学者视角下的西藏发展探讨［M］．西藏：西藏藏文古籍出版社，2011.

［2］鲍德威·威迪逊．公共部门经济学［M］．邓力平等译．北京：中国人民大学出版社，2000.

［3］道格拉斯·C.诺斯．制度、制度变迁与经济绩效（杭行译）［M］．上海：上海人民出版社，2008.

［4］戴维·罗默．高级宏观经济学（第三版）（王根蓓译）［M］．上海：上海财经大学出版社，2009.

［5］高坚，汪雄剑．中国基础设施投资政策对经济增长的影响［M］．北京：北京大学出版社，2009.

［6］娄红．公共基础设施投资与长期经济增长［M］．北京：中国财政经济出版社，2003.

［7］罗伯特·巴罗．现代经济周期理论（方福英译）［M］．北京：商务印书馆，1997.

［8］索洛．增长理论及其发展［M］．上海：上海人民出版社，1999.

［9］孙勇．西藏：非典型二元结构下的发展改革新视角讨论与报告［M］．西藏：中国藏学出版社，2000.

［10］孙勇．西藏经济社会若干问题探讨——高山拾贝者的足迹［M］．西藏：中国藏学出版社，2009.

［11］王延中等．基础设施与制造业发展关系研究［M］．北京：中国社会科学出版社，2002.

［12］杨小凯．新兴古典与新古典框架［M］．北京：社会科学文献出版社，2003.

［13］易丹辉．数据分析与 Eviews 应用［M］．北京：中国人民大学出版社，2008.

［14］易丹辉．时间序列分析方法与应用［M］．北京：中国人民大学出版社，2011.

［15］袁志刚等．高级宏观经济学［M］．上海：复旦大学出版社，2001.

［16］约翰·梅纳德·凯恩斯．就业、利息和货币通论（徐毓枏译）［M］．南京：译林出版社，2011.

［17］张光南．政府基础设施投资与经济增长的制度因素——基于港澳的比较研究［M］．北京：中国社会科学出版社，2013.

［18］张文尝，金凤君，樊杰．交通经济带［M］．北京：科学出版社，2002.

［19］张学良．交通基础设施、空间溢出与区域经济增长［M］．南京：南京大学出版社，2009.

［20］朱保华．新经济增长理论［M］．上海：上海财经大学出版社，1999.

［21］中国社会科学院"新经济理论的发展和比较研究"课题组．经济增长理论模型的内生化历程［M］．北京：中国经济出版社，2007.

［22］安·易斯，张昕竹．基础设施规制与中国经济制度［J］．数量经济技术经济研究，1999（7）：11－16.

［23］陈志诚．基础设施投资的经济增长效应［J］．城市建设理论研究：电子版，2014（8）．

［24］陈玉光．我国基础产业瓶颈制约分析［J］．中国工业经济研究，1993（9）：19－23.

［25］陈绍刚．外国直接投资对基础设施投资的影响分析［J］．电子科技大学学报，2001，30（3）：304－307.

［26］陈雅萍，蔡伟贤．基础设施投资与经济增长关系研究的最新进展［J］．中国国情国力，2008（5）：26－28.

［27］陈得文，苗建军．空间集聚与区域经济增长内生性研究——基于1995—2008年中国省域面板数据分析［J］．数量经济技术经济研究，2010（9）：82－93.

［28］崔桂芳．关于城市基础设施投融资模式的探索［J］．金融经济：理论版，2015（8）：28－30.

［29］丛磊，张洪瑞，李洋．黑龙江省农村基础设施对农业经济增长作用的实证分析［J］．商业时代，2013（5）：137－139.

［30］董大朋，陈才．交通基础设施与东北老工业基地形成与发展——VAR

模型的研究 [J]. 经济地理, 2009, 29 (7): 1143 - 1147.

[31] 丁建勋. 基础设施投资与经济增长——我国基础设施投资最优规模估计 [J]. 山西财经大学学报, 2007, 29 (2).

[32] 杜兆旻, 罗宏翔. 城市化水平和经济增长关系的实证分析——基于全国31个省份面板数据的考察 [J]. 区域金融研究, 2012 (8): 86 - 88.

[33] 范九利, 白暴力. 基础设施资本对经济增长的影响——二级三要素CES生产函数法估计 [J]. 经济论坛, 2004 (11): 10 - 13.

[34] 范九利, 白暴力. 基础设施投资与中国经济增长的地区差异研究 [J]. 人文地理, 2004, 19 (2): 35 - 38.

[35] 范前进, 孙培源, 唐元虎. 公共基础设施投资对区域经济影响的一般均衡分析 [J]. 世界经济, 2004 (5): 58 - 62.

[36] 方俊智. 基础设施投资与经济增长的关系——兼论云南省的基础设施投资最优规模 [D]. 云南: 云南财政大学, 2011.

[37] 符安平. 基础设施对我国区域经济增长的影响研究 [D]. 华中科技大学, 2011.

[38] 郭庆旺, 贾俊雪. 基础设施投资的经济增长效应 [J]. 经济理论与经济管理, 2006 (3): 36 - 41.

[39] 高强, 李鹏进. 我国城市基础设施建设投融资现状及对策研究 [J]. 开发研究, 2012 (1): 117 - 122.

[40] 龚定勇, 蒋爱民. 基础设施建设与城市经济增长的关系 [J]. 城市问题, 2004 (1): 46 - 50.

[41] 龚昕. 论基础设施投资与经济增长的关系 [J]. 经济论坛, 2009 (15): 48 - 49.

[42] 龚新蜀, 马骏. "丝绸之路" 经济带交通基础设施建设对区域贸易的影响 [J]. 企业经济, 2014 (3).

[43] 管眹晟. 基础设施建设与经济增长关系实证研究 [D]. 上海: 同济大学, 2006.

[44] 郭明. 财政支出规模及结构与中国经济增长关系研究 [D]. 大连: 东北财经大学, 2007.

[45] 胡彬. 我国城市基础设施建设与城市增长问题的研究 [J]. 财经研究, 1999 (2).

［46］何文虎，杨云龙．我国城市基础设施建设融资模式创新研究——基于文献分析视角［J］．华北金融，2013（11）：24－27.

［47］韩远迎．财政支出结构与经济增长的实证分析［J］．科技和产业，2007，7（2）：40－43.

［48］黄艳．武汉市城市基础设施建设投融资问题的研究［D］．湖北工业大学，2014.

［49］黄森．交通基础设施空间建设差异化影响了中国经济增长吗——基于2001—2011年中国31个省（市、自治区）数据的实证分析［J］．贵州财经大学学报，2015（3）：9－20.

［50］金福良，李谷成．农村基础设施投资对农村经济增长影响的实证研究——以湖北省为例［J］．华中农业大学学报：社会科学版，2012（6）：36－40.

［51］金戈．公共支出与经济增长关系的实证研究：一个文献综述［J］．浙江社会科学，2009（6）：106－114.

［52］缪仕国．基础设施与江苏省经济增长关系研究［D］．南京：南京农业大学，2006.

［53］李平，王春晖，于国才．基础设施与经济发展的文献综述［J］．世界经济，2011（05）：93－116.

［54］刘永进．基础设施投资对经济增长绩效的计量分析——来自中国1985—2004年的经验证据［J］．改革与战略，2007（S1）.

［55］骆永民．基础设施投资效率的空间溢出与门限效应研究［J］．统计与信息论坛，2011，26（3）：81－86.

［56］刘生龙，胡鞍钢．基础设施的外部性在中国的检验：1988—2007［J］．经济研究，2010（3）：4－15.

［57］刘生龙，胡鞍钢．交通基础设施与经济增长：中国区域差距的视角［J］．中国工业经济，2010（4）：14－23.

［58］刘邦凡，张贝．我国城市基础设施建设投融资问题研究综述［J］．行政事业资产与财务，2014（25）：29－30.

［59］来艳峰，张丹．关于公路建设对地区经济增长影响的研究——以河南省VECM模型的时间序列数据为例［J］．中国总会计师，2014（7）：82－84.

［60］李秀敏．人力资本、人力资本结构与区域协调发展——来自中国省级

区域的证据 [J]. 华中师范大学学报：人文社会科学版，2007，46（3）：47－56.

[61] 李妍，赵蕾，薛俭. 城市基础设施与区域经济增长的关系研究——基于 1997—2013 年我国 31 个省份面板数据的实证分析 [J]. 经济问题探索，2015（2）：109－114.

[62] 李婵娟. 我国公共基础设施投资效应研究——基于区域差异视角 [D]. 山东：山东大学，2013.

[63] 李忠民，夏德水，姚宇. 我国新丝绸之路经济带交通基础设施效率分析——基于 DEA 模型的 Malmqusit 指数方法 [J]. 求索，2014（2）.

[64] 李忠民，夏德水，姚宇. 长江经济带交通基础设施效率分析——基于 DEA 模型的 Malmqusit 指数方法 [J]. 技术经济，2014，33（7）：62－68.

[65] 刘秉镰，武鹏，刘玉海. 交通基础设施与中国全要素生产率增长——基于省域数据的空间面板计量分析 [J]. 中国工业经济，2010（3）：54－64.

[66] 刘立峰. 基础产业与加工工业投资比例关系研究 [J]. 中国工业经济，1995（6）：35－40.

[67] 刘伦武. 基础设施投资对经济增长推动作用研究 [D]. 南昌：江西财经大学，2003.

[68] 吕铁. 论经济发展中的基础设施 [J]. 中国社会科学院研究生院学报，1995（4）：51－57.

[69] 娄洪. 中国经济增长中的基础设施投资问题研究 [D]. 清华大学，2002.

[70] 马拴友. 政府规模与经济增长：兼论中国财政的最优规模 [J]. 世界经济，2000（11）：59－64.

[71] 马拴友. 中国公共资本与私人部门经济增长的实证分析 [J]. 经济科学，2000（6）：21－26.

[72] 欧歆. 陆路交通建设对经济增长的影响——基于湖南省时间序列数据的 VECM 模型分析 [J]. 长沙大学学报，2015（5）：68－73.

[73] 潘宏胜，黄明皓. 部分发达国家基础设施投融资机制及其对我国的启示 [J]. 经济社会体制比较，2014（1）.

[74] 彭丽琼，任华. "丝绸之路经济带"背景下新疆交通运输基础设施建设与进出口贸易的关系分析 [J]. 新疆社科论坛，2014（3）：60－65.

［75］秦燕. 江苏基础设施投资对经济增长影响的研究［D］. 南京：河海大学，2007.

［76］世界银行. 1994年世界发展报告［R］. 中国财政经济出版社，1994.

［77］石涛. 积极财政政策视野的基础设施投资与经济增长关联度［J］. 改革，2009（10）：68－72.

［78］王任飞，王进杰. 基础设施与中国经济增长：基于VAR方法的研究［J］. 世界经济，2007（3）：13－21.

［79］王玺，张勇. 投资、基础设施与增长：关于经济发展的观点［J］. 中央财经大学学报，2009（03）：75－80.

［80］王辰. 基础产业瓶颈：体制与非体制成因的系统考察［J］. 管理世界，1995（3）：126－132.

［81］王小鲁，樊纲，刘鹏，等. 中国经济增长方式转换和增长可持续性［J］. 经济研究，2009（1）：44－47.

［82］王琪，郭舟洪. 我国城市基础设施建设投融资政策传导效应问题及对策研究［J］. 商业经济，2012（3）：77－78.

［83］王丽辉. 关于基础设施投资对经济增长影响的实证分析——以河南省为例［J］. 许昌学院学报，2013，32（1）：124－129.

［84］王利民. 交通基础设施投资经济效能研究——以珠海为例［J］. 生产力研究，2012（2）：37－39.

［85］王文利，董文超，邱燕生. 农村基础设施投资对农村经济增长作用的实证分析［J］. 兰州交通大学学报，2014（5）：49－52.

［86］乌兰，伊茹，马占新. 基于DEA方法的内蒙古城市基础设施投资效率评价［J］. 内蒙古大学学报：哲学社会科学版，2012，44（2）：5－9.

［87］伍文中. 基础设施投资效率及其经济效应分析——基于DEA分析［J］. 经济问题，2011（1）：41－45.

［88］魏后凯. 外商直接投资对中国区域经济增长的影响［J］. 经济研究，2002（4）：19－26.

［89］魏雅丽，刘凯. 城市基础设施与企业生产效率关系的再思考——基于中国特色城市建设投融资模式的视角［J］. 产经评论，2015（4）：148－160.

［90］武传竹. 基础设施投资与经济增长关系研究［D］. 山东：山东大学，2007.

［91］巫南辉．惠州市城市基础设施投融资若干问题的研究［D］．华南理工大学，2014．

［92］王海民．公共投资对私人投资的诱导效应问题研究［D］．大连：东北财经大学，2010．

［93］谢晶晶．农村基础设施投资对农村经济增长的作用［D］．浙江：浙江大学，2008．

［94］许丹丹．重庆市农村基础设施对农业经济增长的影响研究［D］．重庆工商大学，2014．

［95］徐智鹏．中国基础设施投资的经济增长效应研究［J］．统计与决策，2013（21）：123－126．

［96］杨军．基础设施对经济增长作用的理论演进［J］．经济评论，2000（6）：7－10．

［97］尹诗．成都市农村基础设施投资对农业经济增长作用的实证分析［D］．四川农业大学，2013．

［98］袁月．建设丝绸之路经济带背景下新疆产业结构优化研究［J］．对外经贸，2014（12）：74－76．

［99］赵坚．试论我国经济快速增长与基础设施的关系［J］．数量经济技术经济研究，1995（2）：6－12．

［100］踪家峰，李静．中国的基础设施发展与经济增长的实证分析［J］．统计研究，2006（7）：18－21．

［101］张军，高远，傅勇，等．中国为什么拥有了良好的基础设施？［J］．经济研究，2007（3）：4－19．

［102］张望，周建安．中国基础设施投资对经济增长波动的冲击效应分析［J］．统计与信息论坛，2007，22（3）：87－93．

［103］张治觉，侯奔，姚传飞．经济增长与政府支出的最优规模——基于国家效用函数的研究［J］．统计与决策，2007（22）：42－44．

［104］张学良，孙海鸣．交通基础设施、空间聚集与中国经济增长［J］．经济经纬，2008（2）：20－23．

［105］张敏．我国城市基础设施建设投融资模式现状及创新研究［J］．现代经济信息，2013（10X）：17－17．

［106］张洪瑞，张滨，唐梓又，等．区域基础设施建设对农业经济增长作用

分析——以黑龙江省为实证样本［J］. 安徽农业科学, 2015（21）: 333 – 334.

［107］朱亚敏. 经济基础设施对我国经济增长贡献研究［D］. 北京: 清华大学, 2004.

［108］周易江. 基础设施投资的经济增长效应的实证分析——以北京市为例［J］. 商, 2012（6）.

［109］Romer, David, Advanced Macroeconomics［M］. The McGraw – Hill Companies, 1996.

［110］Maurice Fitz, Gerald Scott. A New View of Economic Growth［M］. Great Britain by Biddles Ltd. 1991.

［111］Agénor P R. Health and infrastructure in a model of endogenous growth［J］. Journal of Macroeconomics, 2008, 30（4）: 1407 – 1422.

［112］Agénor P. R., K. C. N. The allocation of public expenditure and economic growth［J］. Manchester School, 2011, 79（4）: 899 – 931.

［113］Acemoglu B D, Simon. A Johnson, and James A Robinson. The colonial origins of comparative development: an empirical investigation［C］. American Economic Review, December. 2012.

［114］Ahjmed R., H. Mallabub. Development allmpaet of rurallnfras eturein bangladesh［R］. International Food Poliey Research Institute, 1990.

［115］Arrow K J, Kurz M. Public Investment, The Rate of Return, and Optimal Fiscal Policy［J］. Journal of Finance, 1971, 26（4）.

［116］Buchanan J M, Albert Breton. Competitive governments: An economic theory of politics and public finance［J］. Public Choice, 1997, 93（3 – 4）: 523 – 524.

［117］Boarnet M G. Spillovers and the Locational Effects of Public Infrastructure［J］. Journal of Regional Science, 1998, 38（3）: 381 – 400.

［118］Brooks D. H, Hummels D. Infrastructure's Role in Lowering Asia's Trade Costs: Building for Trade［M］. Cheltenham, UK: Edward Elgar Publishing, 2009.

［119］Barro R J, Sala – I – Martin X. Convergence［J］. Papers, 1991, 36（1）: 223 – 51.

［120］Buchanan J M. An Economic Theory of Clubs［J］. Economica, 1962, 32（32）: 1 – 14.

［121］ Cadot O, Röller L H, Stephan A. A Political Economy Model of Infrastructure Allocation: An Empirical Assessment ［J］. Cepr Discussion Papers, 1999.

［122］ Chen S T, Kuo H I, Chen C C. The relationship between GDP and electricity consumption in 10 Asian countries ［J］. Energy Policy, 2007, 35 （4）: 2611 –2621.

［123］ Cohen J P, Paul C J M. Public Infrastructure Investment, Interstate Spatial Spillovers, and Manufacturing Costs ［J］. Review of Economics & Statistics, 2006, 86 （2）: 551 –560.

［124］ Chen C. How China Grows: Investment, Finance, and Reform ［J］. China Journal, 2008, 9 （2）: 328 –330.

［125］ Démurger S. Infrastructure Development and Economic Growth: An Explanation for Regional Disparities in China? ［J］. Journal of Comparative Economics, 2001, 29 （1）: 95 –117.

［126］ Duggal V G, Saltzman C, Klein L R. Infrastructure and productivity: a nonlinear approach ［J］. Journal of Econometrics, 1999, 92 （1）: 47 –74.

［127］ Datt G, Ravallion M. Why Have Some Indian States Done Better Than Others at Reducing Rural Poverty? ［J］. Economica, 1998, 65 （65）: 17 –38.

［128］ Demetriades P O, Mamuneas T P. Intertemporal Output and Employment Effects of Public Infrastructure Capital: Evidence from 12 OECD Economies ［J］. Economic Journal, 2010, 110 （465）: 687 –712.

［129］ Donaldson D. Railroads of the Raj: Estimating the Impact of Transportation Infrastructure ［J］. NBER Working Paper, 2010 （5）: 46 –68.

［130］ Égert, Balázs, Kozluk T J, Sutherland D. Infrastructure and Growth: Empirical Evidence ［J］. Cesifo Working Paper, 2009, 50 （3）: 355 –364.

［131］ Edwards J H Y. Congestion function specification and the "publicness" of local public goods ［J］. Journal of Urban Economics, 1990, 27 （1）: 80 –96.

［132］ Everaert G. Balanced growth and public capital: an empirical analysis with I （2） trends in capital stock data ［J］. Meteoritics & Planetaryence, 2003, 46 （7）: 741 –763.

［133］ Evans P B. The State as Problem and Solution: Predation, Embedded Autonomy, and Structural Change ［J］. The Politics of Economic Adjustment, 1992.

27（4）：678 – 690.

[134] Fuente A D L, Faini R. Infrastructure and education as instruments of regional policy：evidence from Spain [J]. Economic Policy, 1995, 20（20）：11 – 51.

[135] Fuente A D L. On the sources of convergence：A close look at the Spanish regions [J]. European Economic Review, 1996, volume 46（3）：569 – 599.

[136] Fu F C, Vijverberg. Public Infrastructure as a Determinant of Intertemporal and Interregional Productive Performance in China [J]. IZA Discussion Paper, 2004, 1019.

[137] Fay M, Yepes T. Investing in Infrastructure：What Is Needed from 2000 – 2010 [J]. Policy Research Working Paper, 2003, 3102.

[138] Glomm G, Ravikumar B. Public investment in infrastructure in a simple growth model [J]. Journal of Economic Dynamics & Control, 1994, 18（6）：1173 – 1187.

[139] Gwartney B J, Lawson R. Economic Freedom of the World：2005 Annual Report [J]. Astronomical Journal, 2010, 127（1）：75 – 89.

[140] Garcia – Milà T, Porter R H. The Effect of Public Capital in State – Level Production Function Reconsidered [J]. Review of Economics & Statistics, 1996, 78（1）：177 – 80.

[141] Ghali K H. Public Investment and Private Capital Formation in a Vector Error – Correction Model of Growth. [J]. Applied Economics, 1998, 30（6）：837 – 44.

[142] Gramlich E M. Infrastructure Investment：A Review Essay [J]. Journal of Economic Literature, 1994, 32（3）：1176 – 96.

[143] Hirschman A O. The Strategy of Economic Development [J]. Ekonomisk Tidskrift, 1958, 50（199）：1331 – 1424.

[144] Henisz W J, Zelner B A. The Institutional Environment for Telecommunications Investment [J]. Journal of Economics & Management Strategy, 2001, 10（1）：123 – 147.

[145] Holtz – Eakin D. Public – Sector Capital and the Productivity Puzzle [J]. Review of Economics & Statistics, 1992, 76（1）：12 – 21.

［146］ Hulten C R. Infrastructure Capital and Economic Growth: How Well You Use It May Be More Important Than How Much You Have ［J］. Nber Working Papers, 1996.

［147］ Inada K. On a Two – Sector Model of Economic Growth: Comments and a Generalization ［J］. Review of Economic Studies, 1963, 30 (2): 119 – 127.

［148］ Islam S M N. Optimal multiregional global economic growth: Formulation of an optimal growth program, growth prospects, and convergence ［J］. Journal of Policy Modeling, 2001, 23 (7): 753 – 774.

［149］ Klaus D, John O. Growth and Poverty Reduction in Uganda, 1999—2000: Panel Data Evidence ［J］. Development Policy Review, 2003, 21 (7): 481 – 509.

［150］ Khadaroo J, Seetanah B. Transport infrastructure and tourism development ［J］. Annals of Tourism Research, 2007, 34 (4): 1021 – 1032.

［151］ Kessides C. The Contribution of Infrastructure to Economic Development: A Review of Experience and Policy Implications ［J］. World Bank – Discussion Papers, 1993.

［152］ Kane V V, De Wolf W H, Bickelhaupt F. Are Government Activities Productive? Evidence from a Panel of U. S. States. ［J］. Review of Economics & Statistics, 1994, 76 (1): 1 – 11.

［153］ Lederman D. The Limits of Stabilization : Infrastructure, Public Deficits, and Growth in Latin America ［J］. World Bank Publications, 2003, 42 (4): 1139 – 1140.

［154］ Li Han, Li Zhigang. Transport Infrastructure Investment and Inventory Reduction: Causal Inference from Chinese Firms ［J］. Working Paper, 2009.

［155］ Munnell A H. Why Has Productive Growth Declined? Productivity and Public Investment ［J］. New England Economic Review, 1990, 30 (Jan): 3 – 22.

［156］ Mauro P. Corruption and the composition of government expenditure ［J］. Journal of Public Economics, 1998, 69 (2): 263 – 279.

［157］ Munnell A H. How does public infrastructure affect regional economic performance? ［J］. New England Economic Review, 1990, 34 (Sep): 11 – 33.

［158］ Moomaw R L, Williams M. The Interregional Impact of Infrastructure

Capital [J]. Southern Economic Journal, 1995, 61 (3): 830 – 845.

[159] Michaels G. The Effect of Trade on the Demand for Skill: Evidence from the Interstate Highway System [J]. Review of Economics & Statistics, 2008, 90 (4): 683 – 701.

[160] Nijhoff M. Urbanization in developing countries [J]. World Bank Research Observer, 2002, 17 (1): 89 – 112.

[161] Rosenstein – Rodan P N. The Problems of Industrialization of Eastern and South – Eastern Europe [J]. Economic Journal, 1943, 53 (210 – 211): 202 – 211.

[162] Rietveld P, Bruinsma F. Is Transport Infrastructure Effective? [J]. Springer Berlin, 2012.

[163] Ramirez M T. On Infrastructure and Economic Growth [J]. Hadi Esfahani, 1999, 70 (2): 443 – 477.

[164] Rostow, W. W. "The Stage of Economic Growth." The Economic History Review, 1959, 12 (1).

[165] Rosina Moreno, Enrique Lópezbazo, Manuel ArtÍs. On the effectiveness of private and public capital [J]. Applied Economics, 2003, 35 (6): 727 – 740.

[166] Romer P M. Increasing Returns and Long – Run Growth [J]. Journal of Political Economy, 1999, 94 (5): 1002 – 1037.

[167] Swan T W. economic growth and capital accumulation [J]. Economic Record, 1956, 32 (2): 334 – 361.

[168] Saghir J. Energy and Poverty: Myths, Links, and Policy Issues [J]. Energy Working Paper, Washington D. C. , World Bank, 2005, 4.

[169] Shioji E. Public Capital and Economic Growth: A Convergence Approach [J]. Journal of Economic Growth, 2001, 6 (3): 205 – 227.

[170] Sheng gen B F, Zhang Linxiu, Zhang Xiaobo. Growth and Poverty in Rural China: The Role of Public Investments [C]. EPTD Discussion Paper No. 66. Environment and Production Technology Division, International Food Policy Research Institute. 2010.

[171] Sahni B S. Public infrastructure and the productive performance of Canadian manufacturing industries. [J]. Southern Economic Journal, 2004, 70 (70): 998 – 1011.

[172] Tjalling B C. On the Concept of Optimal Economic Growth" in The Econometric Approach to Development Planning [J]. Pontif. acad. sc. scripta Varia, 2010. 6 (4): 342 –357.

[173] Tiebout C M. A Pure Theory of Local Expenditures [C]. Journal of Political Economics. 1956: 416 –424.

[174] Yoshino Y. Domestic constraints, firm characteristics, and geographical diversification of firm – level manufacturing exports in Africa [J]. General Information, 2008, 4 (4): 302 –320.

[175] Zhigang Li. Measuring the Social Return to Infrastructure Investments Using Interregional Price Gaps: A Natural Experiment [J]. Ssrn Electronic Journal, 2005, 3 (2): 125 –147.

后 记

笔者在西藏从事财政经济方面的工作，有机会较深入了解西藏经济社会发展的实际情况，通过这些年来的工作实践和对西藏经济发展的思考研究，我深刻体会到像西藏这样的边疆少数民族地区经济发展有着其内在的特殊逻辑，特别是和平解放以来，国家投巨资支持西藏发展特别是基础设施建设，但基础设施投资对经济增长的影响效应和拉动作用与内地省份相比有着明显的特殊性，投资外溢效应十分明显。能够利用在中国财政科学研究院攻读在职博士的宝贵机会，对西藏基础设施投资与经济增长以及产业发展内在机理进行研究，分析西藏经济社会发展的特殊性，探索促进西藏基础设施投资与经济增长良性发展的战略方向，形成对西藏发展有益的理论积累，是我攻读博士期间最大的收获。

我的导师王朝才教授一直关心边疆少数民族地区发展，他曾多次到西藏实地考察调研，他鼓励、指导我结合工作实际，对西藏基础设施投资问题进行研究。学习期间，特别是在论文写作过程中，导师从论文选题到立意、从结构到内容、从逻辑到方法，都给予了悉心指导，倾注了大量心血和精力。王老师思想深邃、学识渊博、治学严谨，他的言传身教使我受益匪浅。在此，衷心感谢王朝才老师在我攻读博士学位期间给予的指导和帮助！

感谢财政部科研院对我的培养，院里理论和实践紧密结合的良好氛围，让我增长了知识，开阔了视野，拓宽了思路，老师和同学的帮助让我感受到家庭般的温暖，衷心感谢我的老师们和同学们！论文写作过程中，我还得到了西藏自治区财政厅、发展改革委等部门领导和同事的指导和帮助，他们对论文的修改提出了许多宝贵的意见，使我得以顺利完成论文写作并通过答辩。论文的资料收集，得到了自治区财政厅、发展改革委、交通厅、统计局、中国人民银行拉萨中心支行等部门同事的大力支持。在此，向他们表示衷心感谢！

最后，感谢我的家人在我工作、学习期间对我的支持和关爱！

韩 亮

2016 年 5 月